ライティングのための
英文法ハンドブック

富岡 龍明　堀 正広　田久保 千之 著

A Handbook of English
Grammar and Usage
for Writing

研究社

はしがき

　本書は英文法についての本ではあるが、いわゆる文法のための文法を記述することがねらいではない。本書の企画は、日本人がある程度の自信と確信を持って英語を書くために必要な英文法の知識とはどういうものかという、ライティングと文法に的を絞った問いかけから始まっている。そのため、執筆に際して、英文法の現象を細大漏らさず記述するという網羅主義は採らなかった。本書を書き進めるうえでの思いは、日本人学習者が英文を書こうとする際の迷いをいくらかでも少なくする、という点であった。

　文法とはことばを正しく使うための規則であるが、円滑なコミュニケーションという観点からは、ただ単にことばの用法が正しければよいということだけでは充分とはいえない。ある表現が、実際にはあまり使われないものであるとすれば、それが文法的に正しくとも使う価値が高いとはいえない。ここで、実用上の頻度の問題が出てくる。例えば「～が必要である」という意味を表すとき、It is necessary で文を書き始めたとすると、そのあとには to 不定詞がつながる頻度は that 節がつながる頻度の約50倍である。このことは、It is necessary to do... のほうが、It is necessary that... よりもはるかに多く使われる一般的構文ということを意味している。このように、ある表現とどのような表現が結びつきやすいかというのはコロケーション（連語可能性）の問題であり、自信を持って英語を書くためには、このようなコロケーションの知識も重要である。本書はこのようなコロケーションも英文法の重要な要素としてとらえ、特に動詞、形容詞、副詞に関する記述では、表現と表現の結びつき頻度について多くの情報を掲載している。

　本書は、第1章から第19章（富岡龍明担当）までがライティングのための英文法論であり、第20章（堀正広担当）は特にコロケーションの問題を総括的に扱っている。最後の第21章（田久保千之担当）は英

はしがき

文法の枠を超えたところでのことばと文化の問題をいくつかの事例をもとにして論説ふうに述べている。

　本書の刊行にあたっては、最初の企画立案の段階から刊行に至るまで、すべての段階で研究社の杉本義則氏の全面的なご支援とご助力をいただいた。ここであらためて心より御礼申し上げたい。また英文については鹿児島大学のロバート・ファウザー氏に校閲の労をとっていただいた。

　最後に本書執筆に際しては、小学館コーパスネットワークとJEFLLコーパスを参照させていただいたことを記しておきたい。

　2008年4月吉日

富岡龍明
堀　正広
田久保千之

本書の構成と利用法

　本書は、項目の配列としては、大体において英文法の範疇別（例：動詞、形容詞、冠詞）配列となっている。各項目の最初の部分にその項目についての概略の解説があり、その後例文による具体的説明が続く構成をとっている。本書の大きな特徴は、説明・解説が常に、英文を書くために必要な文法知識とはどのようなものかについて述べている点であると言える。

各章の構成
* 文法項目（動詞や名詞など）についての概略説明
* 例文提示（例：**Example 1** become + more）
* 例文についての解説または補足説明（解説）

　本書はハンドブックという形をとっているので、原理的にはどこから読み始めても差し支えない。特に必要な項目については、巻末の索引から細目（例：There 構文について）を見つけ出して該当する箇所を読むことができる。

〈本書での略語・記号の使い方〉
[ ] 　言い換え可能
　　例：Can [Could] I come in?
　　　　＝Can I come in? または Could I come in?

( ) 　省略可能
　　例：People say (that) Steve is a hardworking student.
　　　　＝People say that Steve is a hardworking student.
　　　　　または People say Steve is a hardworking student.

本書の構成と利用法

* 注
英文の前の○　正しい英文
　　　　　　?　不自然な英文
　　　　　　×　誤りの英文

目　次

はしがき iii
本書の構成と利用法 v

第1章　文の構成 — 構文のバラエティ　　　1

1.1　英語の主語になれる要素 1
　1.1.1　名詞（句）、代名詞 1
　1.1.2　主語としての名詞相当語句 3
1.2　一般人称主語構文 6
　1.2.1　一般人称の you 6
　1.2.2　（他との対比を暗示する）一般人称の we 8
　1.2.3　ややフォーマルな一般人称の one 9
1.3　無生物主語構文 10
1.4　否定辞が主語になる構文 13
　1.4.1　No, Nothing, No one で始まる構文 13
　1.4.2　Few, Fewer, Little, Less で始まる構文 14
1.5　仮主語などとして It を主語にとる構文 16
　1.5.1　どういう場合に仮主語 It の構文を使うか 16
　1.5.2　仮主語 It が指し示す要素 18
　1.5.3　It is no use ～ing の構文 22
　1.5.4　It is ～ of . . . to do の構文 22
　1.5.5　It is time to do の構文 23
1.6　There 構文 24
　1.6.1　There 構文を使う根拠 24
　1.6.2　事柄の発生を表す There 構文の用法 26
　1.6.3　英作文で There 構文を使う利点 28
　1.6.4　There に続く動詞の種類 29
1.7　修辞疑問文 33

第2章 動　詞　　38

- 2.1 become, get + 形容詞・分詞形容詞の用法 39
  - 2.1.1 become と比較級の結びつきやすさ 39
  - 2.1.2 become に直結しやすい形容詞・分詞形容詞 40
  - 2.1.3 get に直結しやすい形容詞・分詞形容詞 41
  - 2.1.4 become, get にそれぞれ特有の形容詞 41
  - 2.1.5 英作文では become は控えめに 43
- 2.2 go, turn, grow に直結する補語について 45
  - 2.2.1 go, turn + 望ましくない内容の補語 45
  - 2.2.2 grow + 形容詞 46
- 2.3 基本的な認識・知覚・発話動詞の用法 46
  - 2.3.1 think の用法 47
  - 2.3.2 feel の用法 49
  - 2.3.3 believe の用法 50
  - 2.3.4 seem の用法 52
  - 2.3.5 find と fin out の用法 55
  - 2.3.6 know と see の用法 58
  - 2.3.7 look の用法 62
  - 2.3.8 realize の用法 ── become aware の意味 64
  - 2.3.9 notice の用法
    ── 主として見ることにより、知覚的に気づく 66
  - 2.3.10 recognize の用法 68
  - 2.3.11 admit の用法
    ── must, have to などと結びつきやすい 69
  - 2.3.12 accept の用法 70
  - 2.3.13 hear の用法 71
  - 2.3.14 listen の用法 73
  - 2.3.15 show, indicate, reveal の用法 75
  - 2.3.16 say, tell の用法 78
  - 2.3.17 talk, speak の用法 83
- 2.4 make, get, have の用法 86

2.4.1	make の用法	86
2.4.2	頻度から見た make と get の特徴	87
2.4.3	〈get + the 仕事 + done〉について	89

第3章 助動詞 90

- 3.1 can と could 90
  - 3.1.1 can の用法 90
  - 3.1.2 could の用法 91
- 3.2 will と be going to 93
- 3.3 will と be going to の違い
  ── その場での決断か、すでに予定された意図か 94
- 3.4 would 95
- 3.5 must と have to 97
- 3.6 have only to 100
- 3.7 should と ought to ── should のほうが一般的 101
- 3.8 may 102
- 3.9 may well
  ──「〜するのはもっともだ」の意味ではあまり使われない 103
- 3.10 may [might] as well
  ── 選択肢 A, B のどちらでもいいという意味合い 103
- 3.11 had better ── 場合によっては脅しになる 104

第4章 分 詞 106

- 4.1 現在分詞と過去分詞の違い 106
- 4.2 名詞のあとに置かれる分詞 107
- 4.3 関係代名詞は常に省略可能か 109
- 4.4 分詞構文 110
- 4.5 独立分詞構文 112

第5章 動名詞と不定詞 114

- 5.1 文の主語としての動名詞と不定詞 114
- 5.2 動詞の目的語としての動名詞と不定詞 115

目次

- 5.3 動名詞、不定詞の両方をとる動詞 116
- 5.4 give up ～ing と give up the idea of ～ing 117

第6章 受動態 ... 118

- 6.1 英語は能動態が中心 119
- 6.2 受動態はどういう場合に使うか 119
- 6.3 〈get + 過去分詞〉の受動態 122
- 6.4 have [get] + 目的語 + 過去分詞
  ― 受動態らしくない受動態 124
- 6.5 受動態の冗長さ 127
- 6.6 英語の因果関係明示 vs. 日本語の因果関係不明瞭 128

第7章 時 制 ... 130

- 7.1 現在形と過去形の問題 130
- 7.2 過去か過去完了か ― 過去完了は単独では使えない 132
- 7.3 未来を表す現在時制 134
- 7.4 現在完了の用法 136
- 7.5 未来と未来完了 137

第8章 単純形と進行形 ... 139

- 8.1 単純形とは 139
- 8.2 進行形とは 140
- 8.3 過去形、進行形は丁寧表現 144

第9章 仮定法 ... 146

- 9.1 仮定法が使われる根拠 146
- 9.2 注意すべき仮定法の構文 [1] ― It is time . . . の構文 148
- 9.3 注意すべき仮定法の構文 [2] ― as if の次に何が来るか ... 148
- 9.4 英作文で仮定法をどう使うか
  ― 仮定法を使うべきところで使えない誤り 151
- 9.5 仮定法と直説法の混在は不自然 151
- 9.6 仮定法過去完了の用法 152

第10章 形容詞　　154

10.1 「頭がよい」「かしこい」の意味を表す clever, intelligent など ... 155
10.1.1 clever について ... 155
10.1.2 intelligent と intellectual ... 155
10.1.3 clever と wise ... 156
10.2 「確かな」の意味を表す certain, sure ... 157
10.2.1 限定と叙述で意味が異なる certain ... 157
10.2.2 sure と certain — It is sure は不自然 ... 158
10.3 「驚くべき」の意味を表す surprising, amazing など ... 159
10.3.1 surprising の用法 ... 159
10.3.2 amazing の用法 ... 160
10.4 「幸せな」「幸運な」の意味を表す happy, lucky, fortunate ... 160
10.4.1 happy の用法 ... 160
10.4.2 happy と lucky ... 162
10.4.3 lucky と fortunate ... 163
10.5 「病気で」「気分が悪い」の意味を表す ill, sick ... 163
10.5.1 ill の用法 ... 164
10.5.2 be 動詞以外の動詞と sick の結びつき ... 164
10.6 形容詞的に用いられる分詞 ... 165
10.6.1 exciting と excited ... 166
10.6.2 disappointing と disappointed ... 167
10.7 注意すべき形容詞の構文 ... 168
10.8 名詞の限定形容詞的用法 ... 169
10.9 '極端な程度・意味'を表す形容詞 ... 171

第11章 副詞（句）　　172

11.1 副詞（句）の位置 — 修飾する語句のなるべく近くに ... 172
11.1.1 動詞を修飾する副詞の位置 ... 172

- 11.1.2 時間副詞の位置 174
- 11.2 文修飾副詞 ― 構文の簡略化に役立つ 176
  - 11.2.1 surprisingly 177
  - 11.2.2 strangely と interestingly
    ― enough と結びつきやすい 177
  - 11.2.3 文修飾副詞的な働きの poor 178
- 11.3 「確かに」「まさに」などの意味を表す
  certainly, exactly, absolutely など 179
  - 11.3.1 certainly の用法 179
  - 11.3.2 exactly の用法 180
  - 11.3.3 absolutely の用法 181
  - 11.3.4 precisely の用法 181
  - 11.3.5 definitely の用法 182
- 11.4 「ほとんど」「ほとんど～でない」などの意味を表す
  hardly, hardly ever など 182
  - 11.4.1 hardly の用法 182
  - 11.4.2 hardly ever の用法 183
  - 11.4.3 hardly と scarcely 184
  - 11.4.4 almost の用法に関しての英作文上の注意点 184
- 11.5 頻度を表す副詞句の程度の順位 185

第12章 接続詞　186

- 12.1 等位接続詞 and, but, for, so 186
  - 12.1.1 and の用法 186
  - 12.1.2 but の用法の注意点 [1] ― but は逆接・対比 187
  - 12.1.3 but の用法の注意点 [2]
    ― but の次に不必要にカンマを置かない 188
  - 12.1.4 for と so の用法 189
- 12.2 従属接続詞 because, that, the way, in case など 190
  - 12.2.1 because の用法で注意すべき点 190
  - 12.2.2 that の用法で注意すべき点 191

目次

- 12.2.3 the way の用法 ―「方法」「ありかた」という日本語とは必ずしも結びつかない ... 193
- 12.2.4 in case の用法 ― 実際の頻度は低い ... 194
- 12.2.5 as soon as と the moment の用法 ... 195

第13章 冠詞と数　　197

- 13.1 不定冠詞 ... 197
- 13.2 定冠詞 ... 202
- 13.3 不定冠詞か定冠詞か [1] ... 204
- 13.4 不定冠詞か定冠詞か [2] ― 謙遜・控えめな態度を表す a (an) ... 205
- 13.5 冠詞をつけるか無冠詞か ― 前置詞 by とともに ... 206

第14章 前置詞　　208

- 14.1 前置詞の次に来る要素 ― 名詞だけでなく動名詞や節も可能 ... 208
  - 14.1.1 前置詞の次に名詞が来る場合 ... 208
  - 14.1.2 前置詞の次に名詞句が来る場合 ... 208
  - 14.1.3 前置詞の次に動詞の ing 形が来る場合 ... 209
  - 14.1.4 前置詞の次に wh 節が来る場合 ― 前置詞の次には節も可能 ... 209
- 14.2 日本語の動詞的表現にあたる前置詞の働き ... 210
- 14.3 in と within の違い ... 212
- 14.4 by と until の違い ... 212
- 14.5 with の用法 [1] ―「～にとって」という関係を表す ... 213
- 14.6 with の用法 [2] ―「理由」「状況」を表す ... 214

第15章 関係詞　　216

- 15.1 関係代名詞 ... 216
  - 15.1.1 which か that か [1] ― カンマなしの制限用法では that が主 ... 216

目　次

　　15.1.2　which か that か [2]
　　　　　── カンマありの制限用法では which 217
　　15.1.3　カンマなし制限用法とカンマあり非制限用法で
　　　　　意味の差が出る場合 218
　　15.1.4　関係詞を省略するかしないか 219
　15.2　関係副詞 221
　　15.2.1　制限・非制限用法については関係代名詞と同様 221
　　15.2.2　how の用法 ── how は先行詞を伴わない 222

第16章　代名詞 ── it, this, that, one　　　　　　　　223

　16.1　it の用法 223
　　16.1.1　it が指すもの [1] 223
　　16.1.2　it が指すもの [2] 223
　16.2　this の用法 224
　　16.2.1　thit が指すもの [1] 224
　　16.2.2　thit が指すもの [2] 225
　16.3　this と that ── 空間・心理・関心の遠近 226
　16.4　This is why か That is why か 227
　16.5　one が指すもの ── 一般に不特定の可算名詞を指す 228

第17章　比較級　　　　　　　　　　　　　　　　　　230

　17.1　倍数詞を伴う比較級 230
　17.2　〈The ＋比較級〉の構文 232
　17.3　〈not ＋比較級〉で最上級を表す 233
　17.4　否定辞を文頭に置く比較構文 234
　　17.4.1　否定辞を文頭に置く比較級表現 234
　　17.4.2　否定の時間副詞句を文頭に置く場合 235
　17.5　比較級を使った慣用表現 236
　17.6　最上級の使い方 ── '隠れ最上級' の用法 237

第18章　省略構文　　　　　　　　　　　　　　　　　239

　18.1　動詞句の省略 239

目　次

18.2　主語・動詞の省略 **241**

第19章　否　定　　　　　　　　　　　　　　　　　242

19.1　not と動詞 think, believe, suppose, expect
　　　などについて **242**
19.2　no の注意すべき用法 **243**
19.3　not の注意すべき用法 **244**
19.4　英作文では曖昧な否定表現を避ける **245**
19.5　never の用法 **245**
19.6　否定辞を使わない否定構文［1］
　　　── 対人関係的配慮を優先する書き方 **246**
19.7　否定辞を使わない否定構文［2］
　　　── 修辞疑問を効果的に使う **247**

第20章　作文とコロケーション　　　　　　　　249

20.1　コロケーションとは何か **249**
20.2　語彙的なコロケーション **250**
　20.2.1　〈動詞＋名詞〉と〈名詞＋動詞〉 **250**
　20.2.2　形容詞＋名詞 **253**
　20.2.3　副詞＋形容詞 **256**
　20.2.4　副詞と動詞 **257**
20.3　文法的なコロケーション **258**
　20.3.1　形容詞と名詞 **258**
　20.3.2　副詞と動詞 **260**
　20.3.3　文法的なコロケーションの変化 **262**
20.4　意味的なコロケーション **262**
　20.4.1　動詞句 **263**
　20.4.2　形容詞 **265**
　20.4.3　副　詞 **266**
20.5　コロケーションと諸問題 **267**
　20.5.1　コロケーションとレジスター **267**
　20.5.2　節や文を越えたコロケーション **269**

第21章 ことばと文化 ― 文法を超えて　273

　21.1　はじめに ― 異なる価値観を知る 273
　21.2　日本語と英語の世界観の違い 276
　　21.2.1　俳句を通して考える 276
　　21.2.2　日本語に引きずられ見落としてしまうこと 277
　　21.2.3　状況依存型の日本語、徹底して説明する英語 280
　　21.2.4　「曖昧さ」が命の日本語、「論理的に明快な」英語 282
　　21.2.5　「ぼかす」日本語、「分ける」英語 284
　　21.2.6　母性原理と父性原理 285
　21.3　日本語と英語のズレ 290
　　21.3.1　英訳以前に日本語の心を知る 290
　　21.3.2　言外の意味を知る 291
　　21.3.3　カタカナ語と英語本来の意味のズレ 292
　　21.3.4　身体にかかわる慣用表現をどう英訳するか 295
　21.4　日本語をどう英語にするか 298
　　21.4.1　基本語に習熟する 298
　　21.4.2　やさしい日本語に言い換える 300
　21.5　おわりに ― 英語以前の問題とは？ 301

参考文献 305
索　　引 309

第 1 章

文 の 構 成

― 構文のバラエティー ―

1.1　英文の主語になれる要素

　英文を書く場合、主語をどういう要素にするかということは、自分が書こうとする英文の構造を決定するうえで非常に重要な点である。基本的には、英文の主語としてはすべての種類の名詞（句）、代名詞が可能である。

1.1.1　名詞（句）、代名詞

Example 1　**普通名詞**　（普通に数えられる名詞）
　Apples have a lot of vitamin C. （りんごはビタミン C が豊富である。）

Example 2　**集合名詞**　（形は単数でも、基本的に複数として扱われる名詞）
　People say that your son is the most brilliant boy ever born in this town. （あなたの息子はこの町の歴史のなかで一番優秀な男の子だと世間ではいっているよ。）

Example 3　**物質名詞**　（基本的に、数えられない名詞）
　Dioxin is a harmful chemical. （ダイオキシンは有害な化学物質である。）

第 1 章　文の構成

Example 4　抽象名詞　（概念などを表す、基本的に数えられない名詞）
Terrorism will be rampant in the 21st century.（21 世紀にはテロがはびこるだろう。）

Example 5　固有名詞　（人名や建物など、固有の名称を表す名詞）
Wittgenstein died in 1951.（ウィトゲンシュタインは 1951 年に亡くなった。）

いうまでもなく、英文の主語としては、Example 1–5 のような、単語としての名詞だけでなく、次の例に見られるように、名詞を文法的な中心として複雑な構造を持つ名詞句も可能である。

Example 6　名詞句
<u>The miraculous **development** of science and technology in the 20th century</u> made life much more comfortable.（20 世紀における科学技術の奇跡的な発達のおかげで、生活がより快適になった。）

(解説)　この英文では、下線部が示すように、抽象名詞 development を文法的な中心（head）として miraculous という形容詞や、前置詞 of 以下の名詞句が、development にかかる複雑な名詞句が主語となっている。

名詞（句）と同じように、代名詞も英文の主語として使うことが可能。以下に、人称代名詞、指示代名詞、疑問代名詞の場合を例にとってみる。

Example 7　人称代名詞
They are always complaining about their small income.（彼ら〈すでに出ている特定の人々を指す〉は収入が少ないといつもこぼしている。）

Example 8　指示代名詞
This is how our company got involved in rigging the bid.（こういうわけで〈すでに出ている特定の事情・理由を指す〉、わが社は談合に巻き込まれてしまったのです。）

Example 9 疑問代名詞
Who lives in that haunted house?（あの幽霊屋敷には誰が住んでいるの。）

1.1.2 主語としての名詞相当語句

1.1.1 では文字通りの名詞（句）が英文の主語になる例を見てきたが、ここでは名詞相当語句、すなわち、形はいろいろ異なるが、名詞としての働きを示す要素はすべて英文の主語になることができる、という点を確認しておきたい。

Example 10 一般動詞の ing 形
Drinking with friends is a lot of fun.（友人と酒を飲むのはずいぶん楽しい。）

一般動詞と同様に、be 動詞の ing 形も、通例、補語を加える形で主語になりうる。

Example 11 be 動詞の ing 形 （Being のあとに補語がつく）
Being eco-friendly is a principle that was not very common until a couple decades ago.（「環境にやさしい」というのは、20 年くらい前まではそれほど一般的でない考え方であった。）

主語としては、動詞の ing 形ほど一般的ではないが、to 不定詞句も英文の主語になりうる。（日本人の書く英語では to 不定詞句を主語にする場合が多いが、一般的には、ing 形のほうがより自然。）

Example 12 to 不定詞句
To tell the whole story would take ten hours.（この話を全部語るとすれば 10 時間はかかるだろう。）

(解説) ここでの to 不定詞句は「もし~すれば」という仮定的な意味がある点に注意。この場合、Telling the story という形はまったく使われないわけではないが、to 不定詞句のほうが普通。

第1章　文の構成

Example 13　仮主語の It

It is very exciting *to go abroad and experience a lot of new things*.（外国に行っていろいろ新しいことを経験するのは、とってもおもしろい。）

(解説)　ここでの It は to go abroad 以下を指している仮主語の it。（この仮主語 It の構文については p. 16 参照。）

Example 14　天候・時間・距離の It

It's about time to get down to work.（そろそろ仕事に取りかかる時間だ。）

(解説)　ここでの It は to 以下を指しているわけではなく、漠然と時間を表している。

Example 15　動詞 seem, look, appear, happen などの主語としての It

It seems that Ted is holding back something very serious.（テッドは何かとても深刻な問題を隠しているように思える。）

(解説)　ここでの It も仮主語の働きはなく、that 節を受けているわけではない。単に動詞 seems の主語としての働きだけであり、特に何かを指しているわけではない。

Example 16　that 節

That the nuclear testing was a failure is undeniable.（その核実験が失敗だったことは否定できない。）

(解説)　ここでの that 節は名詞としての働きがあり、主語として使うことができる。英作文で注意すべきは、that 節があまりに長い場合はいわゆる top-heavy（頭でっかち）構文になる危険があるので、そのような場合は仮主語 It の構文を使うほうがよい。この例文ぐらいの長さならば別に問題はない。

　次の Example 17–20 は wh 節が主語になる例を見ることにする。Wh で始まるのは、 what, when, who, why, where, which, how, whether, whatever, whoever, whichever などがあるが、働きは、関係詞、疑問詞、あるいはそのどちらにもとれる場合がある。

Example 17　関係代名詞 what
What he learned from his stay in England remained long in his memory.（イギリス滞在で学んだことは長く彼の記憶に残った。）

(解説)　関係代名詞 what は、that which のように先行詞と関係詞が１つになったもので、複合関係代名詞と呼ばれる。

Example 18　関係代名詞 whatever
Whatever my boss tells me is upsetting.（上司が私にいうことはなんであれ頭にくる。）

(解説)　whatever は、 anything that が１語になった複合関係代名詞。whichever, whoever も同様の複合関係代名詞である。

Example 19　疑問詞の why
Why the Japanese girl was abducted is unknown.（なぜその日本人女性が拉致されたかは不明である。）

Example 20　間接疑問の名詞節を導く whether
Whether this medicine is effective against the new type of influenza has not been proved yet.（この薬が新型インフルエンザに効くかどうか、まだ証明されていない。）

Example 21　疑問詞のあとに to 不定詞が来る場合
Where to stay in Tokyo is something we have to decide by tomorrow.（東京ではどこに泊まるかは明日までに決めなければいけない。）

(解説)　疑問詞の直後には when to stop, whether to do it or not などのように to 不定詞を置くことができるが、why だけは例外的に to 不定詞をとらない点に注意。

Example 22　For ～ to do ... を主語とする場合

For average Japanese to go to Europe cost a fortune until a few decades ago.（数十年前まで、平均的日本人がヨーロッパ旅行をするには莫大な費用がかかった。）

[解説]　この構文は、Example 12 の不定詞を主語とする構文と深い関係がある。この for ～ to do ... の場合、不定詞の意味上の主語が for ～ の形ではっきり示されたと考えることができる。

1.2　一般人称主語構文

英文を書く場合、主語として、日本語でいえば「人というものは」「人間は」などのように、人間一般にあたる表現が必要な場合があるが、一般人称としての you, we, one などの表現の用法は、われわれ日本人が英語を書く場合は特に注意を要する。ここでは一般人称主語構文について見てみたい。

1.2.1　一般人称の you

人称代名詞の you は、基本的には、ある特定の相手を指す二人称の用法として「あなた」「君」などの意味を表し、一人称である I (私) と対立するものであるが、これとは別に、you には I の意味も含んだ、人間一般という意味での一般人称としての用法があることは特に注意を要する。この you の用法は日本人の英語学習者にとっては大きな盲点の 1 つであり、英語を書く場合、この一般人称としての you の用法は、「あなた」という意味での特定の相手を指す二人称の用法との区別をつけにくいために、正しく使えないことが多い。

Example 23　一般人称 you の用法

You can't tell what someone is like at first glance.（一見しただけでは相手の人柄はわからないものだ。）

ここで使われている一般人称 you の用法を正しく理解し、英作文で実際に正確に使えるようになるためには、特に we や people との違い

を把握する必要がある。ここで仮に、主語を we に変えて、

 ? **We** can't tell what someone is like at first glance.

とした場合、文の意味が、主語が you の場合とは微妙に異なる点に注意。we は、他の集団を対比的に暗示しながら、ある特定の集団を指す意味合いが強く、その意味では純粋な一般人称とはいえない（1.2.2 参照）。ここで we というと、「we 以外の、例えばどこかよその集団で、they と呼べるような人たちは、一見しただけで相手の人柄はわかるのに、特定集団（例えば、ある地域の人々）である"われわれ"にはそれができない」という意味を表しうる。あるいは、「全知全能の神とは異なり、われわれ人間にはそれができない」というような、いずれにせよ他の要素との対比の意味合いが感じられる。それに対し、You で始まる元の文は、「(特定の集団でもない) 人間一般というものは、この文の書き手（私）も含めて、一見しただけでは相手の性格はわからない、人間とはそういうものだ」という意味を表している。つまり一般人称としての you の場合、それ以外の対立概念（例えば we に対する they のような）を暗示しない、という点が重要なポイント。

次に、元の文を、people を主語とした場合どうであろうか。

 ? **People** can't tell what someone is like at first glance.

この場合、文意は「(この文の書き手である自分は除いて) 世間の人間という者は一見しただけでは相手の人柄はわからないものである」ということになり、一般に考えられにくい事態を表すことになる。people は漠然と「世間一般」「世の人々」という意味を表し、その際書き手は含まれていない点に注意する必要がある。people を正しく使った例を以下に一例あげておく。

 My father won't change the way he is, whatever **people** say.（父は、世間が何といおうとも、決して自分のあり方を変えることはしないだろう。）

逆にここでもし people の代わりに you を使えば、特定の相手である「あなた」もしくは「あなた方」という意味になるであろう。（その

理由は、文意自体が個別の、特定人物（My father）に関するものであり、一般論的意味合いがないため、必然的に you が個別・特定の人物を指すからである。）

ついでながら、（動物と対比して）人間、人類という意味で使われる human beings を元の文に当てはめて、

? **Human beings** can't tell what someone is like at first glance.

とした場合、文意は「（動物と異なり［動物には可能だが］）人類の場合は、一見しただけでは相手の人柄はわからないものである」ということになり、明らかに異常な意味を表すことになる。

疑問文で you を使うと一般人称にはならない

ここで述べた特定の集団を指さない一般人称の you の用法は原則として肯定文や否定文に限られる。疑問文で you を使うと、「あなた」「君」のような、I（私）に対する相手を指すのが普通。

Can **you** tell me how to get to Shinjuku?（〈特定の相手に対して〉新宿へはどう行けばいいか教えてくれませんか。）

1.2.2 （他との対比を暗示する）一般人称の we

前項で一般人称の you の用法を見たが、ここでは we の用法を見ておきたい。一般人称としては we も you もほとんど同様に使えると考えられていることが多いが、両者には微妙な違いがある。

Example 24　you と異なる一般人称 we の用法

We are all fallible.（われわれ人間はみな間違いを犯すものだ。）

ここでの we は確かに、話者を含めた人間一般を指してはいるが、あえていえば、例えば「間違いを犯さない God（神）と異なり」という対比が暗示的に含まれていると考えられる点に着目する必要がある。We に含まれるこの対比（contrast）の現実的意味合いは次の例でいっそうはっきりする。

We don't sell sedans.（私どもではセダンは販売しておりません。）

ここでの we は、一般人称というべきではなく、ある特定の集団(どこかの町の車のディーラーか、あるいはトラック専門のある自動車会社)を指している。ここでは、一般人称の you の場合と異なり、明らかに、セダンを販売している他のディーラーか、他の自動車会社との対比が暗示されている。同様に、we が特定集団を表していることがはっきりするのは、以下のような場合。

We had a lot of rain last year.(去年は(こちらでは)雨が多かった。)

この場合は、we は明らかに here と意味的に連動していて、この文の話者が居住している地域に住む集団を表している。

英作文上の注意点 ── we は特定集団を表しやすい

結論としていうならば、we は、you のように何の制限もなく人一般を指す、というよりは、何か別の集団との対比を暗示しながら、ある特定集団を表す用法が原則的なものであるといえる。

1.2.3 ややフォーマルな一般人称の one

Example 25 　一般人称 one の用法

One learns more from failure than from success. (人は成功よりも失敗からより多くを学ぶ。)

(解説) この用法の one は、他との対比を暗示しない純粋な一般人称としては you とまったく同じ働きがあるといえる。したがって、この文を you を使って、

You learn more from failure than from success.

と書き換えても、意味に変わりはないが、スピーチレベルが異なる。one を使うのはやや堅い感じがするのに対して、you を使った文は日常レベルの文体といえる。

また、イギリス英語では one は同じ文中では one, one's, oneself で受けるのに対し、アメリカ英語では he, his, him, himself で受ける傾向がある。*

[注] one を his, him, her などで受けるのは特定の性別への偏りがあり、性差別的であるという指摘を受けかねないので注意を要する。以下の「性差別と一般人称」参照。

ひとこと付言すると、他の要素との暗示的対比を含まない、純粋の一般人称(話者を含む)としては you と one が考えられるが、you はすでに述べたように、「(特定の)あなた、君」という意味での二人称の用法と紛らわしい面があり、その意味では一般人称としての'安定度'は one のほうがあるといえる。ただし、これもすでに述べたが、one は文体上やや堅い印象があるので、日常会話などでは避けるほうがよい。

性差別と一般人称

特に最近の傾向として、「人」「人間一般」を表す表現としては男性を暗示する man, mankind などは避けられ、代わりに a human, the human race, humanity, people などが用いられることが多い。これと関連して、一般人称(的)表現を代名詞で表す場合、him, his, her などを使うのは、特定の性別への偏りがあるとして避けられる傾向がある。例えばeveryoneを主語とした場合、以下の表現は性差別的であるという指摘を受ける可能性がある。

Everyone has **his** own likes and dislikes. (誰でもそれぞれ好き嫌いがあるものだ。)

この問題を避けるためには、his の代わりに his or her もしくは複数形のtheirが実際には使われる。ただ、文法的には単数であるeveryoneを複数代名詞で受けることに抵抗感を覚える人も少なくないので、問題を避けるために、はじめから主語をpeopleなどの複数にすることも一般的に行われている。

1.3　無生物主語構文

例えば「何があなたにそう考えさせるのか」「私の体調の悪さが私に激しい運動をすることを許さない」などの日本語表現は、本来主語で

あるべきでない無生物的要素が擬人的に主語として使われていて、それが人間に意図的に働きかけるような印象があり、日本語としては不自然であり異様に感じられる。ところが、英語では上記の日本語にあたる、What makes you think so? や My poor health doesn't allow me to do hard exercise などの典型的な他動詞構文はまったく普通の表現である。英語を母語とする人々の観点からは、このような無生物主語構文はまったく普通であるため、わざわざ無生物主語構文とか物主構文とかの名称でこれらの構文を呼ぶ根拠や必要性が、理解できないようである（富岡龍明著『英語らしい英文を書くためのスタイルブック』参照）。

日本語には元々このような無生物主語構文がないために、英作文ではなかなかうまく使えないことが多い。日本人学習者の英文でよく見られるような、人称主語のI（私）で始めるような人称主語構文ばかりを多用せず、構文のバラエティを重視し、同一文型を繰り返して単調な文章を書かないようにするためにも、無生物主語構文を適宜使って英文の構成に変化を持たせることが重要。

文法的には、無生物主語構文を構築するうえでの中核となるのは、目的語をとるという形で他への働きかけを表す他動詞である。以下に、無生物主語構文でよく使われる典型的他動詞を使った構文をいくつかあげてみる。これらの他動詞の用法に習熟することが無生物主語構文習得のポイントである。

Example 26 「〜させる」「〜という状態にする」という意味の make

The worst-ever air disaster **made** people strongly doubt the safety of air travel.（その史上最悪の航空機事故のおかげで、世間は空の旅行の安全性を強く疑うようになった。）

〔解説〕 学生の書く英作文では、例えば、

> Because of the worst-ever air disaster people strongly doubted the safety of air travel.

などのような、むしろ上の日本文をもとにしたような英文を目にすることが多い。この英文ならば文の主語は people であり、

普通の人称主語構文であるため日本語の発想に近く、何の違和感もないであろう。英文としては間違いではないが、より引き締まった文体、また英語らしい発想の文という観点からは Example のような無生物主語構文を使う練習をおすすめする。

Example 27 「〜を可能にする」という意味の enable

Years of hard work **enabled** him to make the great discovery.
(長年の努力によって彼はその偉大な発見ができた。)

(解説) ここでも、より日本語の発想に近い英文としては、

> He worked hard for years, and (he) made the great discovery.

などの人称主語構文が考えられるが、より英語らしい発想の英文としては元の enable を使った無生物主語構文を使えるようにしたいものである。

Example 28 「〜を助ける」「〜が ... するのに役立つ」という意味の help

This new English curriculum will **help** the students (to)* learn English more effectively. (この新しい英語のカリキュラムのおかげで、学生はより効果的に英語の学習をすることができるだろう。)

[注] 目的語を置いたあとに不定詞をとる動詞 help の用法としては、help 〜 to do, help 〜 do のどちらも可能だが、くだけた文体では to が落ちることが多い。

(解説) 学生の書く英作文ではこの無生物主語構文の代わりに、例えば、

> Thanks to this new English curriculum, the students will become able to learn English more effectively.

などのような、人称主語（ここでは the students）を用いた人称主語構文が多く見られる。英文自体は別に誤りではないが、ここでも help を使った無生物主語構文を使えるようになることは英語らしい英語を書くという観点から重要。

Example 29 「〜を示す」「はっきり表す」という意味の show

A survey **shows** that the Japanese are becoming less and less interested in succeeding in life.(あるアンケート調査によれば、出世することに対する日本人の関心が低下していることが明らかになった。)

(解説) ここでも、擬人的な構文である、X(無生物) shows Y という文構造に日本人的発想がおそらくなじまないため、show がうまく使えず、例えば、

> According to a survey, the Japanese are becoming less and less interested in succeeding in life.

のような英作文を書く場合が多い。無生物を主語にして、あたかもそれが意志を持って示したという意味を表す、この X shows Y の構文も習得すべき無生物主語構文である。

1.4 否定辞が主語になる構文

ここで否定辞が主語になる構文というのは、例えば No country is 〜, Nothing is 〜, Few people 〜, Less and less 〜 などのように、否定辞やそれに働きが似ている要素が文の主語として置かれる構文を指している。日本語ではそれらの構文を直訳して、「ゼロの国が」とか「少ない人々が」とかで始めることはまったく不自然であるところからわかるように、英語と日本語の構造の違いをはっきり感じることのできる、(日本語から見て)英語らしい構文である。この否定辞主語構文もまた、日本語の発想と異なるため、日本人の英語学習者が苦手とするところで、英語らしい表現を心がけるならば是非習得したい構文である。

1.4.1 No, Nothing, No one で始まる構文

Example 30 〈No+名詞〉で始まる構文

No human being would survive if all-out nuclear war broke out.(もし全面核戦争が起これば人類は全滅するだろう。)

第1章 文の構成

(解説) 上の日本文に対応する英語としては、

> **All human beings** would be extinct if all-out nuclear war broke out.

などの、否定辞的要素でない主語で始めることも可能だが、Noで始まる英文を書けるようになることは、英語らしい英語習得という観点からは重要である。

Example 31　Nothing で始まる構文

Nothing is more relaxing than taking a nap on a sunny afternoon.（天気のよい昼下がりに昼寝をするのが、一番気持ちがゆったりします。）

(解説) ここでも Nothing を主語にする代わりに、

> Taking a nap in the sunny afternoon is more relaxing than anything else.

などのようにもいえるが、Nothing で始まる構文を習得することは英語らしい発想を学ぶうえで重要。

Example 32　No one で始まる構文

No one wants to be deep in debt.（借金で首が回らなくなりたいとは誰も思わない。）

(解説) Nobody は no one よりややくだけた表現。また、no one を代名詞で受ける場合、口語では they になることが多い。

> No one has completed **his [their]** work yet.（誰もまだ仕事を終えていない。）

1.4.2　Few, Fewer, Little, Less で始まる構文

意味的に No や Nothing で始まる構文に近いのは Few, Fewer, あるいは Little, Less で始まる構文である。文法的には Few, Fewer は可算名詞と、Little, Less は非可算名詞と結びつく。（状況・文脈によって

1.4 否定辞が主語になる構文

はFewやLittleが単独で用いられることもある。)

Example 33 〈Few＋可算名詞〉で始まる構文

Few countries are free from natural disasters such as floods and earthquakes.（洪水や地震などの自然災害のない国は非常に少ない。）

(解説) ここで、Few countries で始まっている英文と、「～は非常に少ない」というように、否定辞表現が述語に置かれている日本語との構造の落差に注意。また、ここでFewの否定的な意味をさらに強めるとVery fewとなり、意味はほとんどNoに近くなる。

Example 34 〈Fewer＋可算名詞〉で始まる構文

Fewer car manufacturers are producing gas guzzlers.（ガソリンを食う車を製造する自動車メーカーは少なくなってきている。）

(解説) Fewerを2回重ねてFewer and fewerとすると、否定的意味がいっそう強くなる。

Fewer and fewer Japanese corporations adopt the seniority system.（年功序列制を採用する日本企業はどんどん減ってきている。）

Example 35 Littleで始まる構文

Little has been done to prevent the recurring of corruption in our company.（わが社では、汚職の再発を防ぐための方策はまだほとんどとられていない。）

Example 36 〈Little＋非可算名詞〉で始まる構文

Little money goes to improving the welfare system in our country.（わが国では福祉の充実に回される金は非常に少ない。）

(解説) Example 35と36でlittleの前にveryを置いてVery little ... とすると、さらに意味が強くなり、noに近い意味合いが出る。

Example 37 〈Less＋非可算名詞〉で始まる構文

Less violin is needed here.（ここではバイオリンはちょっと抑え気

第 1 章　文の構成

味でいい。〈オーケストラの演奏で、指揮者などによる楽器のパートの音量などの調整〉〉）

(解説)　以下のように less が程度を表す副詞として用いられている場合は、名詞が可算名詞ということもありうる。

Less intelligent students are given intensive training on how to use a computer.（〈既出の、知能の高い学生に比べて〉やや知能レベルの下がる学生はコンピュータの活用法について集中的な訓練を受けることになっている。）

Less を 2 回重ねて Less and less とすると、否定的意味がいっそう強くなる。

Less and less bread is consumed in our country.（わが国ではパンの消費量が大幅に減ってきている。）

1.5　仮主語などとして It を主語にとる構文

すでに p. 4 で見たように、英文を書くとき、1) 具体的な意味を表す名詞（句）や人称代名詞などを主語に置いて動詞句を述部として続ける場合と、2) とりあえず It を仮の主語に立てて動詞句を置くことで主部・述部を整え、そのあとに It が指す内容をさまざまな文法形式で置く書き方がある。また仮主語としてではなく、慣用的に It を主語にする構文もある。ここではそれらを仮に It 構文と総称して、英作文の観点からその用法を確認していくことにしたい。

1.5.1　どういう場合に仮主語 It の構文を使うか

英作文を書くとき、具体的意味を表す名詞句や代名詞句を主語とするか、仮主語 It で始めるか迷うことがある。結論からいえば、どの場合に仮主語 It で始めなければならないという規則のようなものを考えることは実際的ではなく、状況に応じて決める必要がある。1 つの重要な視点は構文のバラエティである。同一構文を繰り返さず、センテンスの主語のあり方を多様にすることは自分が書く英文が単調になる

1.5 仮主語などとしてItを主語にとる構文

のを防ぎ、メリハリを保つために重要である。

　一般的にいえば仮主語Itの構文は、直後に動詞句を従えるため「何がどうした」という情報のうち、「何が」はさておき「どうした」というところを手っ取り早く読者に伝える利点があるといえる。また、書き手もしくは話者の視点からいえば、とりあえず主語・述語を整えておいて、そのあいだやや時間稼ぎをしたうえで主語の具体的内容を述べることができ、自分の考えがまとまっていない場合などのいわば時間稼ぎにも、この仮主語構文は有益であるといえる。

Example 38　仮主語Itがto不定詞を指す場合

It is quite exhausting **to try** to get my son, who is very cheeky and naughty, to work hard.（生意気で腕白なうちの息子にいって聞かせて一生懸命勉強させるのは、まったく疲れる作業だ。）

(解説)　この英文の場合、to以下の長さを考えると、仮主語Itで始めるのは妥当な主語選択といえる。もしここでto以下の内容を主語にして、

　　Trying* to get my son, who is very cheeky and naughty, to work hard is quite exhausting.
　　［注］　主語としてはTo try... よりもTryingの形のほうがより一般的 (p. 114参照)。

とすると、主語の部分が述語部分に比べてやや長すぎる感じがあり、いわゆるtop-heavy（頭でっかち）な文章という印象は免れない。その印象は、この文ではwho以下の非制限用法の関係代名詞節が主語部分に入っているために強まっているが、仮にその関係代名詞節を除いて、

　　Trying to get my son to work hard is quite exhausting.

とするならば、主語と述語の長さのつりあいは別に何の問題もない、ごく普通の英文であるといえる。

Example 39　無用な仮主語 It 〜 to do の構文
　? **It**'s a lot of fun to drink.（酒を飲むのは楽しい。）

(解説)　この英文はこのままでも文法的には何の問題もないが、to 以下の情報量の少なさから考えても、わざわざ仮の It を立てていうほどの理由は特に見当らない。一般に英文はなるべく具体的な内容を持つ要素を主語にするほうが好ましい、という観点からいえば、この英文は、

　　Drinking is a lot of fun.

とするほうが、文体上より適切であるといえる。

1.5.2　仮主語 It が指し示す要素

　前項 1.5.1 では It 〜 to 不定詞の構文を例にとって、It の仮主語構文を見てきたが、仮主語 It で始まる構文は、to 不定詞だけを指し示すのではなく、that 節、wh 節、ing 形などさまざまな要素と結びつく。ここでは、It がどのような要素と結びつくのかを概観する。

　英作文では、仮主語 It で文を始めた場合、あとをどのような形にすべきか迷うことが多い。可能性としては to 不定詞、意味上の主語を伴う for 〜 to 不定詞、that 節、wh 節、ing 形などさまざまな要素が考えられる。この場合はこの要素、というふうに特に定まっているわけではないが、ある表現はある要素と結びつきやすいという一般的傾向がある。

　以下に、英語の実際の使用例を集めたデータバンクであるコーパス（BNC）を参考として、頻度の観点からいくつかの典型的用法を見ていくことにしたい。

Example 40　形容詞 difficult と to 不定詞
　It is difficult **to teach** young children how to behave.（幼い子供をしつけるのは難しい。）

(解説)　形容詞 difficult の場合、仮主語 It と結びついたときには、圧倒的頻度で It is [was] difficult to do の形をとる。difficult の場合、

It is difficult that ... の形はまず使われない。もっぱら to 不定詞だけが可能で that 節が来ないという点では、他に easy, good, nice などの形容詞も同様である。

この It is [was] difficult to do の形のおよそ 6 分の 1 の頻度で It is [was] difficult for 〜 to do というふうに、不定詞の意味上の主語である for 〜 がつく。

Example 41　形容詞 important と to 不定詞
It is important **to get rid of** bad habits such as excessive drinking and chain smoking.（飲みすぎやたて続けの喫煙などの悪い習慣はやめることが大切である。）

(解説)　形容詞 important の場合、仮主語 It と結びついたときに to 不定詞が続く頻度は、that 節の約 3 倍である。つまり、important の場合、It is important to do ... の構文のほうが、It is important that ... よりも頻度が高いということである。また that 節が続く頻度と、It is important for 〜 to do の形で不定詞の意味上の主語である〈for + 名詞〉が不定詞の前に来る頻度はほぼ同じ程度である。

Example 42　形容詞 necessary と to 不定詞
It is necessary **to do something** to prevent global warming from getting worse.（地球温暖化がこれ以上進まないように何らかの手段を講じる必要がある。）

(解説)　形容詞 necessary の場合、仮主語 It と結びついたときに to 不定詞が続く頻度は、that 節の約 50 倍の圧倒的頻度であり、It is necessary that ... の形は実態として非常に少ないことがわかる。また necessary の場合、It is necessary for 〜 to do の形も多く見られ、頻度は to 不定詞直結型の約 3 分の 1 の割合に達する。

Example 43　形容詞 interesting と to 不定詞
It is interesting **to see** how young birds learn to fly.（ひな鳥が飛べるようになっていく様を観察するのは興味深い。）

(解説) 形容詞 interesting の場合、仮主語 It と結びついた場合には to 不定詞があとに続く頻度が最も高く、that 節が続く場合に比べるとおよそ5倍の頻度である。つまり、interesting の場合、It is interesting to do ... の構文が一般的であるということになる。しかもその to 不定詞は、see, know, note, hear, learn などの知覚・認識を表す動詞が多く使われる傾向がある。

Example 44　形容詞 surprising と that 節

It is not surprising **that** aging societies such as Japan are becoming less and less productive.（日本のような高齢化社会の生産性が落ちつつあるのは驚くにはあたらない。）

(解説) 形容詞 surprising の場合、that 節の頻度が to 不定詞の約7倍である。ただし、to 不定詞の場合も、下の例の to find [discover / see] that ... などのように、知覚・認識動詞のあとで that 節がつながる傾向がある。

It is hardly surprising **to find that** more and more Japanese are becoming overweight these days.（最近太り気味の日本人が増えているのは驚くにはあたらない。）

さらに付け加えると、例文のように、この構文では surprising の前に not や hardly などの否定詞が置かれる傾向が強い。つまり、surprising の場合、It is surprising よりも、It is not [hardly] surprising となることが多いということである。

surprising と同様に that 節の頻度が高い形容詞には、clear, obvious, unfortunate などがある。

Example 45　形容詞 doubtful, questionable と whether, if

It is doubtful **whether** the US-Japan relationship will remain the same twenty years from now.（日米関係が20年後も現在と同じままかどうか疑わしい。）

(解説) 形容詞 doubtful と questionable の場合、whether 節か if 節が続

く傾向が非常に高い。

Example 46　名詞 pity と that 節
It's a pity **that** the new head of our department is very selfish, hardly interested in what he can do for other people.（うちの課の今度の課長は利己的で、自分が他人のために役立とうとする気持ちがほとんどないのは残念だ。）

(解説)　名詞 pity の場合、仮主語 It と that 節が結びつく割合は、to 不定詞と結びつく割合の約4倍である。したがって、名詞 pity の基本的用法は It's a pity that . . . という構文であるといえる。

Example 47　名詞 shame と that 節 または to 不定詞
It's a shame **that** you missed the chance to see the president.（君が社長に会う機会を逃したのは残念だ。）

(解説)　名詞 shame の場合、上のように仮主語 It と that 節が結びつく頻度と、以下の例文のように to 不定詞句が結びつく頻度はほぼ同じである。

　　It's a shame **to have** to say good-bye to you so soon.（こんなに早くお別れしなければならないのはつらいです。）

Example 48　動詞 matter と that 節、if 節、wh 節
It doesn't matter **what** they say.（彼らが何といおうとかまいません。）

(解説)　動詞 matter（重要である）の場合、仮主語 It と結びつくのは that 節、if 節、wh 節である。それぞれの頻度はそれほど大きな違いは見られない。
　参考までに that 節、if 節の例をそれぞれ下にあげる。

1. **It** doesn't matter **that** my proposal was rejected.（私の提案が却下されたことは別にかまわない。）
2. **It** doesn't matter **if** you have to leave us.（あなたが私たちのもとを離れなければならないとしてもかまいませ

ん。)

一般的傾向としては、動詞 matter を使った構文は、It matters... よりも It doesn't matter... のように否定文で使われる頻度が非常に高いという点が特徴である。

1.5.3 It is no use ～ing の構文

仮主語 It で始める文のなかで、to 不定詞でも that 節でもなく、慣用的に動詞の ing 形を意味上の主語としてとる名詞があるが、そのなかで、比較的使用頻度が高い It is no use ～ing を取り上げる。

Example 49　use＋～ing の形

It is no use **complaining** about it.（そのことで文句をいっても始まらない。）

(解説)　この構文では、use のあとは ing 形が圧倒的に多く、to 不定詞も可能ではあるが、使用実態としては非常に少ない。

1.5.4 It is ～ of ... to do の構文

前項までは、仮主語 It とそれが指す要素の関係などを中心に見てきたが、ここでは、仮主語としてではなく慣用的に It を文法的な主語とする構文の 1 つとして、It is ～ of ... to do の構文を見てみたい。

Example 50　kind など of をとる形容詞

It's very kind **of you to show me the way**.（道を教えていただいて本当にご親切さまです。）

(解説)　この構文では文法上、It が of 以下を指していると考えるのは不適切である。例えば以下の例文の場合、

It is necessary **for you to improve your English**.（英語の実力を上げることが必要です。）

文法的に、It は for 以下を指しているといえるが（For you to improve your English is necessary は可能な表現)、kind を使っ

た上の Example の場合、Of you to show me the way is very kind とはいえない。この It is 〜 of ... to do の構文の場合、X of Y の関係が、Y is X という主語述語の関係になっている点に注意。ここでは、

It's very kind of you to show me the way.
= You are very kind to show me the way.

という等式的関係が成り立つことからわかるように、of をはさんで、you are very kind という主語・述語関係が内在していることがわかる。これと異なり、It is 〜 for ... to do の構文の場合、X for Y において、Y is X という主語・述語関係はない点に注意。上の例でいえば、It is necessary for you to improve your English において、you are necessary という主語・述語関係はない。

英語の形容詞のなかには、この It is 〜 of 〜 to do の枠で用いられる一群の形容詞がある。以下に主なものを列挙する。

kind（親切な）、nice（やさしい）、clever（賢い）、good（やさしい）、thoughtful（思いやりがある）、careful（慎重な）、stupid（愚かな）、foolish（愚かな）、brave（勇敢な）、cruel（むごい）、unkind（不親切な）、rude（無礼な）、careless（不注意な）、naughty（いたずらな）

1.5.5 It is time to do の構文

It is time ... の構文も比較的頻度の高い構文であるので、英作文の観点からは用法に習熟しておく必要がある。この構文は、time のあとに節が来る場合と（節が来る場合、仮定法の用法と密接な関係があるので詳しくは p. 148 参照）、to 不定詞、for + 名詞句が来る用法がある。ここでは to 不定詞にスポットライトを当てる。

Example 51　It is time to do の構文

It's time **to say** good-bye.（さよならの時間です。）

解説 「もうそろそろ〜しなければならない」というときに、It is time to do ... の構文を使ってその意味を表現することができる。

to 不定詞以外には以下のような、for を使った前置詞句もよく使われる。

It's time **for** a big change.（大きな変化を起こす時だ。）

他には、time の次に節が直接置かれることも多いが、文法的には仮定法と密接にからんでいる。

1.6 There 構文

英語にはさまざまな構文があるが、英作文の観点からは、日本人の英語学習者にとって、一般の主語を立てる構文と、基本的には存在構文というべき There 構文の使い分けは常に難しい問題をはらんでいる。一般に、There 構文を使うべきところで使えない、ということがよく起こる。ここでは、一般主語の構文と There 構文の違いにスポットライトを当てることで、There 構文を英作文で適切に活用する手がかりを考えてみたい。

1.6.1 There 構文を使う根拠

日本語では、以下の2つの表現は構文上何の問題もない。

A:「（はじめて話題にのぼる）電子辞書が　机の上にある」
B:「（すでに話題にのぼっている）その電子辞書は　机の上にある」

これら2つの日本文は、主語、述語のあり方の点でどちらもごく自然であり、構文としてなんら問題はない。いま仮に前者を A 型存在構文、後者を B 型存在構文と呼ぶなら、結論を先にいえば、日本語ではこの両者に同じ文法構造を使うことが可能であるという事実が、英作文で、日本人が本来使うべきところでうまく There 構文を使えない最大の原因であると考えられる。ここで A 型、B 型を情報構造の点で比較してみる。

1.6 There 構文

A:「<u>電子辞書が</u>　<u>机の上にある</u>」
　　　主語(新情報)　　述語(新情報)

B:「<u>その電子辞書は</u>　<u>机の上にある</u>」
　　　主語(旧情報)　　　述語(新情報)

　情報がすでに出されたもの(旧情報)か、新しく出されたもの(新情報)かという観点からいうと、A では主語、述語どちらも新情報である。それに対して B では主語は旧情報であり、新情報は述語のみである。B の場合、すでに話題になっているその辞書はどこにあるかという問いに対して、「それは机の上にある」という答え方である。これをそれぞれ英語で表すと、以下のようになる。

A: **There*** is an electronic dictionary on the desk.
B: **The electronic dictionary** is on the desk.

［注］　この There は、場所を表す意味はなく、この There 構文の文法上の主語である(意味上の主語は動詞のあとに置かれる名詞句)。

　ここで注意すべきは、元の A 型の日本文に直訳的に対応する、次のような英語は自然な表現ではないという点。

日本文:「(はじめて話題にのぼる) <u>電子辞書が</u>　<u>机の上にある</u>」
英　文: ?? **An electronic dictionary** is on the desk.

　なぜ英文のほうが英語表現として不自然かの理由は、以下のように考えられる。

理由:　英語では単純に「～が(...に)ある」という存在の意味だけを表す be 動詞を使う場合、〈<u>新情報(名詞句で主語)+ be +新情報(前置詞句で場所を表す述語)</u>〉という構文は文法的に不自然

この理由により、以下の左の英文は不自然である。右に修正文をあげる。

A map is on the table.　→　There is a map on the table.
A dog is in the garden.　→　There is a dog in the garden.

新情報を主語として文を始める場合であっても、述語動詞が、単なる存在の意味以外のもっと多くの新情報を意味として含んでいる以下のような一般動詞句の場合は、別に不自然ではない。

<u>A girl</u>　　<u>visited my office yesterday.</u>（昨日ある女の子が私の
主語（新情報）　　述語（新情報）　　　　　　　　オフィスにやってきた。）

ここでは主語も述語も新情報だが、動詞 visited は単なる存在の意味を表す be 動詞以上の情報を担っているため、自然な英文といえる。

次の英文は可能な英文だが、やや不自然な例。

? A girl was walking in the garden.

この英文は A girl was in the garden とした場合ほど不自然ではないが（その理由は単に存在の be 動詞だけでなく walking という情報があるため）、There was a girl walking in the garden とするほうがより自然になる。

よく見られる誤りという観点からいうと、日本人英語学習者が英作文でよく犯す誤りは、

1. ?? A girl was in the garden.
2. × There was **the** girl in the garden.

というパターンである。1 は The girl にすれば自然な英文となり、2 は a girl とすればよくなる。存在構文である There 構文の場合、There is X の X の部分は新情報であるため、〈the ＋ 名詞〉のような、すでに指し示されている特定の名詞句は置けない点に注意。（There 構文の新情報を表す X の部分で、the を使う用法が文法的には可能だが、普通に英文を書く場合、the を使わない書き方を心がけるのが安全である。）

1.6.2　事柄の発生を表す There 構文の用法

基本的には英語の There 構文は「～が（...に）ある」という意味を表す存在構文である。以下の例でわかるように、この構文は単に物が存在するということだけでなく、通例どこにあるかの情報も一体となっている点に注意。

1.6 There 構文

There is a house on the hill.（丘の上に一軒の家がある。）

この英文から場所を表す前置詞句である on the hill を落として、

×There is a house.

ということはできない。

ところが、以下の英文は、場所を表す前置詞句を伴っていないが、可能な英文である。

There was a car crash.（車の事故が発生した。）

なぜここで、場所を表す前置詞句を伴っていないにもかかわらずこの英文が可能かというと、ここでは（どこかの場所にあるはずの）物事の存在を表しているのではなく、事柄の生起・発生が述べられているからである．つまり、この英文はその意味において、

A car crash happened.

と同じであると考えることができる。このように英語の There 構文は必ずしも状態的な意味での物の存在を表すだけでなく、出来事としての、事件や事柄の発生を表すことができることは、英作文の観点から充分認識しておく必要がある。以下に例をあげる。

Example 52　出来事を表す There 構文（過去形の例）
There **was** an earthquake in Fukuoka yesterday.（昨日福岡地区で地震がありました。）

Example 53　出来事を表す There 構文（未来形の例）
There **will be** another murder soon.（もうすぐ次の殺人事件が起こるだろう。）

Example 54　出来事を表す There 構文（現在完了形の例）
There **has been** much discussion about how to eradicate bullying at school.（学校でのいじめをなくすにはどうしたらいいかについて、多くの協議が行われてきた。）

(解説)　文法的に注目すべきは、上にあげた例文のなかの earthquake や

murderのような通常短い時間のあいだに生起した（あるいは、生起する）事件の場合、過去形で報告の形をとるか、未来形で予測の形をとるかのどちらかであり、以下のような現在時制は不可である点に注意。

× There **is** an earthquake in Fukuoka today.
× There **is** another murder.

ただし、discussionやtalkなどのように、通常時間の幅が大きく感じられる場合、以下の例文のように、現在形を用いて、ある事柄が発生し続けているという意味を表すことができる。

There **is** much discussion about how to eradicate bullying at school.（現在、学校でのいじめをなくすにはどうしたらいいかについて、多くの協議が行われている。）

1.6.3　英作文でThere構文を使う利点

英作文の観点から、be動詞のみで事柄の生起・発生を表すThere構文を使う利点として、以下の2点が考えられる。

1) 主語と組み合わせる個別の動詞を考えなくてよい。
2) 「誰が」という動作主を表す必要がない場合に便利。

1) に関しては、英語では、

1. A severe earthquake **struck** yesterday.（大きな地震が昨日発生した。）
2. A brutal murder **occurred** last Friday.（残忍な殺人事件が先週金曜日に起こった。）

などという代わりに、

1´. **There was** a severe earthquake yesterday.
2´. **There was** a brutal murder last Friday.

ということによって、それぞれ、struckとoccurという動詞を使わな

くてもすむ。一般に主語の名詞とどの動詞が適切に組み合わさるのかというコロケーションの問題は、英作文のとき常に問題になる事柄である（第20章参照）。〈There＋be動詞＋名詞句〉の組み合わせによって、その問題を避けることができる場合は、そうすることをおすすめする。

2）については、すでにあげた例文でいうと、

There **has been** much discussion about how to eradicate bullying at school.

という英文では、誰がその協議をしているかということはあまり問題ではなく、協議が行われているという事態に意味の重点が置かれている。このような場合、We や They などの人称代名詞などを主語にせず、There で始めることで「誰が」の情報を無理なくぼかすことができる。この点ではこの種の There 構文は受動態の用法に似ている面があるといえる（p. 121 参照）。

1.6.4 There に続く動詞の種類

〈There＋be動詞〉が最高頻度

コーパス（BNC）によれば、There 構文の場合、次につながる動詞句は実際の頻度の点では以下の順位になる。

① is　② was　③ are　④ 's　⑤ were

以上の5つの動詞が、他の動詞群に比べて文字通り桁違いに頻度が高く、特徴はこれらすべてが be 動詞であるという点。このことから、There 構文はまず第一に be 動詞と最も親和性が高いことがわかる。

この5つの動詞群のなかで、頻度は非常に高いにもかかわらず、日本人英語学習者にあまりなじみがないのは、④の 's だと思われる。BNC からの用例を2例あげる。

Example 55　There's の用例　（単数名詞が続く場合）
There's **no such thing** as a free lunch.（無料ランチなんてのはな

いよ。)

Example 56　There's の用例　(複数名詞が続く場合)

There's **all sorts of ducks** here — all different colours.(ここには ありとあらゆる種類の、いろんな色のアヒルがいるんだ。)

(解説)　There's の形は会話などのくだけたスタイルに属するもので、単数名詞句だけでなく、ここに見られるように複数名詞が使われることもある。

〈There＋助動詞〉も高頻度

There に続く要素としては、be 動詞の次に使用頻度が高いのは助動詞群であり、その順位は以下のようになる。

① will　　② has　　③ would　　④ had　　⑤ may　　⑥ have
⑦ must　　⑧ should　　⑨ can

〈There＋助動詞〉の構文では、頻度の観点からいうと、〈There would [may, must, should, could]＋be 動詞＋名詞句〉のほうが、〈There would [may, must, should, could]＋have been＋名詞句〉という形の完了形よりかなり高い。つまり〈There＋助動詞〉の構文では例えば、There **must be** some good reason for the president's decision（大統領の決断にはそれなりの理由があるに違いない）という〈助動詞＋be 動詞〉型の表現のほうが、There **must have been** some good reason for the president's decision（大統領の決断にはそれなりの理由があったに違いない）という〈助動詞＋完了形〉の構文より、実際の使用頻度は高いということである。付け加えていうと、助動詞 can の場合、There can be ... が通例の用法であり、There can have been ... はほとんど見られない。

頻度の低い〈There＋一般動詞〉

be 動詞や助動詞に比べると、一般動詞の頻度は格段に低く、There 構文の場合、一般動詞との結びつきは be 動詞や助動詞の場合ほど頻繁ではないといえる。以下に、一般動詞で There と結びつくものをい

くつかあげてみる。

① seems　② appears　③ came　④ remains　⑤ exists
⑥ followed

ここでの番号は頻度の順を表しているが、時制に注目。seem, appear, remain, exist は現在時制、come, follow は過去形の頻度が高いということになる。

これらの一般動詞の意味的特徴をいうならば、そのほとんどは、「〜がある」という存在の意味を表す be 動詞と大差がないという点である。以下にいくつかの例をあげる。

Example 57　There＋seems

There **seems to be** nothing special about this new trend.（この新しい傾向には特別なものは何もないように見える。）

Example 58　There＋came

There **came** a day when the new convenience store opened.（その新しいコンビニの開店の日がやってきた。）

Example 59　There＋remains

There **remains** a shortage of experienced teachers.（ベテラン教員の不足という問題が残っている。）

頻度の高い〈There is no need [doubt, point] . . .〉の構文

英作文では、一般によく使われている用法がどのようなものかを知ったうえで書くと、その分だけ自分の書く英文に自信と確信が持てるものである。コーパス (BNC) によると、There 構文の場合、There の次に来るのは is が最も多く、この There is という組み合わせの次に来るのは不定冠詞 a が最も多く、否定詞 no がそれに次いで多い。つまり There 構文の場合、There is a . . . か There is no . . . の形が実際には非常に多く使われているということである。言い換えると、There 構文は肯定文だけでなく no などの否定辞を伴う構文も非常に頻度が高いということになる。

第1章　文の構成

　日本の英語教育では、この There is no ... の形では、次に動詞の ing 形を教えることが多い。一例をあげると、

There is no **knowing** what will happen.
= It is impossible to know what will happen.
（何が起こるかわかったものではない。）

などのような例文を教えることが多いが、BNC によると、この There is no 〜ing の形は非常に少なく、そこで使われる動詞も know, tell, deny, doubt, dispute などごく限られたものである。

　使用実態としては、There is no ... の場合、次に来るのは need, doubt, way, point, reason などの抽象名詞が最も多い。以下にいくつかの例をあげる。

Example 60　There is no need ... の構文

There is **no need to worry**.（心配する必要はない。）

(解説)　need のあとは to 不定詞だけでなく、次の例のように for 以下の前置詞句も一般的である。need の場合、There is a need ... のような肯定文よりも、There is no need ... のほうがはるかに頻度が高い。

There is **no need for further research**.（それ以上調べる必要はない。）

Example 61　There is no doubt ... の構文

There is **no doubt that** the government made a serious mistake.
（政府が深刻な誤りを犯したことは間違いない。）

(解説)　There 構文で be 動詞のあとに名詞 doubt が使われる場合、no や little のような否定辞との結びつきの度合いが圧倒的に高い。そして doubt のあとには上の例文のように that 節が直結することが非常に多いが、以下の例文のように、about も一般的である。

There is **no doubt about** it.（その点は疑う余地がない。）

Example 62　There is no way . . . の構文

There is **no way we can make sure exactly what happened**.
(実際に何が起こったかを確認する方法がない。)

(解説)　There 構文で be 動詞のあとに名詞 way が使われる場合も、no のような否定辞との結びつきの度合いが非常に高い。また way のあとは Example のように節が直結する形、of 〜ing の形や、また to 不定詞がつながることが多い。

Example 63　There is no reason . . . の構文

There is **no reason why they have to think that way**. (彼らがそう考えなければならない理由はない。)

(解説)　There 構文で be 動詞のあとに名詞 way が使われる場合も、no のような否定辞との結びつきの度合いがかなり高い。また、reason のあとは Example のように why 節が直結する形、to 不定詞、あるいは for 以下の前置詞句がつながることが多い。

Example 64　There is no point . . . の構文

There is **no point (in) helping** those despotic leaders. (ああいった独裁的指導者たちを助けるのは何の意味もない。)

(解説)　There 構文で名詞 point が使われる場合も、no point という形をとることが非常に多い。point の次には動詞の ing 形が直結する場合と前置詞 in をはさんで ing 形が来ることが多い。

1.7　修辞疑問文

英文の主語の多様性について検討しながら文の構成のさまざまなあり方をこれまで見てきたが、これは英作文の観点からは、なるべく多様な構文を使うことで、文章全体の調子が単調になるのを防ぐというねらいがあった。これまでは平叙文のあり方を見てきたが、ここでは疑問文のなかの 1 つの種類である修辞疑問文 (rhetorical question) を見てみたい。

疑問文にはさまざまな形があるが、共通しているのは相手に対する問いかけという言語形式であるため、聞き手あるいは読み手に何らかの緊張を強いるという特徴である。なぜそこに緊張が発生するかといえば、問いかけられれば答えなければならないという、やり取りの原則が働くためである。

　英語の疑問文には大別して2種類ある。1つは純粋疑問文というべきもので、これは問いかけられれば答えなければならない性質のものである。日常のやり取りのなかでの疑問文は以下の例文に見られるように、たいていこの種類のものである。

通常の疑問文は answer を必要とする

1. **疑問詞を使わない疑問文**：Answer は Yes or No。
   Is this your bicycle?（これはあなたの自転車ですか。）

2. **選択疑問**：Answer は Yes or No では不可。
   Which would you prefer, beef or chicken?（牛肉と鶏肉、どちらにしますか。）

3. **疑問詞で始まる疑問文**：Answer は Yes or No では不可。
   What's your favorite pastime?（ご趣味は何ですか。）

4. **付加疑問文**：Answer は Yes or No を期待されている。
   You did this, didn't you?（これは君がやったんだな。）

修辞疑問文は answer を必要としない種類の疑問文

　ところが英語には、answer を要求されていない、つまり聞き手が答えなくてもよい種類の疑問文がある。そのような疑問文は修辞疑問と呼ばれる。日本人の英語学習者の書く英文では、上記のような通常型の、答えを要求する疑問文を使うことはあっても、修辞疑問文を使うことはきわめてまれである。構文のバラエティを心がけるということと、効果的に相手に打ち込むための表現形式として、ここでは修辞疑問文の用例を見てみたい。

Example 65　Yes or No で答える疑問文の形式の修辞疑問

Is this what you wanted, Mr. President?（大統領閣下、これが閣下のお望みだったのですか。[話し手の意図：こんなことを閣下がお望みだったはずはない]）

　これは具体的な状況設定をするとすれば、ある国の大統領が兵力をどこかの国に派遣したあとで、ほとんど損害は出ないだろうという当初の予測に反して、大量の戦死者が出たような場合、大統領の派兵方針に元々反対だった側近がいうようなせりふである。ここでの文意は、I know this is not what you wanted（これはあなたが望んだことでないことは私にはわかっています）、あるいは I know this is the last thing you wanted（これはあなたがまったく望んでいなかったことだということはわかっています）というところである。

　いずれにせよ、この疑問文を発する側は、答えはわざわざ聞かなくてもわかっているほど明快なわけなので、元々答えを相手から引き出そうとしていないし、聞かれた側もそういう話し手の意図がわかっているので、Yes or No で答える必要はない種類の疑問文である。この疑問文には反語的な意味での、相手に対する非難、苛立ちが色濃く反映されている。

　この修辞疑問が相手に与えるインパクトの強さは、以下の2つの文を比較してみるとわかる。

修辞疑問文
　Is this what you wanted, Mr. President?
通常の平叙文
　I know this is not what you wanted, Mr. President.

　上の修辞疑問文のほうは、形式的には答えを要求する疑問文という文法形式であるため、ある種の緊張が聞き手の心に発生し、その分だけ心に突き刺さる感じがあるのに対し、下のほうはただの平叙文であるため、答えを要求しているわけでもなく、聞き手の心になんら緊張を強いるところがない。

修辞疑問文には固有の形式があるわけではない

　ここで注意しておきたいのは、修辞疑問文は、修辞疑問だけに使われる特別の表現形式が特にあるわけではない*、という点である。大体において、ある疑問文が修辞疑問文と感じられるかどうかはその文が使われた文脈・状況次第である。ここでの Is this what you wanted, Mr. President? という疑問文も、例えば、側近が、前々から大統領が欲しいといっていたある情報を手に入れてきて、相手に確認を取るような、ことばでいえば「この情報が大統領がほしかったものですか」という状況ならば、この疑問文は相手から Yes or No の答えを要求する、通常の疑問文として機能するわけである。

　［注］　修辞疑問文としての定型的表現がまったくないわけではない。例えば、Who knows?（誰が知っていよう［誰も知らない］）や、特に行儀の悪い子供などに対して使う Where are your manners?（あなたのお行儀はどこにある［お行儀が悪いね］）などは、修辞疑問文としての定型表現といえる。

Example 66　疑問詞で始まる修辞疑問文

　If you can't trust him, **who can you trust?**（彼を信じられないとすれば、いったい誰を信じられるというのですか。［話し手の意図：彼を信じるしかないことはわかっているはずだ］）

　この文が修辞疑問として働くための前提は、him にあたる人物が実に誠実で、全幅の信頼を寄せることのできる人物であるという定評がある、というところであろう。ここでの話し手の意図は、You should trust him; you have every reason to trust him（あなたは彼を信じるべきだ、彼は充分信じるに足る根拠がある）というところで、「もし彼ほど誠実な人物が信じられないというのなら、この世に信じられる人物などいないはずだ。とにかく彼を信じなさい」という意味合いであり、him の人格に対して聞き手が不審の念を持っていることに対する非難が含まれている。

　この修辞疑問が相手に与えるインパクトの強さは、以下の2つの文を比較してみるとわかる。

修辞疑問文
If you can't trust him, **who can you trust?**
通常の平叙文
You should trust him, anyway.

上の修辞疑問文のほうは疑問文であるため、聞き手の心にある種の緊張が発生し、その分だけ効果的に相手の心に話者の意図が伝わる感じであるのに対し、下のほうはただの平叙文であるため、修辞疑問文のような聞き手の心に緊張を強いる働きはない。

ここでも If you can't trust him, **who can you trust?** という英文が常に修辞疑問文として機能するわけではない、という点が重要である。例えば、この him にあたる人物が本当に信頼できない人物とした場合、この疑問文は答えを要求する通常の疑問文となる。その場合の英文の意味は「(なるほどあいつは信用できない)もしそうだとしたら、じゃああんたは誰を信用する(誰かあてはあるか)」というところであろう。

修辞疑問文については、第 19 章で、否定文によらず否定・批判の意味を表すための表現形式として再び取り上げる。

第 2 章

動　詞

　第1章では英文の主語になれる要素はどういうものがあるかを見ることによって、英作文の観点から、英語構文のバラエティを見てきた。この章では英文を書くときに、主語の立て方の次に当然考えなければならない述語動詞（句）の問題を扱ってみたい。ここで動詞というとき、be動詞と一般動詞を指している。助動詞や分詞・動名詞・不定詞は3～5章で扱うことにする。

　文法的観点からは、自動詞（intransitive verb）・他動詞（transitive verb）の区別、また、通例1文型から5文型までで分類する文型論などは、英語の動詞分類の中心的テーマであるが、本書の立場は、特に日本人英語学習者が英文を書く場合に問題になる文法事項の研究という視点が記述の中核であるため、あえて通例の動詞分類論には直接踏み込まない。ここでのテーマは英文の書くときの迷いをどうすれば最小限に抑えて、自信と確信を持って英文を書き進めることができるか、という課題である。

　経験的にいえば、英文を書くときの迷いとは、特に動詞に関しては、似たような意味を持つ一連の動詞群のなかで意図している意味を表すのに最も適切なものは何かという適語選択の問題と、ある動詞を選択したあと、その動詞の前後で直接に結びつく要素、あるいは文法構造はどのようなものかという動詞句の構造の問題である。

　日本人が英語を書く場合の問題点という視点から、ここでは英語の基本動詞群に焦点を当てて、その用法についてコーパス（BNC）からの知見を適宜援用しながら述べてみたい。

2.1 become, get＋形容詞・分詞形容詞の用法

　日本語を母語とする英語学習者の視点からいうと、日本語でいえば「～になる」「～の状態になる」などの、様態の変化を表す英語の用法について考えるとき、代表的な英語動詞として become や get が思い浮かぶ。英作文の際、これらの動詞のあとに補語として形容詞あるいは分詞形容詞 (p. 165 参照) を置こうとするとき、コロケーションの観点からどちらの動詞とどの形容詞を組み合わせるか迷うことが多い。ここでは BNC を参考にして、これら 2 つの動詞の形容詞・分詞形容詞とのコロケーションについて記述してみたい。

2.1.1　become と比較級の結びつきやすさ

become の次に何が来るかという点では以下が上位 3 つである。

①a　　②the　　③more

①と②については、それぞれ例えば、

Judy became **a** teacher of French.（Judy はフランス語の教師になった。）
His statement became **the** focus of attention.（彼の発言が注目の的になった。）

などのような用法で、このことは become の次の補語は基本的に名詞句が中心であることを示している。
　しかし注目すべきは、それら名詞句に次いで 3 番目に more が来ているという点である。このことは become の用法については、以下のような比較級を含んだ表現が非常に多いことを表している。

Example 1　become＋more*
1. The 6-way talks have become **more** important.（6 ヵ国協議は重要度が増した。）
2. Dismantling North Korea's nuclear program will become

more difficult.（北朝鮮の核開発を阻止するのは、よりいっそう困難になるであろう。）

［注］　more の次に来る形容詞に特に一定の傾向はなく、広範囲な語彙が可能である。また become はこの用例にあるように、had, has, have, will などの助動詞と結びつく頻度も非常に高い。

さらに注目すべきは、第4位には increasingly という副詞が入っている点である。意味においてこの increasingly は more と近似性があるということは、動詞 become の中心的用法の1つとして、比較級的な意味合いの表現との結びつきが強いということを表している。以下に例をあげる。

Example 2　become＋increasingly*

The labor-management talks will become **increasingly** important.（労使の交渉は今後いっそう重要性を増すであろう。）

［注］　increasingly と結びつく形容詞は特に一定の傾向のようなものはなく、多岐にわたるが、ここであげた important や difficult は結びつきやすい形容詞である。

become のあとには、頻度は more や increasingly より低いが、less, better, clearer, easier, stronger のような比較級表現が直結することが多い。以下に1つ例をあげる。

Example 3　become＋less

The project is becoming **less** important.（そのプロジェクトは重要度が薄れてきている。）

2.1.2　become に直結しやすい形容詞・分詞形容詞

前項では、become には比較級ないし比較級的意味合いの語句が結びつきやすいことを見たが、ここではそれ以外に、高頻度で become と直結する形容詞・分詞形容詞を見てみる。以下が頻度上位15位の語彙である。

① involved　② available　③ aware　④ apparent
⑤ clear　　　⑥ known　　⑦ accustomed　⑧ familiar

⑨ established　⑩ pregnant　⑪ used　⑫ necessary
⑬ important　⑭ extinct　⑮ possible

このほか、effective, evident, common, interested, confused, difficult, popular, famous などが become と結びつきやすい語群である。ここにあげた以外の語群も become と結びつくことは可能であるが、形容詞全般が結びつくわけではなく、become と共起しやすいものとそうでないものにおのずと分かれる。

英作文に際して、これらの語群を主として使えば、実際の使用実態に沿った、違和感のない英文を書くことが可能である。

2.1.3　getに直結しやすい形容詞・分詞形容詞

get は直接目的語として名詞を直後にとる〈get＋目的語〉の構造が基本であり、become とは動詞の性質が異なる。ただ、get も become ほど頻繁にではないが、become と同様、直後に形容詞・分詞形容詞をとる場合がある。以下に頻度順に、get の直後に来る形容詞・分詞形容詞をあげてみる。

① used　　② involved　③ married　④ better　⑤ paid
⑥ lost　　⑦ ready　　⑧ worse　　⑨ started　⑩ caught
⑪ older　　⑫ dressed　⑬ stuck　　⑭ past　　⑮ close
⑯ drunk　　⑰ bored

2.1.4　become, getにそれぞれ特有の形容詞

become と get に共通に結びつく形容詞もあるが、それぞれに特有ではないかと考えられる形容詞もある。ここではそれらについて見てみたい。

まず両方に共通なものでは、involved, used などがあげられる。

Example 4　get [become]＋involved [used]
　John **got** [**became**] **involved** in the scandal.（ジョンはそのスキャンダルに巻き込まれてしまった。）
　After arriving in London, I soon **got** [**became**] **used*** to the

British way of life.（ロンドンに着いてすぐに私はイギリスの生活様式に慣れた。）

[注] used に関しては、get used が become used より一般性が高いといえる。used は become よりも get との親和性が高いと考えることができる。

これに対して、become, get それぞれに特有で互換性がないか、きわめてその可能性が低いと考えられる語群がある。まず、become に特有と考えられるものを見てみる。

Example 5　become aware [available, known, necessary, etc.]

1. The scientists **became** [?got] **aware** of the dangerous aspect of the new project.（科学者たちはその新しいプロジェクトの危険な側面に気がついた。）
2. A number of new facilities have **become** [?got] **available** to the people in the town.（その町の住民は、いくつかの新しい施設が使えるようになった。）
3. The great significance of the discovery **became** [?got] **known** to the world.（その発見の偉大な意義が世界に知られるようになった。）
4. It may **become** [?get] **necessary** to emphasize moral education in this country.（この国では道徳教育を強調する必要が出てくる可能性がある。）

(解説)　動詞 realize（気づく）とほぼ同義の become aware の場合、become と aware の結びつきは慣用化していて、become の代わりに get を使うのは不自然。

ここにあげた例のほかにも、get ではなく、become との親和性の高いものとしては、apparent, familiar, important, possible, common などがあげられる。

次に get に特有と考えられるものを見てみる。

Example 6 get married [paid, ready, started, drunk]

1. Ben and Fiona **got** [?became] **married** in 2007.（ベンとフィオーナは 2007 年に結婚した。）
2. I'd like to **get** [?become] **paid** as soon as possible.（私はなるべく早く給料をもらいたい。）
3. Have you **got** [?became] **ready**?（準備はできましたか。）
4. We'd like you to get [?become] **started** tomorrow.（明日から始めてもらいたい。）
5. I've got to tell you this before I **get** [?become] **drunk**.（酔っ払う前にこれだけはいっておかなくてはならない。）

(解説) ここにあげた 5 つの例文では get が慣用的に普通の用法であり、become との組み合わせは不自然に感じられる。

2.1.5 英作文では become は控えめに

これまで、become と get のあとの補語の結びつきについて見てきたが、日本人学習者は日本語で多用される「〜になる」という表現と、英語の become のあいだに意味・用法の類似性を見すぎる傾向があり、結果として使う必要のないところで become を使う傾向がある。BNC では実際のところ、become が使われる頻度は get の 3 分の 1 程度であり、さらに、be 動詞と become の頻度を比べた場合、become が使われる頻度は be 動詞の 2% 程度ということになる。

日本語の感覚では become のところが英語では be になりやすい

一般的に、日本語と比べて英語は「〜になる」という物事の変容や状態の変化よりも、むしろ、なったあとの状態を表現しようとする傾向があり、そのことと、それほど become の頻度が高くないという言語事実とのあいだには、ある程度の相関性があるといえる。これと関連する例を下にあげる。

If you say no, the boy'll **be dead**.（答えがノーなら、子供の命はないぞ。）

これは子供を人質に取っている誘拐犯が、電話で両親か警察に向かっていうようなせりふである。この場合、後半部分は I'll kill the boy も考えられるが、この例文のように be dead（（殺されたあと）死んだ状態になる）という表現が英語らしい状態好みの表現といえる。ここで、the boy'll **become dead** とはいわない点に注意。別の例をあげる。

I want to **be** an astronaut.（私は宇宙飛行士になりたい。）

ここでの be an astronaut は字義通りには「宇宙飛行士でありたい」という状態表現であるのに対し、日本語は「なりたい」という変容を表す表現になっている。ここでは、be の代わりに become を使って、

I want to **become** an astronaut.

としても間違いではないが、be のほうが一般的表現である。日本人英語学習者の観点からおそらく最も使いにくい be 動詞は、以下の例文のような場合であろう。

Ten years later, she **was** a famous journalist.（10 年後に彼女は著名なジャーナリストになった。）

日本語的な視点からはこの場合 was ではなく、おそらく became を選びたくなると思われる。実際、ここでは became は間違いではないが、be 動詞を使うほうがより英語らしい表現といえる。

また、「私は今年で 50 歳になりました」は、? I became 50 this year ではなく、I'm fifty のほうがより自然な表現である。（ここでは現在時制そのものが「今年」という情報を含んでいるので、this year も不必要。）

まとめとしていえば、英作文に際しては、様態の変化、プロセスの変容を表す場合でも、まず be 動詞が使えるかどうかを考えるようにして、become は控えめに使用するように心がけることがポイント。

2.2　go, turn, grow に直結する補語について

2.1 では become と get に的を絞って、直後に従える補語としての形容詞・分詞形容詞について見てきたが、日本語の「～になる」にあたる英語表現としては、その他さまざまな〈動詞＋補語〉の組み合わせが考えられる。ここでは go, turn, grow について見てみたい。

2.2.1　go, turn＋望ましくない内容の補語

go, turn はそれぞれ、原義としての「行く」「回す、回る」の意味のほかに、あまり望ましくない意味を表す形容詞・分詞形容詞と結びついて「～の（悪い）状態になる」という意味を表す場合がある。ここではこれら2つの動詞の典型的用法を見てみる。

Example 7　go wrong [crazy, blind], turn pale [sour, etc.]
1. Something **went wrong** with my motorbike.（私のバイクが故障してしまった。）
2. The scientist who produced the killing machine has **gone crazy [mad]**.（その殺人機械を作り上げた科学者は気が狂ってしまった。）
3. Mr. Robinson **went blind** at the age of 70.（ロビンソン氏は70歳のときに視力を失った。）
4. Kate **turned pale** at the shocking news.（ケイトはそのショッキングな知らせを聞いて顔色が変わった。）
5. The milk, left on the table, **turned sour***.（テーブルの上の牛乳が悪くなってしまった。）

［注］　sour については go sour も可能だが、頻度は turn sour の3分の1程度。

(解説)　wrong は圧倒的頻度で go と結びつく。get wrong も可能ではあるが、その頻度は go wrong よりはるかに低い。

　　ただし、Don't **get** me wrong（私を誤解しないでくれ）のように〈get＋目的語＋wrong（補語）〉のときは、get を go で置き換

えることはできない。

　turn はその他、turn red [green, yellow, blue, black] などのように色を表す形容詞とも結びつく点に注意。色を表す形容詞の場合、turn 以外の、例えば go red は、Her face **went red** with mortification（彼女の顔は悔しさで赤くなった）などのように、動詞 go との組み合わせが可能。

英作文でよく見られる誤り

　また、英作文の観点から、共通の誤りの例としては、次の例のように、turn を使うべきところで become を使う誤りがよく見られる。

× John has just **become** thirty.（ジョンは 30 歳になった。）
× It has **become** eight o'clock.（8 時になったところだ。）

これらの例では become ではなく、turned を使うのが正しい。

2.2.2　grow＋形容詞

　動詞 grow のあとには、grow の原義（成長する）に意味が近い内容の形容詞が多く見られる。特徴としては、older や larger など、比較級が置かれやすいという点である。以下が、grow のあとに来る形容詞の頻度順位である。

① older　　② old　　③ larger　　④ big　　⑤ bigger
⑥ stronger　⑦ tired　⑧ tall　　⑨ hot

Example 8　**grow older [larger]**
1. As Ted **grew older**, he became more stubborn.（テッドは年かさを増すにつれて、いっそうがんこになった。）
2. The beast's eyes seemed to **grow larger**.（その猛獣の目が大きくなったような気がした。）

2.3　基本的な認識・知覚・発話動詞の用法

　ここでは、英語の基本的な認識・知覚・発話動詞である think, feel,

believe, seem, find, find out, know, see, look, realize, notice, recognize, admit, accept, hear, listen, show, indicate, reveal, say, tell, talk, speak の用法について見ていくことにしたい。

2.3.1 think の用法

「考える」「思う」という意味を表す一般的動詞。BNC によれば、think が直後に従える要素は以下が上位 3 つである。

① it　②that　③of

①の it は直前の接続詞 that が省略された形で、典型的には以下の例文のように使われる。

Example 9　think it ...
I think **it**'s a good idea.（私はそれはいい考えだと思う。）

(解説)　この場合の it は前文中の要素を指している。

I think **it** is necessary to emphasize that.（私はその点を強調することが必要だと思う。）

(解説)　この場合の it は仮主語として to 以下を指している。

②の that は接続詞として、あとに節を従える構造。

Example 10　think that ...
We think **that** the chairman's suggestion is quite reasonable.（われわれは議長の提案はとても理にかなっていると思う。）

(解説)　that のあとの節の中身は、多様な主語・述語の構造が来る。

③の of は以下の例のような構文が一般的。

Example 11　think of ...
When I think **of** the countryside I visited last year, I feel relaxed.（昨年訪れた田舎のことを思うと気持ちがなごむ。）

第2章 動 詞

(解説) 英作文の観点からは think of と think about の使い分けで迷うことがあるが、一般に think of は「〜を思い浮かべる」「〜を思い出す」のように、イメージ的に何かを想起する意味合いがあるのに対し、think about は、

> I'm thinking about my future career.（私は将来の仕事について考えている。）

などのように、ある事柄を、必ずしもイメージ的にとらえるのではなく、思考の対象として考えるという意味合いが強い。ついでながら、think about は頻度順位では7位で、think of ほどではないが、頻度はかなり高く、think of も think about も、think に関しては非常に一般的な語法であることがわかる。

〈think＋目的語＋補語〉の構造について

英作文の観点からは、think はいわゆる第5文型の〈目的語＋補語〉を直結する構造は一般的ではない点に注意。「私はそれは重要だと思う」という日本文にあたる英文としては、

I think **it important**.
I think **it is important**.

のどちらも可能ではあるが、下の構文のほうが一般的な用法である。

think の直前に来る要素

think の直前に来る要素は、以下が上位3つである。

①I　②n't　③you

I が最も頻度が高いという事実は、think の意味が主観性の強い「思う」ということからして充分理解できる現象である。

注目すべきは、n't という否定辞が2番目である点。これは以下のような使い方が典型である。

Example 12   . . . n't think
I **don't** think it's true.（それは本当のことだとは思いません。）

(解説)　この点については否定（p. 242 参照）のところで詳述するが、think という動詞の特徴的な用法の1つといえる。

3番目の you については、疑問文での以下のような用法が典型である。

Example 13   you と think の組み合わせの例
What do **you** think about it?（それをどう思いますか。）
Do **you** think it is a good idea?（それはいい考えだと思いますか。）

2.3.2　feel の用法

think に比べて、感覚的な判断、根拠の少ない控えめな思いを表す。feel が直後に従える要素は、以下が上位4つである。

①that　②the　③like　④it

①の that は節を導く接続詞で、以下のような例が典型である。

Example 14   feel that . . .
I feel **that** you are complaining too much.（あなたは不満が多すぎるような気がします。）

(解説)　考えを普通に述べる感じの think に比べ、feel のほうが感覚的印象を述べる感じでやや控えめな表現。

②の the のあとは種々雑多な要素が来る。that が省略された形で〈the＋名詞〉から始まる節が来ることもあれば、単純な名詞句の場合もある。

Example 15   feel the . . .
I feel **the** same way.（私も同じように感じる。）

(解説)　前に述べられた内容に、同感の意を表すときによく使われる表現。

③の like も頻度の高い要素。以下に例をあげる。

Example 16　feel like ...
1. It felt **like** glass.（それはガラスのような手触りだった。）
2. He felt **like** a schoolboy whenever he was with the girl.（その女の子と一緒のときは、彼はいつも小学生になったような気分だった。）
3. I feel **like** going somewhere this weekend.（今週末はどこかに行きたい気持ちです。）

(解説)　feel like は上の3つの例のように、「～の感触」「～の気分」あるいは「～をしたいという願望」を表す。

feel about と think of [about]

「～についてどう思いますか」というふうに相手の感想や意見を求めるときに、以下のように表現することができる。

1. **How [What]** do you **feel about** our new product?
2. **What** do you **think of [about]** our new product?

これらの表現の対比で見る限りは、think と feel はほぼ同様の意味で使われているということができる。

2.3.3　believe の用法

「信じる」という意味を表す一般的動詞。believe が直後に従える要素は、以下が上位3つである。

　①that　　②it　　③in

①の that は節を従える接続詞としての用法が非常に多く、典型的には以下の例文のように使われる。

Example 17　believe that ...
I believe **that** we will soon be able to find a solution to the problem.（われわれは、まもなくその問題の解決策を見つけ出せると信

じている。)

(解説) この場合の that は that 以下の節を導く接続詞。

②の it は以下の例のように、節の主語としての用法と、believe の目的語としての用法に分かれる。

Example 18　believe it . . .
節の主語としての it
I believe **it** is worth trying.（それはやってみる価値があると信じる。）
believe の目的語としての it
Do you believe **it**?（あなたはそれを信じますか。）

③の in は believe in . . . の形で、in 以下の存在を信じる、in 以下を信頼する、in 以下を良いことだとしてその価値を信じる、などの意味で使われる。

Example 19　believe in . . .
1. I don't believe **in** supernatural phenomena.（私は超常現象など信じません。）
2. Clark believes **in** jogging every day to keep fit.（クラークは、体調維持のためには毎日ジョギングするのが良いと考えています。）

(解説) 前置詞 in の次には、2の例のように動詞の ing 形も可能である点に注意。英作文の観点からは、believe も think と同様に、第5文型ではなく第3文型中心の動詞である。したがって、例えば「私はこの計画は見込みがあると信じる」を英訳する場合、I believe this project (to be) promising とするよりも、I believe (that) this project is promising とするほうが、より一般的表現である点に注意。

believe の直前に来る要素

believe の直前に来る要素は、以下が上位3つである。

① I　　② to　　③ n't

Iが最も頻度が高いという事実はthinkと同様、believeの意味が主観性の強い「信じる」ということとかかわりがあると考えられる。believeの場合もthinkと同様、n'tという否定辞の頻度が非常に高く3番目となっている。これは以下のような使い方が典型である。

Example 20　...n't believe
I **don't** believe I've seen you before.（以前お会いしたことはないと思います。[お会いするのはこれが初めてです。]）

前後するが、2番目のtoについての用法は多岐にわたる。以下に2例あげる。

Example 21　...to believe
1. It is hard **to** believe that most of what the president said was untrue.（社長がいったことのほとんどが真実ではなかった、ということは信じがたい。）
2. Mr. Hatfield seems **to** believe in you.（ハットフィールド氏は君の人柄を信頼しているようだ。）

2.3.4　seemの用法

話者の印象として「～のように思われる」「～のように見える」という意味で使われる動詞。BNCによれば、seemが直後に従える要素は、以下が上位4つである。

① to　　② that　　③ a　　④ like

①のtoは不定詞を従える用法が非常に多く、典型的には以下の例文のように使われる。

Example 22　seem to...
He doesn't **seem to be** in a position to tell us what to do.（彼はわれわれにあれこれ命令する立場ではないようだ。）

(解説) to 以下は、この例文にあるような〈be＋補語〉や、その他 have (完了の助動詞、または一般動詞)の頻度が非常に高い。have の例を下にあげる。

> They seem to **have forgotten** the old principle they used to have. (彼らは昔持っていた信条を忘れてしまっているようだ。)

②の that は接続詞であり、以下のような例が典型的である。

Example 23　seem that . . .

It would seem **that** the government is going in the wrong direction. (政府は間違った方向に進んでいるように思われる。)

(解説) seem の次に that 以下が来る頻度は、to 以下の場合のおよそ 20 分の 1 程度である。

④の like は、as if のくだけた形の表現であり、あまり日本人の書く英語では使われないが、BNC によれば seem の次に来る頻度は as if の 4 倍以上であり、低いとはいえない。一例をあげる。

Example 24　seem like . . .

This trial seems **like** a failure. (この試みは失敗のようだ。)

seem の直前に来る要素

seem の直前に来る要素は、以下が上位 4 つである。

① n't　② would　③ not　④ may

これらの要素について注目すべきことは以下の 2 点。

1) seem の直前に not などの否定辞が置かれる頻度が非常に高いが、その場合結びつくのは、助動詞 do [does, did] であり、do not seem, does not seem, didn't seem などの形になる

2) seem は非常に高い確率で would, may, might などの助動詞と結びつくが、その場合は would seem, may seem などの肯定形が

ほとんどであり、wouldn't seem, may not seem のような否定表現は非常に頻度が低い。

以下に典型的な例を示す。

Example 25 〈不定詞＋seem〉と〈助動詞＋seem〉

1. She **didn't** seem to understand our real intention.（彼女はわれわれの本音を理解していないようだった。）
2. It **would** seem to me that you're a bit too hard on your children.（おたくはちょっと、子供さんに厳しすぎるように私には思えるんですが。）

(解説) 日本人学習者が苦手とするのは、2 の例に見られる助動詞 would の用法である（p. 96 参照）。この場合の would はあたりをやわらかくするための控えめ表現で、ここを It would seem の代わりに It seems としてしまうと、やや断定的口調となって、きつく響くので、対人関係的配慮として would が使われている。元々 seem に推量的意味合いがあるので、would などの助動詞と親和性が高いと考えられる。

seem not について

英作文の観点から注意しておくことの 1 つは、seem と否定辞の結びつき方である。すでに見たように、seem の場合、否定は don't [doesn't, didn't] seem のような形が圧倒的に頻度が高く、seem not ... の形は可能ではあるが一般的ではない。したがって、例えば、「彼はその仕事には向いていないように思える」を英語で表現すれば、He seems not to be the right person for the job ではなく、He doesn't seem to be the right person for the job とするのが、より一般的である。

否定に関しては p. 242 で述べているが、一般的傾向として、否定の情報は文中のなるべく早い位置で出す、というのが英語的特徴であり、seem の否定に関しても当てはまる。

seem と appear ついて

seem と appear の意味・用法はよく似ているが、seem のほうがより一般的表現であり、appear は文体上、やや堅めの表現である。

2.3.5 find と find out の用法

日本語で「見つける」「発見する」「つきとめる」などは英語の find もしくは find out が一般的表現だが、実際問題として、英作文の観点からは find と find out は紛らわしい印象があり、どう使い分けるか迷うことが少なくない。ここでは両者の使い分けについて述べてみたい。

BNC によれば、find の次に来る要素は、以下が上位5つである。

① out　② a　③ the　④ it　⑤ that

注目すべきは、find は使用実態としては find out というつながりが最も頻度が高いという言語事実である。find out は「調査・実験などによって、隠された、あるいは知られていない事実を見つける」という意味合いで使われる。find out には常に意思的・意図的な努力が含まれるという点で、偶然性または意図性も意味する find とは使用領域が異なっている。find out と find の大きな違いは、find out は目的語として、car, ball, house などのある場所に存在する具象物はとらないのに対し、find はそのような具象物を目的語とすることができるという点である。

find out は目的語として、**the** truth, **the** name of…, **the** results of… などのように定冠詞を伴う名詞句をとる頻度が最も高いが、what, how, who, if, whether などの接続詞に導かれた節をとる頻度も非常に高い。* 以下に例をあげる。

［注］〈find out that 主語＋述語〉の形も可能だが、wh 節ほど頻度は高くない。

Example 26　find out the＋名詞句

1. You have to find out **the departure time of the flight**.（あなたはその便の出発時刻を調べなくてはなりません。）
2. Find out **the name of the missing person**.（行方不明の人物の

名前をつきとめろ。)

(解説) これらの場合に find out を find で置き換えるのは不自然。

Example 27　find out＋wh 節
The police tried hard to find out **what the murderer looked like**.（警察は殺人犯の容姿を確認するために懸命の努力をした。）

(解説) この場合も find out を find で置き換えるのは不自然。

We must find out **whether Dr. Miller is attending the conference**.（ミラー博士がその会議に出席するかどうか確かめなくてはならない。）

(解説) この場合も find out を find で置き換えるのは不自然。

find out は、以下の例のように文脈上自明の場合、目的語が省かれることが少なくない。

Example 28　find out で終わる場合
Why did your brother leave home? You must **find out**.（なぜ君の兄は家出したのだろう。君はその理由をつきとめなければいけない。）

(解説) この場合、find out は前の文章を目的語としていることが文脈上はっきりしているため、目的語が省略された形。

2番目に find のあとに多いのは〈a＋名詞句〉である。以下に例をあげる。

Example 29　find＋a＋名詞（句）
1. I have to find **a job** as soon as possible.（なるべく早く仕事を見つけなければならない。）
2. They found **a deserted house** on the hillside.（彼らは、山腹で廃屋を見つけた。）

(解説) 1の場合、find を find out で置き換えるのは不自然。2の場合も、目的語が具体物であるため find を find out で置き換えるの

は不自然。

findの用法で注目すべきは、4番目にitが入っている点。以下に例をあげる。

Example 30　find it ...
　I found **it** difficult to get along with my classmates.（私はクラスの仲間とうまくつき合うのが難しいとわかった。）

〔解説〕　ここでのitは仮目的語としてto以下を指している。この種の構文では、difficult, hard, necessary, impossible, easy, helpful, usefulなどの形容詞が多く使われる。ここでもfindの代わりにfind outを使うことは不自然。

英作文上の注意点 [1] — find that ... と find＋目的語＋補語

findの次に来る要素としてはthatが5番目の高頻度であり、多くはthat節という形で直結する。この場合のfindは「〜を見つける」というよりは、体験などを通じて「〜が...であることがわかる」というような印象的判断を表す。

1. You may find **that reptiles are on the verge of extinction**.（爬虫類は絶滅の危機に瀕していることがわかるであろう。）
2. The doctor found **that most of the patients lived quite close to the nuclear energy plant**.（その医者は患者のほとんどがその原子力発電所の近くの住民であることがわかった。）

特に主観的意味合いの強い形容詞などを補語として用いて主観的な印象を伝えようとする場合、〈find＋目的語＋補語〉の構造がよく用いられる。例えば「その新作のパニック映画は退屈な代物だった」を英訳する場合、以下のような表現が一般的。

I found the new panic film **boring**.

ここで、〈find＋目的語＋補語〉の代わりにthat節を用いて、I found (that) the new panic film was boringとすると、本来主観的印象に過ぎ

ない内容を客観的に伝えようとしている印象になり、やや不自然。

ただし、〈find＋目的語＋補語〉の構造が、主観的内容のものに限定されるということはなく、例えば「私は彼がまだ生きていることがわかった」などのような事実を伝える場合、I found him still alive という〈find＋目的語＋補語〉の構造は別に問題ではない。もちろん、この場合でも、I found that he was still alive のように that 節を用いて表すこともできる。

英作文上の注意点 [2] ― find oneself... の用法

find の次に来る要素として6番目に多いのが themselves であるが、その他 yourself, himself, myself などが上位にあがっている。この構文では〈find＋oneself＋～ing［過去分詞・前置詞句など］〉の形をとる。日本語でいえば「気がついたら［いつのまにか］～になっていた」「思わず～した」などの意味で、英語では非常に頻度の高い構文なので英作文で使えるようにしておく必要がある。以下に例をあげる。

1. They found **themselves caught in a traffic jam**.（彼らはいつのまにか交通渋滞に巻き込まれていた。）
2. I found **myself talking very fast out of excitement**.（私は興奮していて、思わず話し方がずいぶん早くなってしまっていた。）
3. After walking for hours, Jim found **himself in a wood he'd never been to**.（何時間も歩いたあとで、ジムは気がついてみると、それまで来たことのなかった森に足を踏み入れていた。）

2.3.6　know と see の用法

「わかっている」「知っている」「見てわかる」などの意味を表す、認識・知覚動詞の代表格である know, see は使用頻度が非常に高く、例えば、同様の認識動詞である understand の10倍程度の高頻度である。ここではこれら2つの動詞の用法上の特徴を見てみたい。

まず、基本的に「～を知っている」という状態的意味を表す know の次に来る要素は、以下が最上位5つである。

　①what　②that　③the　④how　⑤it

注目すべきは〈what＋主語＋動詞〉という形で、what節が来る頻度が最も高いという点。whatほどではないが how, where, if, why, whetherなどを直後に従える構造が多い。以下に例をあげる。

Example 31　know wh 節...
1. I don't know* **what's going on in his family**.（彼の家族のなかで、いま何が起こっているのか私は知らない。）
2. He wanted to know **how to get close to the politician**.（彼はその政治家へどう近づいたらいいのかを知りたがった。）

［注］　knowの特徴の1つは、thinkやbelieveと同様（p. 49, p. 52参照）、don't [doesn't, didn't] knowのように否定文で使われる頻度が非常に高い点。

(解説)　ここでのknowは「～を知っている」という意味を表す状態動詞であり、この用法がknowの基本用法である。

2番目にはthatが来るが、これは以下の例が示すように、節を導く接続詞としての用法が主である。

Example 32　know that...
They didn't know **that their code had been deciphered by their enemy**.（彼らは暗号が敵側に解読されていたことを知らなかった。）

3番目には定冠詞theが来るが、これはthe fact, the reason, the cause of the accidentなどの名詞句が直接目的語となっている場合が多い。

5番目のitは、I know it（私はそれがわかっている）のようにknowの直接目的語としての代名詞の用法と、以下の例のようにその前のthatが省略された形での、that節の中の主語としての用法に分かれる。

Example 33　know it...
We know **it's likely that emissions of greenhouse gases will get worse**.（温室効果ガスの排出はもっと深刻になる可能性が高いことを、われわれはわかっている。）

get to know の用法

know は基本的には「〜を知っている」という意味の状態動詞だが、特に get と結びついて、「〜を知るようになる」「つき合う」などの動的な意味を表す。英作文の観点からは用法を習得しておくべき構文。以下に例をあげる。

Example 34　get to know
1. **Get to know** him better, and you'll see how nice he is. (彼ともっとつき合ってごらん。そうすれば、とてもいいやつだということがわかるよ。)
2. Teachers should **get to know** more about their students. (教師はもっと自分の生徒のことを知るべきだ。)

get to know と come to know

get to know の 10 分の 1 ぐらいの頻度で come to know が使われることがある。両者とも同じような意味合いだが、get to know は命令文や、must, should とともに命令に近い強い要求を表す文で使えるのに対し、come to know はそのような文では通例使われず、ただの記述文のなかで使われる傾向が強い。以下の例を参照。

?**Come** to know your children better. (もっと自分の子供を知るようにしてください。)

ここでは Get to know your children better が自然な表現。ただし、以下のような記述文ならば、どちらも可能。

I got [came] to know my children better.

see の用法 ―「見る」「(見て) 知る」

know が基本的には「知っている」「わかっている」という意味を表す認識動詞であるのに対し、see は「見る」「見える」「会う」「わかる」「わかるようになる」という、「見る」ことを基本とした知覚的な意味を持つ動詞である。以下の 4 つが、see の次に来る上位要素。

2.3 基本的な認識・知覚・発話動詞の用法

① the   ② p. 00   ③ that   ④ what

①については、see の基本的意味が「見る」「会う」であるため、以下の例のように〈定冠詞 the＋名詞句〉を「見る」「会う」対象としてとらえる用法が多い。

Example 35   see the ...

They **saw the** end of the communist government.（彼らは共産党政権の終焉を見た。）

(解説) see の基本的意味は、「物理的に物を見る」「物が見える」ということだが、「見える―わかる」という図式がおそらく働くためか、名詞句を直接目的語としてとる場合でも、以下の例のように、必ずしも見える対象ではなく抽象的な内容を目的語にとる場合も少なくない。そういう場合、see の意味は understand や recognize などに近いといえる。

    I don't see **the point of your argument**.（お話の趣旨がわかりません。）

②の p. 00 は、以下のように「〜ページ参照」というときの定番動詞として see が使われることを表している。

Example 36   see p. 00

See **p. 38**.（38 ページを参照のこと。）

③の that は接続詞として、あとに節を従える構造が主。

Example 37   see that ...

You will see **that** there is no alternative to what we have taken.（われわれが選択したもの以外の選択肢はないということを、あなたは理解するでしょう。）

(解説) that 節を従える場合、「〜が ... であること」という事態を目的語とするため、see の原義である、具体的・物理的なものを「見る」の意味が薄れ、realize, find, understand と同じように、事

態を「わかる」「理解する」という意味合いで用いられることが多い。上の例文のように、that 節を従える構造では see を realize, find などと置き換えても、大きな意味の違いはない。

④の what は以下の例のように、疑問詞または関係代名詞としてあとに節を従える構造。この場合も that 節の場合と同様、see は「わかる」「理解する」の意味で用いられる。

Example 38　see what ...

You see **what I mean**?（私のいう意味がおわかりですね。）

(解説)　see のあとには、what 以外にも if や how などが結びつきやすい。以下を参照。

1. I'll see **if I can locate the road on the map**.（その道路を地図で見つけられるか見てみよう。）
2. See **how it goes**.（それがどうなっていくか見てみなさい。）

2.3.7　look の用法

前項で知覚・認識動詞としての see を見たが、ここでは知覚動詞として see と関連の深い look を取り上げたい。

動詞 look のあとには圧倒的頻度で前置詞の at が来る。

Example 39　look at ...

I **looked at** the photograph on the desk.（私は机の上の写真に目をやった。）

(解説)　look at 〜 は「〜に視線を向ける」という意思的・意図的行為であり、その点で「見る」という意思的行為と「（結果として）見える」という無意図的行為の両方を表しうる see とは働きが異なる。

　　意味・働きの点で、see と look の違いは、後述する hear と listen の違い（p. 75 参照）に似ている。see は「（結果として）見える」という意味が基本だが、look は「（結果として見えるか

どうかは別として）〜に目を向ける」という意味合いがある。もちろん、look の場合も実際的には目を向けてあるものを見る（結果として見える）ということが多いわけだが、基本的には、見えるという結果を伴う see と、見えるという結果を伴うかどうか不明な look には違いがあることを認識しておく必要がある。以下の例文が端的に両者の違いを表している。

> I **looked** around, but didn't **see** anything.（(何か見えるかと思って）あたりを見回してみたが、（結果として）何も見えなかった。）

この場合、以下のように look と see を入れ換えることができない点に注意。

> × I **saw** around, but didn't **look** anything.

look の用法で注意すべきは、以下の例のような、相手の関心・注意を引きつける命令文での用法が多い点。

Example 40　命令文での look
Look, I'm saying this for your own good.（いいかい、これはお前のためを思っていっているんだよ。）

(解説)　この look は会話体での用法であるが、この例文のような look の用法が、頻度順でいえば look at に次いで 2 番目になっている。ここでの look は「見る」という原義が薄れ、「注目する」「注意を向ける」という意味合いで使われている点に注意。

look と結びつくその他の要素

look に結びつく要素としては、そのほか like, after, for, forward などの頻度が高い。

Example 41　look like ...
You're beginning to **look like** your father.（君はお父さんにだんだん似てきたね。）

(解説) look like は「〜に似る」という意味で、あとに名詞句が置かれることが多い。〈look + 形容詞・分詞形容詞〉の形もよく使われる。以下の例を参照。

1. You **look good** in that suit.（そのスーツは決まっているよ。）
2. She **looked depressed**.（彼女は落ち込んだ様子だった。）

Example 42　look after...
Looking after small children is exhausting.（小さな子の面倒を見るのは大変疲れる。）

Example 43　look for...
We are **looking for** someone with perfect command of French.（われわれはフランス語の完璧な能力のある人物を探しています。）

Example 44　look forward...
I'm **looking forward** to hearing from you.（あなたからのご連絡を楽しみにしています。）

2.3.8　realize の用法 ─ become aware の意味

認識動詞である realize は、基本的には become aware（気づく）という意味で使われる。以下が直後に来る上位要素5つ。

① that　　② the　　③ how　　④ it　　⑤ what

このなかで、①の that がそれ以外よりも圧倒的に高頻度である点は、この動詞の用法を知るうえで重要。ここでの that は、あとに節を導く接続詞としての働きが主。以下が典型的な用法。

Example 45　realize that...
It is important to realize **that** there is no such thing as "the best way to learn foreign languages."（「外国語を習得する最良の方法」などというものはない、ということを認識することが重要だ。）

(解説) that 節が直結する頻度が最も高いということは、realize の基本的働きが、ある事物を認識するよりも、「〜が...であること」という事態を認識することに重点があるということを示している。

②の the は、あとに名詞句を伴う以下のような例が主。

Example 46　realize the ...
We didn't realize **the difficulties facing us**. (われわれが直面している困難に気がつかなかった。)

③の how と⑤の what はほぼ同じような頻度で、realize のあとに直結しやすい要素。

Example 47　realize how [what] ...
1. You should realize **how much I need you**. (私がどれほど君を必要としているか、君はわかるべきだ。)
2. She will realize **what it is like to be in an unfamiliar place by herself**. (彼女は、見知らぬ土地にひとりでいることがどんな気持ちがするかわかるでしょう。)

「実現する」という意味の realize ── 頻度は低い

realize には「悟る」「認識する」のほかに「実現する」という意味もあるが、実際にその意味で使われる頻度は非常に低く、BNC では ambition (抱負)、dream (夢) などを目的語として、数列あがっている程度である。

英作文の観点からは、例えば「私の夢が実現した」の英訳としては、以下のような英文が考えられるが、下の英文が一般的である。

まれな表現: I realized my dream.
一般的表現: My dream has come true.

realize のその他の特徴 [1] ── realize の状態動詞的用法

realize の基本的意味は「悟る」「認識する」ということであり、他の英語でいえば become aware が最も近いといえるが、現在時制で用

いた場合、be aware や know などとほぼ同じ意味の「認識している」「知っている」という意味になる場合がある。以下の例を参照。

I **realize*** that our school is in difficulties.（うちの学校が経営難に陥っていることは認識している。）
［注］ ここでの I realize は I am aware, I know, I see などとほぼ同義。

realize のその他の特徴［2］― can realize は不自然

realize は、基本的に自発的な認識を意味し、「〜できる」という能力としての意味合いがないため、助動詞の can とは一般的に結びつかない。したがって、以下のような英文は自然とはいえない。

? I **couldn't** realize my own mistakes.

ここでは couldn't の代わりに、以下のように didn't を用いればよくなる。

I **didn't** realize my own mistakes.（私は自分自身の誤りに気がつかなかった。）

realize のその他の特徴［3］― realize の命令文は不自然

また、同じ認識動詞でも、find out, see などは以下の例文のように、命令文でも可であるのに対し、realize は命令文では不自然。その理由はおそらく、realize は「自然に、自発的に悟る、認識する」という意味合いの動詞なので、外部からの強制はなじまないという事情があるためと考えられる。

○ Find out how it works.（様子を見よう。）
○ See how it works.
?? Realize* how it works.
［注］ 命令文ではなく、助動詞 must を使って、You must realize how it works とするのは可能な表現。

2.3.9　notice の用法 ― 主として見ることにより、知覚的に気づく

realize に似た意味を持つ認識動詞として notice がある。notice は、

日本語でいえば「目などの感覚器官を使ってある事柄に注目する［気づく］」という意味がある。特に視覚などの感覚・知覚で物事をとらえるという点で、realize のように一般的で理知的な認識を意味する動詞とは意味・用法が多少異なっている。notice は名詞としての用法も多く、動詞としては、あとに直結する要素は以下が最上位 2 つである。

① that　　② the

①の that は、あとに節を導く接続詞としての働きが主。以下が典型的な用法。

Example 48　notice that . . .

Notice **that** Mr. Robertson's English class on Friday is cancelled.（ロバートソン先生の金曜日の英語の授業は、休講になっているから注意してください。）

(解説)　ここでの that 節の内容は、掲示板（notice board）を見て確認すべき視覚的内容なので、notice がいかにもふさわしい動詞といえる。notice の特徴の 1 つは、この例文のように命令文で使われる頻度が割合高いという点である。この点では、命令文で使うことがほとんどない realize の用法とは異なっている。

②の the は以下の例のように、あとに名詞句が続く用法。

Example 49　notice the . . .

Didn't you notice **the road sign there**?（あそこの道路標識に気がつかなかったんですか。）

(解説)　ここでは典型的に notice が視覚の対象としての目的語をとっている例。英作文の観点からは、日本語の「気づく」は、視覚的対象と、知覚以外の理知的な対象を区別せずに使うことができるため、こういう場合 realize と notice の使い分けが必要ということを理解するのが難しいようである。この場合、notice の代わりに realize を置くことは不自然。

2.3.10 recognize の用法

realize の基本的意味である「悟る」「認識する」に対して、recognize は「ある事柄を、正当・妥当なもの、真実なもの、価値あるものとして認める［認識する］」という意味を基本とする認識動詞。以下が直後に来る要素の最上位2つ。

① the　　② that

①の the は、以下の例のようにあとに名詞句を導く用法が主。

Example 50　recognize the . . .
1. We must recognize **the** importance of early detection of cancer.（がんの早期発見の重要性を認識しなければならない。）
2. They did not recognize **the** country as an independent nation.（彼らはその国を独立国家として承認しなかった。）
3. We should recognize **the** pianist as one of the best in today's world.（われわれは彼を現代最高のピアニストのひとりとして認めるべきだ。）

②の that は以下の例のように、あとに節を導く接続詞としての働きが主。

Example 51　recognize that . . .
Many scientists recognize **that** eating too much fatty food is harmful to health.（多くの科学者が、脂肪分の多い食事を取りすぎると健康によくないということを認めている。）

（解説）recognize は、ある事柄を真実・妥当なものだとして認めるという意味合いで使われる。

recognize の注意すべき用法 — know again の意味を表す

recognize は、接頭辞の re（再、繰り返し）と cognize（認識する）が合わさったものである、という点からわかるように、know again（再確認する）という意味での用法がある。すでに知っている事柄にあら

ためて接して、その事柄を確認するという意味で使われることがある。以下の例を参照。

1. He couldn't **recognize** his brother at first.（彼は自分の兄弟が最初わからなかった。）
2. You **recognize** this watch, don't you? It was a gift from Father to you.（お前はこの時計はわかるだろう。お父さんがお前にくれた時計だよ。）

2.3.11　admit の用法 ― must, have to などと結びつきやすい

「～を妥当・真実なものとして認める」という意味は、admit を使って表す場合がある。ここでは、recognize との用法の違いにスポットライトを当てながら admit の用法を述べてみる。

admit は「通例、いやなこと・望ましくないことを仕方なく（真実として）認める」という意味で使われる。この点で、必ずしもいやなことを仕方なく認めるわけではない recognize とは意味が異なる。

admit の次に来る要素で一番頻度が高いのは接続詞の that だが、注目すべきは、前に来る要素のなかで、have to, had to, must, be forced to が最上位といえるほどの高い頻度で admit と結びつく点。これは「仕方なくある事柄を（真実として）認める」という admit の特徴を表している。以下に例をあげる。

Example 52　have [had] to admit that . . .

I **had to admit that** I had paid little attention to how other people would feel.（まわりの感情への気配りが足りなかったことを認めないわけにはいかなかった。）

Example 53　must admit that . . .

We **must admit that** Japan lags far behind the United States in space technology.（宇宙工学の分野では、日本はアメリカよりはるかに遅れていることを認めざるをえない。）

Example 54　be forced to admit that . . .

The police **were forced to admit that** bizarre murders were on the increase.（警察は猟奇殺人が増加傾向にあることを認めざるをえなかった。）

2.3.12　accept の用法

日本語の「認める」「受け入れる」は、accept がふさわしい場合もある。以下が、直後に来る要素の上位2つ。

　① the　　② that

accept は「〜を（喜んで）受け入れる、引き受ける」という意味で使われることが多い。対象となるのは letter や ball などの具体物ではなく、offer（申し出）、responsibility（責任）、invitation（招待）などの事柄・事態が主。

Example 55　accept the ...
1. I think he is prepared to accept **the offer**.（彼はその申し出を受け入れる用意があると私は思う。）
2. I will accept **the invitation** to the conference.（会議へのご招待、喜んでお受けします。）

〔解説〕accept は上の例のように「喜んで受け入れる」のほかに、「仕方なく受け入れる」という意味合いで使われる頻度も高い。その場合、以下の例のように have [had] to との組み合わせもよく使われる。

Example 56　have to accept ...
They **had to accept** the criticism.（彼らはその批判を受け入れるしかなかった。）

accept の次には〈the＋名詞句〉のほかに、that 節も頻度が高い。この場合、「that 節の内容を真実・妥当なものとして受け入れる・認める」という意味で使われ、recognize とほぼ同じ意味・用法になる。

Example 57　accept that ...
It took him a long time to **accept that** he wasn't an excellent ac-

tor.（彼は自分がたいした役者ではないということを受け入れるのにずいぶん時間がかかった。）

(解説) この場合、accept を recognize や admit と置き換えても大きな意味の違いはない。

2.3.13 hear の用法

「聞く」「聞こえる」などの意味を表す hear の直後に来る要素は、以下が上位4つ。

① the　② it　③ that　④ from

hear の用法で注意すべきは、hear のあとに直接名詞（句）が来る場合、「物理的に音もしくは音による情報が聞こえる」という意味だが、that 節や from, about, of などが続く場合、物理的な音ということではなく、「情報を得る・聞き知る」という意味になる点。

①の the はあとに名詞句を従えるが、単に名詞句だけでなく、〈目的語（名詞句）+補語（ing 形・原形動詞など）〉がつながる構造も頻度が高い。以下の例を参照。

Example 58　hear the... (名詞句のみ)

I'm very glad to hear **the news**.（その知らせを聞いてとてもうれしい。）

(解説) hear の直前に来る要素で最も頻度が高いのは to であり、この英文のような hear の使い方が非常に多いということを表している。

Example 59　hear the... (名詞句+ing 形)

I heard **the drunken man yelling and laughing**.（その酔っ払いがわめいたり大声で笑っているのが聞こえた。）

Example 60　hear the... (名詞句+原形動詞)

They didn't hear **the door open**.（彼らにはドアが開く音は聞こえなかった。）

(解説) 〈hear＋目的語＋原形動詞〉のパターンでは、以下の例のように、動詞 say が来る頻度が高い。

It's interesting to hear him **say** that.（彼がそんなことをいうのを耳にするのはおもしろい。）

②の it は代名詞としての用法が主。

Example 61　hear it の例

How sad it was to hear **it**.（そんなことを耳にするのは何と悲しいことだったか。）

③の that は以下の例のように、あとに節を導く接続詞としての働きが主。

Example 62　hear that . . .

I hear **that** your son got a job at Toyota recently.（お宅の息子さんが最近トヨタに就職されたと聞きました。）

(解説) 英作文の観点から要注意なのは、日本語で「聞きました」がしばしば過去形の heard ではなく現在形の hear になる点。聞いた時点がいまより前であっても、それを聞いていま情報としてそれを持っているという意味で、現在形を使うことが多い。時制の項（p. 130）を参照。

④の from は、電話や手紙・メールなどで連絡があるという意味で使われる。

Example 63　hear from . . .

I haven't heard **from** Ben for months.（もう何ヵ月もベンから連絡がない。）

hear about と hear of の違いについて

英作文上注意すべきは hear about と hear of の使い分けである。この両者は実際の使用頻度も高いが、日本人学習者にとってその区別は

それほど容易ではない。一般に hear about ～ は、「～について比較的詳しい情報を知っている」という意味で、日本語でいえば「～について（いろいろ）聞いて知っている」というところ。それに対して、hear of ～ は「～について、その中身の具体的な情報ではなく、その存在、その事実を端的に聞いて知っている」ということであり、日本語でいえば、「～（という情報）を聞いた」という意味で用いられる。以下の例を参照。

Have you **heard about** what happened in this street yesterday?（きのう、この通りで起こったことについて聞いているか。）

hear about は以下の例のように、a lot, much, anything, all などが hear と about のあいだに置かれる場合も多い。

1. I've **heard a lot about** you from Tony.（あなたのことについてはトニーからいろいろ聞いています。）
2. I haven't **heard anything about** the schedule of the meetings this weekend.（今週末の会議日程については何も聞いていない。）

以上の hear about の例では、「（詳しい）情報を聞いて知る」という意味合いが各例で共通といえる。それに対して hear of についての以下の例では、「詳しい内容よりも、そのこと自体」という意味合いで使われている点に注意。

3. It's very nice to **hear of** your safe journey back home.（君が無事に帰ってきたことは大変喜ばしい。）
4. I haven't **heard of** that name.（その名前は聞いたことがない。）
5. They say they haven't **heard of** metabolic syndrome.（彼らはメタボリックシンドロームというのは聞いたことがないといっている。）

2.3.14 listen の用法

「耳を傾ける」「注意して聞く」などの意味を表す listen の直後に来

る要素は、以下の4つが頻度順の最上位。

① to　　② and　　③ carefully　　④ for

ただし、①の前置詞 to が他の要素より圧倒的に頻度が高い。

Example 64　listen to ...
1. Listen **to** your parents.（両親のいうことに耳を傾けなさい。）
2. Listening **to** Japanese pop songs is my favorite pastime.（日本のポップスを聞くのが私の趣味です。）

②の and は接続詞として別の動詞と結びつく。

Example 65　listen and ...
1. Listen **and** repeat.（よく聞いて繰り返しなさい。）
2. Listen **and** learn.（よく聞いて習得しなさい。）

listen にはそれ自体に「注意して聞く」という意味があるが、副詞である carefully と結びついて、「注意して聞く」という意味が明示される場合がある。

Example 66　listen carefully ...
1. Now listen **carefully**.（いいかい、よくお聞き。）
2. He listened **carefully** to what the detective told him.（彼はその刑事がいうことを注意深く聞いた。）

listen to に比べると頻度は低いが、listen for という形をとる場合がある。日本語でいえば「for 以下が聞こえるかもしれないから耳を傾ける」という意味になる。

Example 67　listen for ...
1. Listen **for** the phone call from the kidnapper.（誘拐犯からの電話があるかもしれないから、（電話のベルに）注意しておくように。）
2. I listened **for** noises, but it was very quiet.（何か騒音が聞こえるかと思って耳を澄ましてみたが、実に静かだった。）

listen と hear の違いについて

「聞く」「聞こえる」「耳を傾ける」などの日本語で置き換えようとすると listen と hear の区別は不明瞭になりやすいので注意を要する。一般に listen と hear の大きな違いは、listen は聞こえるかどうかの結果を伴うかどうか不明なことがあるのに対し、hear は聞こえるという結果を伴う、という点である。

これら2つの動詞の違いは、以下のような例がはっきり示している。

I **listened** carefully, but didn't **hear** anything.（私は耳を澄ましてみたが、何も聞こえなかった。）

ここで順序を逆にして以下のようにはいえない点に注意。

× I **heard** carefully, but didn't **listen to** anything.

同様に、以下の2例のうち1は正しいが、2は不可。

1. ○ I can hear you very well.（あなたの声はよく聞こえます。）
2. × I can listen to you very well.

2.3.15 show, indicate, reveal の用法

日本語の「～を示す」「～をはっきりと表す」にあたる英語の動詞として、show, indicate, reveal などが考えられる。ここでは、この3つの動詞の特徴について見てみたい。

show の次に来るのは以下の5つが頻度順の上位。

① that　② the　③ .　④ ,　⑤ you

show の次にはさまざまな接続詞が来ることが可能だが、that が最も多い。以下の例を参照。

Example 68　show that ...
1. The survey shows **that** there is an increasing demand for the revision of the Constitution.（憲法改正の要望が大きくなっていることがアンケート調査で明らかになった。）

2. I have tried to show **that** I have nothing to do with the bribery.（私は、その贈収賄事件とは何の関係もないことを示すことに努力してきた。）

show のあとに来る接続詞としては、that よりも頻度はかなり低いが、how, what, where, when, whether などがある。
　show の次に来るのは、〈the ＋ 名詞句〉が that に次いで多い。以下の例を参照。

Example 69　show the ...
The green arrow shows **the** way to the shipyard.（緑の矢印は造船所への道筋を示している。）

高頻度の show someone something

人称代名詞の you が 5 番目の頻度としてあがっていることからもわかるように、show は目的語を 2 つとるパターンも一般的である。つまり、show は tell（p. 80 参照）によく似ていて、「～に」という間接目的語が重要な働きをする場合が多いということである。注目すべきは、直接目的語の部分には一般の名詞句と並んで、how, what などの疑問詞・関係代名詞が置かれやすいという点である。

Example 70　show you ...
1. Let me show **you how** to operate the machine.（その機械の操作の仕方をお教えします。）
2. Do you want me to show **you what** to do?（何をすべきか私に教えてもらいたいのですか。）

show と clearly の結びつきは低頻度

日本語では「はっきり示す」というふうに、副詞である「はっきり」と動詞の「示す」が分割表現可能で、この結びつきを英語でも同様に考えて、clearly show あるいは show clearly と表すことは可能であろうか。結論としては特に問題はないといえる。ただ実際の頻度はかなり低い。おそらくその理由は、show 自体に「はっきり示す」という

意味があるため、わざわざ clearly をつける必要はないということと、そのような事情があるので、clearly show は一種の tautology（同語反復）ととられかねない、ということだと考えられる。

show と indicate

indicate の使用頻度は show に比べると 6 分の 1 程度で低いが、次に何が来るかという文法的な環境は類似性がある。以下が indicate の直後に来る要素の頻度順最上位 5 つ。

① that　②the　③ a　④ where　⑤ whether

show と同様、indicate も that 節が直結する頻度が高い。

Example 71　indicate that ...
The general atmosphere of the meeting seems to indicate **that** there is mutual distrust among the members.（会議の全体的雰囲気は、メンバー同士が相互不信に陥っているということを表しているように思える。）

(解説)　indicate は直前に to が置かれる頻度が高いが、そのなかでもこの例文にあるような seem to indicate ... の形で、動詞 seem とともに使われる頻度が目立つ。

「～に」は indicate to ...

show と異なり、indicate は「～に」という情報重視の動詞ではない。そのため「～に」にあたる要素は前置詞 to を用いて、以下の例のように表す。

Example 72　indicate to ...
His attitude seemed to indicate **to** us how much he needed our help.（彼の態度は、どれほど彼が私たちの助けを必要としているかを私たちに示しているようだった。）

第2章　動　詞

reveal ― (隠されたものを) 明らかにする

show や indicate と似た意味ではあるが、reveal は「特に見えなかったもの、隠されているものを明らかにする」という意味合いで使われる。

reveal の次に来るのは、以下の3つが頻度順の上位。

① the　　② a　　③ that

show, indicate と異なり、必ずしも that 節が多いわけではなく、定冠詞 the を伴う名詞句が高頻度。

Example 73　reveal the ...
1. She refused to reveal **the** secret.（彼女はその秘密を明らかにするのを拒んだ。）
2. They should reveal **the** information about the newly developed medicine for Parkinson's disease.（彼らは、そのパーキンソン病の新開発治療薬に関する情報を開示すべきだ。）

2.3.16　say, tell の用法

日本語の「話す」「しゃべる」「告げる」などが英語ではさまざまな動詞で表されるが、日本人学習者の場合、日本語から発想するためか、英語の say と tell の用法を混同してしまう傾向がある。この2つの動詞それぞれのあとに来るものの頻度を見れば、その用法の違いがはっきりとわかる。

say の次に来るもの。

①　,　　② that　　③　.　　④ it

tell の次に来るもの。

① you　　② me　　③ him　　④ us

この頻度表からもわかるように、say と tell の最大の違いは、tell の場合、tell you, tell me, tell him などのように、誰に対していうか、と

いうところが用法の要になっている。文法的にいえば、tell は「〜を」よりも「〜に」という間接目的語が用法のポイントであるといえる。それに対して、say は頻度順の第2位に that（節を導く接続詞としての that が主）が来ていることからもわかるように、「誰に」ではなく、「何を」という直接目的語の発言内容重視型の用法に特徴がある。

say に関して頻度第1位のコンマは、以下のような用例が多い。

Example 74　say, ...

1. The executives, as Mr. Watson **said,** did not communicate well with each other.（ワトソン氏がいったように、理事連中はお互いの意思の疎通がうまくいっていなかった。）
2. The financial situation of the family, he **says,** will improve next year.（その家庭の経済状況は、来年好転すると彼はいっている。）

(解説)　2の例などでは実質的に、say は that 節にあたる内容と結びついているといえるので、形のうえではっきりと that 節をとる（頻度順では第2位）以下の例と文構造的には類似しているといえる。

Example 75　say that ...

I must say **that** we are in a dangerous situation.（われわれは危険な状態にあるといわざるをえない。）

say to ... について

すでに見たように、say の場合「〜に」の間接目的語は文法的に必要な要素ではない。そのため「〜に」の情報をつける場合は、前置詞 to をつけて以下のように表す。

Example 76　say to ...

All I can **say to you** is that you don't have to get depressed about your mistake.（私が君にいえることは、その過ちでがっかりする必要はないということだ。）

第2章　動　詞

(解説)　この場合、say to you は実質的に tell you と同じであるので、置き換え可能。

tell someone ... の用法

すでに見たように、tell は間接目的語重視型の発話動詞であり、その点が tell の基本的特徴といえる。

Example 77　tell someone ...
1. Let me **tell you** a thing or two about your plan.（あなたの計画について1つ2ついわせてください。）
2. I **told the critics** that I would accept their criticism.（私は批評家たちに、彼らの批評は甘んじて受けるといった。）

(解説)　ここでの2つの例文のうち、2の tell someone that ... の形は tell の構文のなかで最も頻度の高い部類の構文である。それだけ重要構文といえるが、日本人学習者の場合、英作文で以下のような間違いを犯す傾向がある。

　　×I **told** that I would accept their criticism.

　　この場合は told の代わりに said とすべきところ。あるいは以下のような表現も可。

　I **said to the critics** that I would accept their criticism.

tell you what ... について

tell の場合、直後に来る要素としては you what ... という形が最も多い。以下の例を参照。

Example 78　tell you what ...
1. I won't **tell you what** to do.（君にあれをせよこれをせよというつもりはない。）
2. I'm very happy to **tell you what** the president said about you.（大統領があなたについていっているおことばをお伝えするのはうれしく思います。）

tell someone about ... について

tell の構文では tell someone about ... (... について〜にいう) という形も非常に頻度が高い。

Example 79　tell someone about ...
Mrs. Carter **told me about** her plan to send some students abroad. (カーター先生は、学生を海外派遣する計画について私に話してくれた。)

tell someone to do ... について

tell には「指示する」「命令する」という意味があり、tell someone to do ... の形でそれを表すことができる。

Example 80　tell someone to do ...
My boss **told me to pay** more attention to the customers. (もっとお客さんに気を配るように上司からいわれた。)

(解説) say と tell は意味・用法で似た面が多いが、一般的に say には「指示する」「命令する」という働きがないため、この構文で say を使うことはできない。

be said to be [do] ... について

say は X is said to be [do] ... の受動態の形で、「X は ... といわれている」という世評・評判を表す構文がある。be said to の次には、一般動詞も来るが、頻度としては be 動詞、完了の助動詞としての have が多い。以下の例を参照。

Example 81　be said to be ...
Berlin Philharmonic Orchestra **is said to be** one of the best in the world. (ベルリンフィル管弦楽団は世界最高のオーケストラの1つといわれている。)

(解説) この say を使った受動態では、to の次の不定詞としては、この

第2章　動　詞

例文のように、be 動詞の頻度が最も高い。

Example 82　be said to have＋過去分詞

He **is said to have killed** himself because he was cornered by the prosecution.（彼は検察に追い詰められて自殺したといわれている。）

(解説)　to の次の不定詞としては、be 動詞に次いで完了の意味を持つ have の頻度が高い。

Example 83　be said to＋一般動詞

This marine food **is said to contain** a lot of vitamin B and fiber.（この海産物は多くのビタミン B と食物繊維を含んでいるといわれている。）

(解説)　この構文で to の次に一般動詞が来る頻度は、be や完了の have ほど高くはないが、さまざまな一般動詞が to の次に来ることが可能である。

It is said that ... について

say の受動態の用法としては、文体的にはややフォーマルで、日常会話などでは一般的ではないが、仮主語の it を立てて、あとに that 節を置く構造も多く見られる。ただし、使用実態としては It is [was] said that ... のように、It の次に単純に be 動詞が来るよりも、以下の例のように助動詞その他と組み合わさった形で受動態が作られることが多い。

Example 84　It could [must, etc.] be said that ...

It could be said that the traditional Japan-U.S. relationship has been slightly changing.（伝統的な日米関係はやや変化してきているといえるのではないだろうか。）

(解説)　この It could be said that ... は控えめに意見を述べたり、推量的に物事を表現する場合によく使われる構文。could の代わりに can, might などを使っても、似たような意味合いを出すこと

ができる。

> **It must be said that** our company would commit a folly if it tried to gain more profit without promoting domestic sales.（国内での売り上げを促進せずにこれまで以上の利益を上げようとするとすれば、わが社はおろかなまねをすることになるといっておかなくてはならない。）

この It must be said that... は強く意見や推量を表現する場合に使われる構文。must の代わりに、やや口調は弱くなるが should を使っても、似たような意味合いを出すことができる。

Example 85   It is often [rightly, etc.] said that...
It is often said that Westerners find it difficult to tell Japanese from Chinese or Koreans.（西洋人は日本人と中国人、韓国人の区別が難しいとよくいわれる。）

(解説)　often やその他の副詞がこの構文で用いられる。

英作文での注意点 ─ X（仮の It 以外の主語）is said that... は誤り

日本人学習者は、この say の受動態を作るときに、仮主語の It の代わりに具体的な主語を置く誤りを犯す場合がある。例えば「日本人は英語を話すのが下手だといわれている」という日本文の英訳として、以下のような英文を書く傾向がある。

× The Japanese are said that they are poor speakers of English.

この英文は、以下のようにいうのが正しい。

○ It is said that the Japanese are poor speakers of English.

2.3.17　talk, speak の用法

say と tell に共通しているのは、話すという行為そのものではなく、話す内容が重視される点。話す内容重視型の動詞であることは、この2つの動詞がともに that 節を目的語にとることができることからもわ

かる。これに対して、talk と speak は、話す内容よりも、むしろ「話す、発話する」という行為そのものに重点がある。このことは、文法的にこの2つの動詞はthat節を目的語としてとることができないということからもわかる。

talk の次に来る要素は、以下の2つが最上位の頻度。

① to　　② about

Example 86　talk to ...

I **talked to*** Mr. White for a couple of hours.（私はホワイトさんと2時間話した。）

[注]　前置詞の to の代わりに、頻度は to よりはるかに低いが、with が来ることがある（BNC では with は to の10分の1程度）。

(解説)　この例文のように、何を話したかではなく、話をしたという行為そのものに意味の重点があるのが talk の特徴。

Example 87　talk about ...

He **talked about** a book he was going to publish this summer.
（彼は今年の夏に出版予定の本について語った。）

(解説)　話の内容についていうときは、この例文のように前置詞 about（または of）を用いて、次に名詞相当語句を置くことができる。ただし、日本語でいえば「（いったい）何のことについておっしゃっているのですか」というような、相手の話に不満や疑惑がある場合によく使われる疑問文の場合、以下のように about が使われる傾向がある。

　　○What are you talking **about**?
　　? What are you talking **of**?

talk about と talk of について

talk の次に来る要素としては、about の3分の1ほどの頻度で of が来る。of に比べて about はより詳しく内容を語るという意味合いが感じられるが、どちらの前置詞でも意味に大きな違いはなく、多くの場

合互換性があるといえる。ただ、一般的傾向としては、talk about の場合、talk は動詞としての用法が多く、talk of の場合、talk は名詞としての用法が多く見られる。以下の例文を参照。

1. We are here to **talk about** the urgent problem.（われわれは、この緊急問題について話し合うためにここに来ている。）
2. There has been much **talk of** raising consumption tax.（消費税を引き上げるという話がかなり出てきている。）

talk sense [nonsense] について

to や about に比べればはるかに頻度は低いが、目的語のような形でsense や nonsense が talk の直後に置かれることがある。以下の例を参照。

1. Talk **sense**.（わかるように［まともに］話なさい。）
2. Stop talking **nonsense**.（わけのわからない［ばかな］話はやめなさい。）

talk と同義語である speak の場合、直後に来る要素は以下の2つが最上位の頻度。

① to　　② of

Example 88　speak to...

The prime minister **spoke to** the audience in the hall.（首相はホールに集まった聴衆に向かって演説をした。）

(解説)　talk と speak は同義語ではあるが、talk に比べて speak はややあらたまった感じがある。日本語でいえば、talk が「おしゃべりをする」「お話をする」にあたるとすれば、speak は場合によっては「演説をする」などのややフォーマルな意味合いで使われることがある。

Example 89　speak of...

Dr. Blair **spoke of** the dangerous expansion of ozone holes.（ブ

レア博士はオゾンホールが拡大して、危険な状態であることについて語った。）

(解説) 「〜について語る」というとき、talk は talk about という形で、about と結びつきやすいが、speak はこの例にあるように、speak of という形で、of と結びつきやすいといえる。speak の場合、speak about の頻度は speak of の 10 分の 1 以下である。

talk と speak の違い [1] — talk English とはいわない

speak は speak English [French, German, etc.] などのように、言語を直接目的語としてとることができるのに対し、talk はそれができず、talk の場合、talk in English, talk in German などのように前置詞 in が必要になる。

talk と speak の違い [2] — Stop speaking か Stop talking か

talk と speak の違いは主としてスタイル（文体）に属するといえる。例えば、「おしゃべりをやめなさい」というのは、Stop talking というのが普通で、Stop speaking というのは自然な表現とはいえない。相手を想定しておしゃべりするという意味合いは、speak よりも talk のほうにあるといえる。

2.4 make, get, have の用法

make, get, have はいわゆる使役・受身の表現にかかわりの深い動詞群だが、用法に微妙な違いがあるため、日本人学習者にとって、英作文でのこれらの動詞の使い分けは簡単とはいえない。

まず、「〜に...させる」という使役の意味に絞って、これら 3 つの動詞の用法を比較すれば以下のように述べることができる。

2.4.1 make の用法

make someone do ... は、目的語にあたる人物の意思にかかわりなく、「有無をいわさず何かをさせる」という意味になる。

Example 90　make someone do... — 強制的に〜させる

You have to make **your children go** to bed early.（あなたは子供たちを早く寝かしつけるようにしなければなりません。）

強制的な make に対して、get someone to do... は、「ことばでの説得などによって相手に何かをさせる」という意味合いが強い。文法的には get の場合、原形不定詞ではなく to 不定詞が来る点に注意。

Example 91　get someone to do... — 相手を説得して〜させる

1. I got **my students to work** harder.（私は生徒たちを説得して学習量を増やさせた。）
2. I got **my parents to buy** me a new software.（僕は両親を説得して新しいソフトを買ってもらった。）

(解説)　この用法の get は persuade とほぼ同じ意味ということができる。

強制的な make と微妙に異なるのが have someone do... である。これは強制というより、指示という感じで、特に「目上の者（教師、親など）が目下の人物（学生、子供）に何かをさせる」という意味合いがある。

Example 92　have someone do...
— get 〜 to do よりもやや強制的

I had **my students do** the task in twenty minutes.（私は学生にその作業を 20 分でやらせた。）

(解説)　一般に日本人学習者の場合、make の使役の用法は比較的よく理解しているが、have someone do... と get someone to do... の違いがよくわからず、結果として英作文で使いこなせないことが多い。これら 3 つのなかで強制や上下関係という感じがなく、説得して相手に何かをさせる場合に、幅広く get someone to do... が使えるということを理解しておくことが重要。

2.4.2　頻度から見た make と get の特徴

make のあとに来るのは、以下の 4 要素が頻度順の上位。

① a　　② the　　③ it　　④ sure

これに対し、getのあとに来るのは、以下の4要素が頻度順の上位。

① a　　② the　　③ to　　④ it

make の次には不定冠詞 a が最高頻度で、そのあとには、make a decision, make a choice, make a start, make a point ofなどの形でさまざまな名詞が来る。注目すべきは、名詞としては不定冠詞のaだけでなく、the, much, little, any, no などと結びつく形で difference が目立つ点。(ただし、make との組み合わせでは単数の difference であり、make differences などのように複数形にはならない点に注意。)

Example 93　make a [any, little, etc.] difference . . .
1. Your educational background makes **a difference**. (君の学歴は重要だ。〈他との差がつく〉)
2. It doesn't make **any difference** whether he agrees with it or not. (彼がそのことに賛成するかどうかは問題にならない。)

make の次に頻度第3位の it が来る場合も、そのあとの構造はさまざまだが、形容詞である clear や easier の頻度が高い。

Example 94　make it clear [easier] . . .
1. I want to make **it clear** that they are not in a position to tell us what to do. (私は、彼らはわれわれに命令する立場にはないということをはっきりさせたい。)
2. This incident will make **it easier** for the media to control public opinion. (この事件によってマスコミは世論を操作しやすくなるだろう。)

makeは以下の例のように、make sure という結びつきが高頻度で使われている点も特徴。

Example 95　make sure . . .
Make sure that there is a car waiting outside. (外で車が待っていることを確認してくれ。)

2.4.3 〈get＋the 仕事＋done〉について

　getについて日本人学習者がなかなかうまく使えないのは、〈get＋仕事＋done [finished]〉(何かをやり終える、やりとげる) の構文である。これは例えば、get someone's hair cut (散髪してもらう)、get something corrected (何かを修正してもらう) などの受身表現と異なり、「きっちり最後まで何か (特に作業・仕事) をやり終える」という能動的意味合いでよく使われる構文である。形としては、〈get＋the 作業・仕事＋done [finished]〉という構造になる。

　例えば、「私は仕事を終えた」を以下のように2通りに英訳したとする。

a)　I **did** the job.
b)　I **got** the job **done**.

　a) と b) は実質的には同じ意味だが、a) は単に「仕事を終えた」ということをいっているのに対し、b) は「最初から最後まできっちりやり終えた」というような語感がある。

get ～ done の ～ には it や定冠詞つきの「仕事」が来る

　get にはすでに見たように、① a, ② the, ③ to, ④ it の順で結びつくが、注目すべきは、get something done の構文に限っていえば、something の位置に①の〈a＋名詞〉が来る頻度は非常に低く、実際には、②の〈the＋名詞〉や、④の it が多い。以下の例を参照。

一般的：He got **the job** done.
一般的：He got **it** done.
まれ：　?He got **a job** done.

第 3 章

助 動 詞

can, could, may, might, will, would などは、be 動詞や一般動詞と結びついてさまざまな働きをする。ここでは助動詞の用法に関して、特に英作文の観点から注意すべき事柄について述べる。

3.1 can と could

can は大別して、1) 能力、2) 可能性、3) 許可（を求める、与える）の 3 つの意味で使われる。could は形式的には can の過去形ではあるが、必ずしも can の過去の意味で使われるわけではない点が、英作文上の注意点である。

3.1.1 can の用法

Example 1 能力の can ― 未来は will be able to で表す
 Can you speak Chinese?（あなたは中国語をしゃべれますか。）

(解説) 日本人学習者は能力を表す can は比較的よく習得しているが、can は基本的に現在の能力を表すのであって、未来の能力を表す場合に can ではなく will be able to を使う必要がある、ということを理解していないことが多い。

以下を参照。×のパターンの英文を書く間違いが多い。

× You **can** play this Beethoven piano sonata if you practice hard.

○ You **will be able to** play this Beethoven piano sonata if you practice hard.（君は一生懸命練習すれば、このベートーベンのピアノソナタが弾けるようになります。）

Example 2　可能性の can
1. There **can** be life in outer space.（宇宙には生命体が存在する可能性がある。）
2. Too much exercise **can** be dangerous.（運動のやりすぎは危険である可能性がある。）

(解説)　日本人学習者が英作文で苦手とするのは、この用法のcanである。このcanが使いにくい原因の1つは、可能性を表すmayとの違いがはっきりしないためと考えられる。可能性の can と may の違いは、実際のところそれほど明快ではないが、おおざっぱにいえば、canはどちらかというと理論的可能性（とにかくその可能性は否定できない、という意味合い）を表し、mayはperhapsの意味に近く、「おそらく〜だろう」というかなり高い可能性を表すといえる。

　例えば、昼から雨が降る可能性がある場合、It may rain this afternoon というのが普通で、It can rain this afternoon とはいわない。

Example 3　許可の can ── may より一般的
Can I borrow your pencil?（鉛筆をお借りできますか。）

(解説)　許可を与えたり求めたりする場合にはcanもmayも可能ではあるが、mayはやや形式ばった表現なので、日常的にはcanが多く使われる。日本人学習者の場合、canよりmayを多用する傾向がある。

3.1.2　could の用法

能力を表す could ── 過去1回きりの能力では使われない

　couldは、過去の習慣的能力を表す場合には使うことができるが、過

去の1回きりの、特定の場面での能力を表す場合には使われないということは、英作文上注意を要する。以下の例を参照。

○ I could swim much faster when I was young. (若いころはもっと速く泳げた。)
× I could pass the English proficiency test two weeks ago. (2週間前の英語運用力試験に合格した。)

　日本人学習者が英語を書く場合、この2例にあるような状況・場面では、どちらの場合でも could を使う傾向がある。上の例文では過去の習慣的能力を表しているが、下の例は過去のある特定の日時での1回きりの出来事を表しているので、そのような場合に could を使うのは誤り。×の例は、以下のように書けば自然な表現になる。

I **passed** the English proficiency test two weeks ago.
I **managed to pass** the English proficiency test two weeks ago.
I **was successful** in the English proficiency test two weeks ago.
I **was able to pass*** the English proficiency test two weeks ago.
［注］ was able to を使うことも可だが、ややフォーマルな印象になる。

控えめな(現在における)推量を表す could

　could の用法としては、can の過去の意味で用いられるよりは、現在における推量として「～であろう」などのような意味で使われることが多い。

Example 4 　控えめな推量の could ― 過去の意味ではない
What he said **could** be true. (彼がいったことは本当であろう。)

(解説) 　この場合の could は過去の意味ではなく、現在においての可能性を述べている。ここでの could は意味的には may, might に近い。

丁寧な依頼を表す could ― can よりも丁寧

　依頼の機能としては、can と比べて could はより丁寧な意味が出る。

Example 5　丁寧な依頼の could
Could I use this copier?（このコピー機、使ってもいいですか。）

(解説)　Can I use ... とした場合より、could を使うほうが丁寧な表現。

英作文上の注意点 ― 許可の may はややフォーマル

日本人学習者は丁寧な依頼の場合に、必要以上に may を使う傾向がある。以下の2例を比べてみる。

1. **Could** I use this copier?
2. **May** I use this copier?

1の could を使ったほうは、ごく普通のインフォーマルな場面で広く使われる文体であるのに対し、2の may を使ったほうは、ややかしこまったフォーマルな文体で、例えば目下の者が目上の者にかしこまって使うような響きがある。

3.2　will と be going to

will は、基本的に単純未来と意思未来の用法がある。be going to は、基本的に予定・意図された未来を表す。

Example 6　単純未来の will
1. There**'ll** be another meeting at 2:30 tomorrow afternoon.（明日午後2時半から別の会議があります。）
2. The train **will** stop at Yokohama at 3:15.（その列車は3時15分に横浜に着きます。）

(解説)　will の単純未来の用法は、予定された未来を表すことも多いので、上の2例の場合、will の代わりに、それぞれ以下のように be going to を用いても意味の違いはほとんどない。

1′.　There**'s going to** be another meeting at 2:30 tomorrow afternoon.
2′.　The train **is going to** stop at Yokohama at 3:15.

Example 7　意思未来の will

We**'ll** do everything we can to get the hostages back alive.（無事に人質を取り返すために、われわれは全力を尽くす。）

[解説]　人称主語と will の組み合わせで特にいえることだが、未来と意志がつながって決意・断固とした意志を表すことがある。（決意や断固とした意志は、人称主語以外の場合でも表しうる。例：This **will** never happen again.（こういうことは二度と起こさないようにします。））

3.3　will と be going to の違い
—— その場での決断か、すでに予定された意図か

　will と be going to を置き換えることができる場合は少なくないが、特に一人称主語 I と we で意図・意志を表す場合、日本人学習者は will と be going to を同じように使って間違える傾向がある。

　Example 7 であげた例の場合、We**'ll** do everything we can to get the hostages back alive という表現はあらかじめ意図された予定というより、その場での決断の表明という意味合いが強い。それに対して、もしこの文を be going to を使って We**'re going to** do everything we can to get the hostages back alive というと、その場での決断の表明ではなく、すでに予定済みの意図の表明という意味合いになり、will の場合とは明らかに意味の違いが出る点に注意。同様の例を以下にあげる。

　状況：誰かこの厄介な作業をやる者はいないかという問いに対して。
　　OK, I**'ll** do it.（よし、私がやるよ。）

　この場合、will を使うことで、この発話の時がすなわち決断の時であるという意味が出る。この場合に OK, I**'m going to** do it ということはできない。なぜなら、be going to はすでに予定されている意図や未来の事柄を表すからである。

よく見られる誤り
― be going to を使うところで will を使ってしまう

　日本人学習者の場合、一人称主語で予定済みの計画などを表すときに、be going to を使うべきところで will を使う誤りが多い。例えば、すでに予定済みの「私は 8 月 10 日に日本を離れる予定です〈すでに決まっている〉」を英訳する場合、be going to が正しく、will を使うのは誤り。

　○ **I'm going to** leave Japan on August 10.
　× I'll leave Japan on August 10.

　BNC では will の主語の頻度第 1 位は it である。典型的には、It will be made clear soon（それはすぐに明らかにされるであろう）のような英文である。それに対して、日本人学習者の場合は will の主語としては、人称主語の I が比較的多い。典型的には I will try it などの書き方である。これは、will は意思的未来の用法で使う、という固定した習得の仕方が背景にあるのではないかと思われる。

　また日本人学習者は、will に比べて be going to を使う頻度はかなり低い。

3.4　would

　一般的に日本人学習者は助動詞をうまく使えないことが多いが、would もその 1 つといえる。would は will の過去形であるため、時制の一致や仮定法での would は比較的よく習得しているが、would の重要な働きである婉曲や推量の用法はあまり理解されていない。

Example 8　時制の一致の would

　She said she **would** come in a few hours.（数時間後に来ますと彼女はいった。）

〔解説〕　この場合の would は元が I'll come in a few hours の will で、それが主節 She said の過去時制に合わせて過去になったにすぎな

い。

Example 9　仮定法の would

What **would** you do if you were left alone on a desert island?（もし無人島でひとりになってしまったら、あなたはどうしますか。）

(解説)　この場合の would は仮定法過去の用法で、可能性の低い事柄について述べるための文法的措置（仮定法については p.146 参照）。

英作文上注意すべき would の用法 [1] — 婉曲語法としての would

would には「おそらく〜だろう」などの意味を表す婉曲語法があり、頻度もかなり高いので使えるようになるのが望ましい。

Example 10　婉曲の would

1. I'd say John will come back on Friday.（おそらくジョンは金曜日に戻ってくるでしょう。）
2. The answer **would** seem wrong.（どうも答えが間違っているような感じです。）
3. **Would** you like some tea?（お茶をいかがでしょうか。）

(解説)　ここでの3例の would は、過去の意味でも仮定法の用法でもなく、あえていえばことばのクッションのようなもので、あたりをやわらかくするための要素として使われている。1では say の響きをやわらかくし、2では seem の意味をさらにやわらげ、3では丁寧な勧誘のための助動詞として使われている。

英作文上注意すべき would の用法 [2] — 推量の '隠れ would'

日本語では推量の意味は「〜だろう」などの表現が一般的に使われるが、表現として「〜だろう」などが使われていないにもかかわらず、対応する英語表現を書こうとする場合、would が必要な場合がある。例えば、以下のような日本語を英訳する場合である。

「〈ふたりだけの個室で〉ここだったら、話は学食でやるよりもやりやすそうだ。」

下線部に注目すると、この日本語には「だろう」などの典型的な推量表現はない。しかし、この日本文全体を英訳すれば、おそらく次のようになる。

Here, conversation seems less difficult than **it would be** at a cafeteria.

　この英文は直訳すれば、「ここなら、会話をすることは、<u>学食の場合にはおそらく難しいであろうが</u>、それよりも難しくはないように思える」というところである。it は conversation を指し、would be の次にはdifficult の意味が省略されていると考えられる。
　このような助動詞 would は対応する日本語が隠れているため、便宜上'隠れ would' とでも呼べるものである。このような would の用法も、日本人学習者にとってはなかなか習得しにくいものの1つである。

3.5　must と have to

　must も have to も、義務、強制、必要を表す点では用法は似た面が多いが、響きとして must は have to よりも強く厳しい感じなので、日常の用法では一般に have to のほうがよく用いられる。また、must は過去形がないのに対して、have to は過去形として had to があるので、その観点からも、must よりも have to のほうがより一般的に使われている。

Example 11　義務、強制、必要の must, have to
　You **must** [**have to**] learn to express yourself properly. (君は自分の考えを適切に表現できるようにならなければならない。)

(解説)　この場合、より一般的には must の代わりに have to が用いられる傾向がある。響きの点からもスタイルの面からも、have to のほうがよりやわらかく、堅苦しさが少ないからである。日本人学習者の場合、「ねばならない」という語感を出そうとするとき、必要以上に must を使う傾向がある。

英作文上注意すべき must の用法 ── 人に物事をすすめる must

ただし、人に強くあるものをすすめたりする場合、慣用的に must が使われるが、日本人学習者はこの must の用法は苦手である。

You **must** see the film. (ぜひその映画はご覧になったほうがいいですよ。)

これは相手がまだその (すばらしい) 映画を見ていない場合、見るように強くすすめる言い方である。慣用的な表現なので、この場合 have to や should で置き換えるのは不自然。

同様の例をあげる。相手にすばらしい書物を推薦する場合の言い方である。ここでも have to で置き換えるのは不自然である。

You **must** read the book. (その本は是非お読みになってください。)

推量を表す must ── must は 100% の確信ではない

must には、義務、強制、必要のほかに、確信に近い推量を表す用法がある。

Example 12　推量の must ── 若干の疑惑を含む

He **must** be all right. (彼は大丈夫だろう。)

(解説)　これは状況としては、例えば地震で瓦礫の下になった男性を救出しようとしているようなシーンで、その男性からの反応があってまだ生きていることが確認され、救出の段取りも大体できあがっているような場合である。注意すべきは、確信としてはかなり強いが、He is all right というふうに単純に be 動詞を使う場合に比べて若干弱い、という点である。be 動詞は断定できるような客観的な事実 (彼は大丈夫である) を表すのに対し、must は強い確信ながらもそこに一抹の doubt (疑い) が含まれるという点で、be 動詞よりも弱いという点に注意する必要がある。

義務の must と推量の must の使い分け

must は義務と推量の 2 つの用法があり、英作文では注意して使い分

ける必要がある。一般的には、must のあとに一般動詞が直結する場合、義務的意味になるのが普通である。must に直結しやすい一般動詞は以下の通り。

go, take, make, say, do, know, admit, get, come, etc.

頻度の点では、must の次には be 動詞が最も頻繁に直結する。be 動詞の場合、推量の意味を表すことも多いが、義務的意味を表すこともできるため、曖昧さを避ける工夫が必要である。例えば、以下の文は文脈がなければ、「彼は理解があるに違いない」あるいは「彼は理解がなくてはならない」のどちらにも取れる。

? He **must** be understanding.

適切な文脈を伴わずこういう文を書かないようにすることが重要であるが、2つのうちどちらかをはっきりさせるためには以下のような工夫が考えられる。

1. He has to be understanding. (彼は理解がなくてはならない。)
2. I'm sure he is an understanding person. (彼は理解のある人だと思います。)

推量の '隠れ must' に注意

must の推量の意味として「〜に違いない」という日本語をあてて覚えていると、的確に must を使えない状況が出てくる。例えば、以下のような日本語を英訳する場合である。

「19世紀には不可能と思われていた多くのことが、現代では可能と考えられるようになった。」

この日本文には「〜に違いない」という表現は直接には使われていない。しかし、英訳例としては以下のように考えられる。

A large number of things that **must have been thought impossible** in the 19th century are found possible today.

日本語のほうは単に「考えられていた」とあるので、英語のほうも

that must have been thought impossible ではなく be 動詞を使った単純な過去で、例えば that were thought impossible ... でいいのではないかと考えるかもしれないが、論理的にはわれわれ現代人は 19 世紀にはいなかったわけであるから、その時代のことを直接知っているかのように断定的に be で表すよりは、推量的に表すのが自然である。したがって、ここは must を使って「19 世紀には不可能と考えられていたに違いない［考えられていたであろう］多くの事柄が現代では可能になっている」と考えて英訳するのが、より論理的である。

このような場合の〈must have + 過去分詞〉も、多くの日本人学習者が英語を書くときに苦手とするところである。

3.6　have only to

「〜しさえすればよい」という意味で have only to を使うことがあるが、用法に注意を要する。have only to よりも、just have to, have just to のほうがより口語的表現である点にも注意。

Example 13　have only to の用法 ―「〜するためには」と一緒に使う
1. You **have only to** talk to him for a couple of minutes **to see how intelligent he is**. (彼と 2, 3 分話しただけで、彼の頭のよさがわかるよ。)
2. You **just have to** listen to this music for a while **and you'll realize how talented the composer is**. (この音楽をちょっと聴きさえすれば、作曲者の才能のすばらしさがわかるよ。)

(解説)　日本人学習者は「〜しさえすればよい」という意味を表すのに、have only to の部分だけ書こうとする傾向がある。例えば「彼と 2, 3 分話をしさえすればいいのだ」という文の意味を英語で表す場合、以下のように書くのは不自然である。

?　You **have only to** talk to him for a couple of minutes.

注意すべきポイントは、have only to は「〜するためには」「〜しようと思えば」あるいは「そうすれば〜になる」など、目

的や結果にあたる部分とともに使うのが普通という点。ここでの？の例文の場合、「彼の頭のよさをわかるためには」という目的が省かれている点が不自然に響く。目的をまったく伴わず、ただ単に「彼と 2, 3 分話をしさえすればいいのだ」という意味を英語で表すとすれば、

All you have to do is (to) talk to him for a couple of minutes.

などというべきである。

3.7　should と ought to ― should のほうが一般的

should も ought to も同様の意味合いで使われることが多いが、使用頻度からいえば should のほうが ought to よりもはるかに高く、より一般的表現といえる。

should, ought to は must より弱い義務と推量を表す

Example 14　義務の should, ought to
You **should** [**ought to***] be patient enough to get this job done.
（君はこの仕事を最後までやりぬくだけの忍耐が必要です。）
［注］　ought to も可だが、実際に使われる頻度は should よりもかなり低い。

(解説)　他の助動詞、can, must, may などと同様、should, ought to の場合も次に来る動詞としては be 動詞が最も多い。should, ought to の場合、義務としての意味合いは must や have to に比べてやや弱い。

Example 15　推量の should, ought to
There **shouldn't** [**oughtn't to***] be any difficulty finding Victoria Station.（ビクトリア駅を見つけるのに苦労はないはずだ。）
［注］　oughtn't to も可だが、shouldn't より頻度はかなり低い。

第3章 助動詞

英作文上の注意 ―「～のはずだ」の意味の should に注意

日本人学生の場合、should, ought to の「～すべきだ」という義務的意味は比較的よく習得しているが、「～のはずだ」という推量的意味の習得はきわめて不十分な場合が多い。この推量的意味の should, ought to は、日本語でいえば「～のはずだ」というかなり可能性の高い推量を表す。ただし、must のように確信的推量というわけではなく、ある程度、ひょっとするとそうでないかもしれないという疑惑 (doubt) が含まれる。

確信の度合いの違いについて：以下の例文は、上から順に確信の度合いが弱まっていく点に注意。

1. The station **is** around here.（駅はこのあたりです。）〈100%の確信〉
2. The station **must** be around here.（駅はこのあたりに違いない。）〈確信は強いが若干の疑惑と不安がないわけではない〉
3. The station **should [ought to]** be around here.（駅はこのあたりのはずだ。）〈一応確信に近いものはあるが、疑惑・不安も少なからずある〉

3.8 may

許可の may ― ややフォーマルな表現

すでに述べたが (p. 91)、許可を表す may はややフォーマルな文体に属し、日常では can が多用される。日本人学習者は、必要以上に may を使う傾向がある。

状況：友人にたずねる。
1. ？ **May** I use your mobile phone?
2. ○ **Can [Could]** I use your mobile phone?

1 は堅苦しい文体なので、状況には合わない。may が妥当なのは、例えば 2 の例文のように、目上の人物に許可を求めるような場合。

状況：論文指導教授の部屋に入る。
3. ○ May I come in?
4. ○ Can [Could] I come in?

この場合、2例ともに妥当。たとえ上下関係がはっきりしていても、あまり形式ばらない表現が好まれることが多いので、4の例のようにcanまたはcanよりもっと丁寧なcouldを使うことも可。

3.9 may well
── 「〜するのはもっともだ」の意味ではあまり使われない

may well は、主として to be very likely to... という意味で使われる。日本語でいえば、「〜する可能性が高い」というところである。この場合 well は may にかかって、may の可能性を強めていると考えることができる。

Example 16　may well の用法
He doesn't like the way you treat him, so he **may well** say no to your request.（彼はあなたの彼に対する処遇に不満があるので、あなたの依頼にはおそらくノーというでしょう。）

(解説)　日本では may well は、have good reason to...（〜するのももっともだ）の意味で教えられていることが多いが、実態としては、その意味での用法は一般的ではなく、may well の第一義は to be very likely to... であることに注意する必要がある。

3.10 may [might] as well
── 選択肢 A, B のどちらでもいいという意味合い

may [might] as well は to have no strong reason not to ということで、日本語でいえば、「〜しない強い理由はない」「〜しても（しなくてもいいが）悪くない」というところである。この語句は、A と B という2つの選択肢があるとき、どちらを選択してもたいした違いはな

く、どちらでもいいが、あえて選ぶとすれば〜のほうだろう、という消極的選択のあり方を表すものである。

Example 17　may [might] as well の用法
"We are going to order sushi or pizza. Which would you prefer?" "We ordered pizza last time, so we **might as well** order sushi this time."（「すしかピザを注文しようと思うんだが、どっちがいい？」「このあいだはピザを注文したから、今回はすしでもいいかな」）

[解説]　may as well も might as well もほぼ同じ意味で使われる。この語句は2つの選択肢のうち、あえて選ぶとすればこちらかな、というような軽い選択を表す。ポイントはAとBにあたる2つの選択肢が内容的に軽いこと。死ぬか生きるか、結婚するかしないかなどのような、人生の重い選択肢はふさわしくない点に注意。日本人学習者は may [might] as well を、「〜したほうがよい」という意味でとることが多いが、それでは次に述べる had better との意味合いの違いがまったく出なくなるので、英作文では特に注意が必要である。

3.11　had better ── 場合によっては脅しになる

had better は「〜しないと損をする、〜しないと問題が起きる ── だから〜したほうがよい」という意味の強い忠告・助言を表す。意味としては should や ought to に近いが、書きことばでも話しことばでも使われる should, ought to と異なり、had better は主として話しことばとして会話のなかで使われることが多い。その場合 had better よりも、短縮形の 'd better という形で使われることが多い。

Example 18　had ['d] better の用法
1. You**'d better** stay away from them.（あの連中とは距離を置いたほうがいいよ。）
2. You**'d better** keep quiet about this if you don't want to get

into trouble.（面倒なことに巻き込まれたくなかったら、この件については黙っておいたほうがいい。）

(解説) had better の用法の特徴は、「この忠告に従わないと不利益をこうむる」というメッセージを相手に伝えるところにある。したがって場合によっては 2 番目の例のように、脅しめいた響きを持つことがある。このような脅しの意味合いは should や ought to では出しにくい点に注意。特に短縮形の 'd better の場合、主語としては you, I, we などの二人称、一人称が非常に多いのも特徴。このことは had better が主として会話のなかでのやり取りで使われる傾向が高いことを示している。

英作文上の注意 ― had better と might as well の違いを知る

日本人学習者は had better をその意味・働きの実態にかかわりなく「〜したほうがよい」という固定的な訳語で覚えていることが多く、その場合、例えば may [might] as well ... や it would be better ... などとの違いがわからなくなる恐れが大きい。may [might] as well ... はすでに述べたように、A, B どちらでもいいような消極的選択を表し（p. 103 参照）、had better とはかなり意味合いが異なる。また、it would be better ... の場合は、2 つの選択肢のなかから「〜のほうがよい」という意味で使われるので、その点でも had better とは意味が異なる点に注意。以下の例文を比較すること。

1. **You'd better** leave this country.（あなたはこの国を出たほうがいい。）〈強い忠告 ― そうしないとあなたにとって不利益になる〉

2. **It would be better for you** to leave this country.（あなたはこの国を出たほうがいい。）〈1 つの選択肢をすすめる助言 ― この国にとどまるか出るか、どちらがいいかといえば出たほうがよい〉

3. **You may [might] as well** leave this country.（あなたはこの国を出るのも悪くはないだろう。）〈消極的選択 ― この国にとどまるのも出るのもどちらでもよい〉

第 4 章

分　詞

　分詞とは動詞から分かれた派生形で、ing 形をつける現在分詞と ed などをつける過去分詞がある。分詞については形容詞（p. 165）のところで一部扱うが、ここでは、英作文で注意することを中心に包括的に見ることにしたい。

4.1　現在分詞と過去分詞の違い

　日本人学習者は一般的に、〈現在分詞＋名詞〉と〈過去分詞＋名詞〉の違いがよくわかっていないことが多い。以下の例を比較してみよう。

1. These **changing** situations are what we haven't thought much about.（このような変化しつつある状況は、われわれがあまり考慮していなかったものだ。）
2. These **changed** situations are what we haven't thought much about.（このような変化した状況は、われわれがあまり考慮していなかったものだ。）

　上の 2 例については、日本語で訳してしまうとあまり違いは出ないが、1 の changing という現在分詞は、誰が変えるのでもなくおのずと変化しつつある、という意味合いがあるのに対して、2 の changed は誰かあるいは何かによって変えられた状況という意味合いがあり、英作文の際注意すべき意味の差というべきである。
　次にあげる例は、進行中と到達・終了という意味の違いがある点に

注意。

developing countries（発展途上国〈発展というプロセスが進行中の国〉）
developed countries（先進国〈発展というプロセスをすでに終了した国〉）
growing plants（生育中の植物〈生育というプロセスが進行中の植物〉）
grown plants（生育した植物〈生育というプロセスが終了した植物〉）

4.2 名詞のあとに置かれる分詞

英作文で注意すべきは、名詞のあとに置かれる現在分詞、過去分詞（いわゆる後位分詞）の用法である。後位分詞の用法は、文法的には関係代名詞節に相当する。

Example 1 後位分詞: 現在分詞の用法 [1]
　　　　　― 分詞が進行形の意味を持つ

Do you know the young man **jogging** over there?（向こうでジョギングをしている青年を知っていますか。）

(解説) ここでの the young man jogging という構造は、the young man **who** is jogging という関係代名詞節に相当する。英作文上の注意点としては、このような場合の関係代名詞 who と be 動詞 is は、economy of speech（表現の経済性）の観点から省略されるのが普通である。しかし日本人学習者の場合、以下の文のような必要性のない関係代名詞節を使ってしまう傾向がある。

　? Do you know the young man **who is** jogging over there?

この文は文法的には誤りではないが、不要な関係詞が使われている印象があり、普通に使われる英文とはいえない。ここでの jogging という現在分詞は、文字通り進行の意味で使われている ing 形であり、比較的わかりやすいが、次の例の現在分詞は進行の意味ではないので注意を要する。

第4章　分　詞

Example 2　後位分詞: 現在分詞の用法 [2]
　── 分詞が進行形の意味を持たない

They are the students **wanting** to study English in Britain.（彼らがイギリスに留学して英語の勉強をしたがっている学生たちです。）

(解説)　ここでの the students wanting ... は、the students who want ... に相当するのであって、the students who are wanting ... と考える必要はない。つまり、ここでのwantingは進行の意味で使われているのではなく、構文上の必要性（They are the studentsという節のあとに直接wantを置けないという文法的理由）から、ing 形をとっていると考えなければならない。このことがさらにはっきりするのは、以下の例。

I know a woman **belonging** to the subversive society.（私はその反政府結社に所属しているある女性を知っている。）

ここでは、もともと進行形をとらないbelongが使われているが、当然のことながら、もしここで関係代名詞節を使えば、I know a woman who belongs to the subversive societyとなるところである。

英作文上の注意 ── 進行の意味を持たない後位分詞に注意

日本人学習者の場合、同じ後位現在分詞でも [1] の jogging のように、文字通り進行の意味を持つものは比較的よく使えるが、[2] の wanting, belonging などのような、進行の意味ではなく単に文法構造上 ing 形をとっているものを後位分詞として使うのは難しさを感じるようである。

Example 3　後位分詞 ── 過去分詞の用法

This is a well-known women's college **founded** in 1890.（これは1890年創立の有名な女子大です。）

(解説)　ここでは関係代名詞節を使えば、This is a well-known women's college that [which] was **founded** in 1890 となるところ。しか

し、関係代名詞と be 動詞は省略するのが普通。日本人学習者の場合、こういう場合でも関係代名詞節の形で英文を書こうとする傾向が見られる。

一般に関係詞を用いる場合、1) 先行詞にふさわしい関係詞の選択 (that, which など)、2) 関係詞節内の動詞の時制、数、進行形か非進行形かの決定など、複雑な作業が必要になるので、関係詞を省略できるところは省略するほうがよい。

4.3 関係代名詞は常に省略可能か

英作文の観点から、名詞のあとの構造で後位分詞を直結させるか関係代名詞節にするかの判断で迷う場合がある。一般には、後位分詞が名詞に直接かかる場合には関係代名詞節にする必要はないといえる。以下の例を参照。

Clark was a pleasant young man **looking** happy all the time.（クラークはさわやかな若者で、いつもうれしそうな顔をしていた。）

ここでは、後位分詞の looking が直前の名詞句である man と直結しているので、looking をわざわざ who looked とする必要はない。しかし、以下のように分詞とそれが直接にかかる名詞とのあいだに何らかの挿入句があるような場合は、むしろ関係代名詞を使うか、またはコンマを使った分詞構文にするほうがよい。

1. Clark was a pleasant young man **from Canada** who looked happy all the time.
2. Clark was a pleasant young man **from Canada**, looking happy all the time.

ここで from Canada looking というふうに Canada と looking を直結すると、文法的には looking の主語が Canada ととられる恐れがある。関係代名詞 who を使うか、コンマを使うことで man と looked（または looking）が主語・述語関係であることを明示する必要がある。

第4章 分詞

4.4 分詞構文

　一般的に、分詞構文とは、2つの節を並列する場合、どちらかを分詞を含む形にする構文のあり方をいう。主節に対して、分詞を含む節は、付帯状況、時、理由などを表すことが多い。文体的には、分詞構文は書きことばに属し、話しことばではあまり普通ではない。

Example 4　付帯状況の分詞構文 [1] ― 同時性を表す
1. Thomas walked down the street, **whistling** merrily.（トーマスは陽気に口笛を吹きながら通りを歩いていった。）
2. We participated in the conference, **expecting** it would be a great success.（われわれは、その会議は大いに成功するであろうという期待を持って出席した。）
3. Miranda looked down the road, **wishing** to join the children playing there.（ミランダは、そこで遊んでいる子供たちに加わりたいと思いながら道路に目をやった。）

（解説）　ここではそれぞれ、walked と whistling, participated と expecting, looked down と wishing が同時に進行あるいは生起した事柄であり、分詞構文のなかでは、この種の同時性を表すものが多い。

Example 5　付帯状況の分詞構文 [2] ― 同時もしくは継起性を表す
1. The tsunami hit the coastal town, **causing** serious damage.
（津波がその沿岸の町を襲い、深刻な被害をもたらした。）
2. The government opened the war museum, **showing** a large number of World-War-II-era planes, tanks and so on.
（政府は戦争博物館を開設し、そこで第2次世界大戦中に活躍した多くの飛行機、戦車などを展示した。）

（解説）　英作文の際、われわれ日本人が苦手とするのは、この種の、同時性もしくは継起性を表す分詞構文の用法である。節と節のスムーズな連結性という観点からは、この種の分詞構文が書ける

ようになる必要がある。

　ここでは and を使った以下の構文も考えられるが、文体的には分詞構文を使ったものよりややぎこちない印象を与える。

1′. ? The tsunami hit the coastal town, **and caused** serious damage.
2′. ? The government opened the war museum, **and showed** a large number of World-War-II-era planes, tanks and so on.

分詞構文を使い慣れない学習者の場合、このような、接続詞 and を使ったぎこちない構文を書いてしまいがちである。

Example 6　時を表す分詞構文

Looking at the roof of the house, I noticed that the color had changed again.（その家の屋根を見たとき、また色が変わっているのに気がついた。）

(解説)　時を表す分詞構文も、同時性を表す付帯状況の一種とみなすこともできるが、一般にこの種の分詞構文は接続詞の when を使って書き換えることが可能なので、同時性とはいっても、時間の幅が線的であるより点的な短さが特徴であるといえる。上の文を接続詞 when を使って書き換えると、以下のようになる。

　When I looked at the roof of the house, I noticed that the color had changed again.

　この英文は話しことば的であり、Looking at で始める分詞構文は書きことば的であるという文体上の違いがある。

Example 7　理由を表す分詞構文

I talked to the president, who, **recognizing** the importance of what I said, responded quite positively.（私は学長と話をしたが、学長は私のいうことの重要性をわかってくれて、肯定的な反応だった。）

(解説) ここでのrecognizingはrespondedの付帯状況ともとれるが、原因・理由ととることも可能である。一般に分詞構文の特徴は、接続詞を使う場合ほど接続の意味合い（理由、時、付帯状況など）がはっきりとわからないことが多い。

英作文上の注意 ― 動詞の並列を避ける手段としての分詞構文

すでに述べたように、分詞構文は一般的に付帯状況、時、理由などを表すが、構文の単調さを避けるために定型動詞の並列を避けようとする、英語の一般的傾向とも結びついていることに注意する必要がある。例えば、以下の例を参照。

Example 8 分詞構文によって定型動詞の反復を避ける

President Owen appreciated us, **recognizing** our excellent work, **thinking highly of** our team spirit. (オーウェン社長はわれわれを高く評価してくれた。われわれの質の高い仕事ぶりや、われわれのチームワークを高く買ってくれた。)

(解説) ここでのappreciated, recognizing, thinking highly ofの関係は、時系列（A, B, Cの順に事柄が発生する、あるいはそれぞれ別個のA, B, Cが同時に生起する）ではなく、むしろappreciated usの内訳、具体的内容がrecognizing以下で述べられていると見ることができる。このような場合、以下の例のように、接続詞のandを使って動詞を定型動詞の形で並べるのは、文体的に非常にぎこちないので英作文では避けるべきである。

? President Owen appreciated us, **and** recognized our excellent work, **and** thought highly of our team spirit.

4.5 独立分詞構文

分詞の意味上の主語と主節の主語が一致しないときは、分詞の主語を明示する必要がある。このような分詞構文を独立分詞構文という。独立分詞構文も書きことばに属し、話しことばでは普通使われない。

4.5 独立分詞構文

以下の例を比較のこと。

分詞構文を使わない普通の文 ― 普通の話しことば・書きことば
1. There was no need now for the notice board, **so** it was removed.（もうその掲示板は必要でなくなったので撤去された。）

独立分詞構文を使った文 ― ややフォーマルな書きことば
2. **There being no need now for the notice board**, it was removed.

1の英文はごく普通の文体であり、話しことばとしても、手紙文などの普通の書きことばとしても使われるが、2はややフォーマルな書きことばに属し、話しことばとしては使われない。2は主節の主語がitであるのに対し、分詞を含む節の主語はThereであり、主語が異なっているので、There being 以下の節は独立分詞構文になっている。

そもそもなぜ2のような構文が使われるかという理由の1つは、すでに述べたように、英語では定型動詞を並列することは構文の単調さを生むことになりやすく、特に書きことばとしての英文の観点からは、構文のバラエティを実現するための1つの手段として独立分詞構文が使われると考えることができる。

英作文に際しては、定型動詞を含む同一構文を繰り返して単調・平板な英文にならないようにするための1つの手段として、分詞構文、独立分詞構文を使えるようにすることの意義は少なくない。

第5章

動名詞と不定詞

　動名詞は動詞の ing 形で、文中で名詞の働きをするものをいう。不定詞は動詞の原形もしくは〈前置詞 to +動詞の原形〉という形をとり、文中で名詞、形容詞、副詞として働く。

　ここでは英作文の観点から、動名詞と不定詞の用法で特に注意を要するところについて述べる。

5.1　文の主語としての動名詞と不定詞

　どんな動詞でも動名詞として、または to 不定詞として文の主語になりうる。

Example 1　文の主語としての動名詞 ― 一般性の高い主語
　Teaching big classes can be exhausting.（多人数クラスの授業は大変疲れやすい。）

（解説）　文の主語として動名詞（句）を用いることは、ごく一般的である。

Example 2　文の主語としての不定詞 ― 動名詞ほど一般的でない
　To teach big classes can be exhausting.（多人数クラスの授業は大変疲れやすい。）

（解説）　文の主語として不定詞（句）も用いることは文法的には可能であり、別に問題はないが、動名詞ほど一般的ではない。日本人学

習者は主語として to 不定詞を使う傾向があるが、英作文では動名詞のほうがより一般的である点に注意。

5.2 動詞の目的語としての動名詞と不定詞

動詞によっては、動名詞を目的語にとるものと、(to) 不定詞を目的語にとるものがある。

動名詞を目的語にとる動詞の主なもの
admit, avoid, consider, deny, enjoy, finish, mind, stop, give up, put off

to 不定詞を目的語にとる動詞の主なもの
afford, agree, ask, aim, care, decide, desire, expect, hope, learn, prepare, promise, refuse, want, wish

英作文上の注意点 — 未来を指すか過去を指すか

一般に to 不定詞は未来指向型の意味を持っているのに対し、動名詞は過去指向もしくは無時間的。以下の例を参照。

Example 3 動詞の目的語としての不定詞 — 未来志向型
Mr. Cook decided **to report** the scandal to the police.（クック氏はそのスキャンダルについて警察に報告する決心をした。）

(解説) ここでは decide の時間より、report の時間のほうが当然あとになるので、to report は未来指向型ということができる。

Example 4 動詞の目的語としての動名詞 — 過去指向型
I remember **seeing** her once before.（私は以前に一度彼女に会ったことがあるのを思い出した。）

(解説) ここでは remember の時間より、seeing の時間のほうが古いので、seeing は過去指向型ということができる。

Example 5 動詞の目的語としての動名詞 － 無時間型
I like **driving**.（私は車の運転が好きだ。）

(解説) ここでは driving は過去、現在、未来すべてにまたがっているので、無時間型の用法ということができる。

5.3 動名詞、不定詞の両方をとる動詞

動詞によっては動名詞、不定詞の両方をとるものがある。どちらをとっても意味の違いはほとんどない場合と、意味が大きく違ってくる場合がある。

どちらをとっても意味の違いがほとんどない動詞の例

begin, like, start

これらは、例えば John began **to play** soccer あるいは John began **playing** soccer といっても意味の違いは出ない。ただ、実際の使用頻度では ing 形よりも to 不定詞のほうが、より一般的である。同じことは like, start についてもいえる。

動名詞と不定詞で大きく意味が違ってくる動詞の例

forget, remember

動名詞をとる場合
1. I forgot **leaving** the window open.（私は窓を開けっ放しにしていたのを忘れていた。）
2. I remember **talking** to him before. （私は以前彼と話したことがあるのを思い出した。）

(解説) ここでの ing 形は、それぞれ forgot, remember よりも時間的に古いので、過去指向型の動名詞の用法といえる。

不定詞をとる場合

3. Don't forget **to see** him in London.（ロンドンに行ったら彼に会うのを忘れないように。）
4. Please remember **to lock** all the doors before you leave the house.（家を出る前に必ずすべてのドアに鍵をかけておくようにしてください。）

〔解説〕 ここでの to 不定詞は、それぞれ forget, remember よりも時間的に未来に属するので、未来指向型の不定詞の用法といえる。

5.4　give up ～ing と give up the idea of ～ing

日本語では「～するのを...する」というとき、前半の「～するのを」が過去指向型か、未来志向型か、無時間型か、形の上からは判断できず、文脈で判断するしかない。このことが、英作文で間違いを犯す原因の1つになる動名詞の用法がある。例えば「マックスは日本語の勉強をあきらめた」は曖昧な日本語である。この表現では、日本語の勉強は今すでにやっていることなのか、それともこれからやろうと思っていることなのか判然としない。この日本文はその意味の解釈の仕方によって、以下のように2通りの書き方が可能である。

1. Max gave up **studying Japanese**.
2. Max gave up **the idea of studying Japanese**.

1の場合は、「マックスはこれまでやっていた日本語の勉強をあきらめた」という意味になる。それに対して2は、「マックスはこれから英語の勉強をやろうと思っていたが、その考えをあきらめた」となる。

日本人学習者が Max gave up **studying Japanese** と書いた場合、それが「（これから）日本語を勉強しようとしていたがあきらめた」という意味を表すと誤解している場合が多い。「（これから）～しようとしていたことをあきらめる」という場合には、the idea of ～ing の形にするということを習得する必要がある。

第 6 章

受 動 態

　受動態（Passive Voice）は能動態（Active Voice）と対立する構文上の概念であり、以下の例に見られるように、他動詞（目的語をとる動詞）の用法に関するものが受動態作りの基本である。

1. 能動態： John bought the car.
   受動態： The car **was bought by** John.
2. 能動態： The train arrived at 7:30.
   受動態： なし

　1の能動態では、〈動作主（John）＋他動詞（bought）＋目的語（the car）〉という構造であり、受動態では、〈主語（the car）＋be動詞（was）＋他動詞の過去分詞（bought）＋by動作主（John）〉という構造になっている。おおざっぱにいえば、受動態は、「あるもの［人］が何らかの働きかけを受ける［こうむる］」という意味構造があるといえる。1の場合でいえば、受動態のほうでは、「車が、動作主Johnによって買われた」という構造になっている。

　それに対して2のarriveは自動詞であり、buyのように目的語をとらないので、目的語を主語として受動態を作ることができない。（at 7:30は時間副詞であって動詞arriveの目的語ではないので、これを主語として受動態は作れない。）

　英作文の観点からは、受動態を使いこなすには、受動態と能動態の使い分けの根拠をよく知る必要がある。ここではどういう根拠で両者を使い分けるかに焦点を当てながら記述を進めていくことにしたい。

6.1 英語は能動態が中心

英語という言語は基本的には、〈Actor（働きかける主体）+ Action（働きかけ）〉の、能動的な構造を好む言語文化的な特徴がある。これを別のことばでいえば、英語は能動態を好む言語であり、他から働きかけられる受身の構造である受動態を好まない、ということになる。実際問題として、以下の例に見られるように日本語ならば「れる・られる」的な、被害者意識的受身表現が自然なところでも、一般的に英語では「〜が...する」的な能動態がより自然な場合が多い。

1. 日本語：大きな犬に吠えられてしまった。
   英　語：A big dog barked at me.
2. 日本語：ジョーンズ先生からものすごく叱られちゃった。
   英　語：Mr. Jones told me off.
3. 日本語：僕はジョンにだまされた。
   英　語：John deceived me.

日本人の視点からは、それぞれを受動態にして、1 は I was barked at by a big dog と、2 は I was told off by Mr. Jones と、3 は I was deceived by John と書いたらどういう感じになるのか、そう書いたとすればどういう問題があるのか、理解・判断に苦しむところである。確かに上の3つの英文をそれぞれ受動態で書いても文法的には誤りではないが、英語表現の好み・傾向からすると、文脈・情報構造などの特別な事情（次項参照）がなければ、受動態で書くべき理由はないということになる。

6.2 受動態はどういう場合に使うか

すでに述べたように英語は基本的には能動態好みの言語ではあるが、逆に能動態よりも受動態のほうがより自然で、文法的にも受動態のほうが望ましいという場合が、大別して2つ考えられる。1つは情報構造がからんでくる場合であり、もう1つは by 以下で表すべき動作主

受動態を使う場合 [1] — 情報構造が受動態を要求する場合

　情報構造というのは、文と文のつながりの問題ということができる。一般に英語は情報の流れとして、旧情報 (old information) から新情報 (new information) へ、という方向がある。例えば、以下の例を参照。

Example 1　情報構造と態の選択
1. ？ "What happened to **the car**?" "A terrorist destroyed **it**."
2. 　"What happened to **the car**?" "**It** was destroyed by a terrorist."

(解説)　1では、前半の文はthe carで終わっているが、後半はそれを旧情報（すでに出された情報）として受けることなく、新情報のA terroristから始まっていて、文の流れがスムーズとはいえない。それに対して2では、前半の最後のthe carが、後半の文の冒頭で代名詞化され、Itという形になっているので、後半の文は旧情報から新情報という自然な受け答えの流れになっている。この、情報構造の自然さを実現する、というのが英語で受動態が使われる場合の1つの大きな理由・根拠になっている。このことは、言語文化的要素として、英語が基本的に能動態を好むということとは別次元の、文と文のつながりという文章構造自体のあり方に属する問題である。この2の例で、英語の受動態の特徴をよく表しているのは、主語が代名詞になっているという点である。一般に英語の受動態の主語は、前の情報を受けることが多いため、代名詞になるか、定冠詞などで特定の指示対象がはっきりとわかる名詞表現である場合が非常に多い。

前文・後文の情報の自然な流れに注意

　これまで述べたような受動態の特徴を念頭に置いて、以下の例を見てみる。左側の問いかけに対する答えとして、受動態と能動態のどちらがふさわしいかを考えてみたい。

Example 2　情報の自然な流れ
1. "What happened to **you**?" "I was barked at by a big dog."
(?A big dog barked at **me**.)
2. "What happened to **you**?" "I was told off by Mr. Jones."
(?Mr. Jones told **me** off.)
3. "What happened to **you**?" "I was deceived by John."
(?John deceived **me**.)

(解説)　1 は、前半の文が you で終わっているので、後半の文は旧情報である I で始めるのが自然な会話の流れといえる。ここで後半を A big dog という新情報で始めて、(　) のなかにあるように A big dog barked at me としてしまうのは、文法的には誤りではないが、文の流れからは自然とはいえない。同様のことは、それぞれ 2, 3 にもいえる。

　上に述べたことをまとめると、能動態よりも受動態のほうがより自然な選択になるといえる状況の 1 つは、文と文の前後のつながりということになる。

受動態を使う場合 [2] ― by 以下が欠落している場合
　統計によると、英語の受動態の約 80% は by 以下がないという言語的事実がある。これは、英語で受動態が使われるもう 1 つの大きな理由として、1) by 以下で表すべき動作主 (agent) が不明、2) わざわざ by 以下を情報として出すに値しない、3) 文脈や状況でわかりきっていてわざわざ表す必要がない、ということがあげられる。次の例を参照。

Example 3　by 以下のない受動態
1. This bridge was built about a hundred years ago. (この橋は約 100 年前に作られました。)
2. Hundreds of cars were parked in this car park yesterday. (きのうは何百台もの車がこの駐車場に駐車していた。)
3. The meeting was put off until Friday. (会議は金曜日に延期になった。)

4. Eating and drinking are prohibited here.（ここでは飲食は禁止です。）

(解説) 1の場合は、誰によって作られたかは、仮に地域の公共事業団体によるものとしても不明の可能性が高いか、あるいはたいした橋でもなく、誰によって建設されたかわざわざいう必要がないのかもしれない。

　2は、車のドライバーによって駐車されたことは自明であるため、わざわざそれを by 以下でいう必要はない。

　3の場合は、会議に定冠詞がついていて、どこの何の会議かがはっきりしているので、誰によって延期されたかは文脈上自明のはずである。したがって by 以下をいう必要がない、と考えられる。

　4は、受動態が定型としてよく使われる1つのジャンルともいえる禁止条項の提示文であるが、これも当局からのお達しであり、誰によって禁止されているかは自明ともいえるし、わざわざ by 以下を使って表現する必要がないとも考えられる。

6.3 〈get＋過去分詞〉の受動態

　受動態は、特に口語では〈get＋過去分詞〉の形をとることがある。主として、by 以下が表現されないような文脈・状況で使われる。ただし、get がどういう動詞の過去分詞と結びつくかは傾向と頻度差があり、すべての動詞と結びつくわけではない。BNC によると、頻度順では、以下の過去分詞が get とともに用いられる傾向がある。（1から使用頻度の高い順。これら以外の動詞も get と結びつくことがある。）

① get used　② get involved　③ get married　④ get paid
⑤ get lost　⑥ get started　⑦ get caught　⑧ get dressed
⑨ get stuck　⑩ get drunk　⑪ get bored　⑫ get done

　注意すべき点としては、これらの〈get＋過去分詞〉群のなかの多くのもの（①、③、⑤、⑥、⑧、⑩、⑪）は「〜された」という受身の意

味ではとらえにくいものであり、それらを受動態の範疇とみなすべきかどうかは微妙な問題である。

〈get＋過去分詞〉は出来事的意味

英作文の視点から、〈be＋過去分詞〉と〈get＋過去分詞〉の使い分けをどうするのか、その使い分けのポイントとして、以下の例文を比較してみよう。

Example 4　受動態での be 動詞と get
1. Ben **was** married to his secretary for five years.（ベンは自分の秘書と5年間結婚生活を送った。）
2. Ben **got** married to his secretary in 2006.（ベンは自分の秘書と2006年に結婚した。）

(解説)　1と2の違いを端的にいうならば、1はある時間帯の状態 (state) を表すものであり、それに対して、2はある時点での出来事 (event) を表すものである、ということができる。英語の be と get で常にこのような違いがはっきり出るわけではないが、英語を書く際、〈be＋過去分詞〉を選択するか、〈get＋過去分詞〉を選択するかの目安として考慮すべきポイントである。以下の例に見られるように、〈be＋過去分詞〉自体が出来事を表すこともあり、そのような動詞の場合は〈get＋過去分詞〉の用法はない。

1. ○ This castle **was** built in the 16th century.（この城は16世紀に建てられた。）
   × This castle **got** built in the 16th century.
2. ○ This book **was** written by a famous philosopher.（この本は有名な哲学者によって書かれた。）
   × This book **got** written by a famous philosopher.

上記の①から⑫までの〈get＋過去分詞〉を使いこなすための参考例を以下にあげる。スタイル的には口語体で用いられることが多い。

1. It took me years to **get used** to what people took for granted there.（そこで慣用になっていることに慣れるまでに何年もかかった。）
2. I **got involved** in the project, though I didn't want to.（やりたくはなかったが、そのプロジェクトにかかわるようになった。）
3. Tony and Meg **got married** last year.（トニーとメグは去年結婚した。）
4. I **got well paid** for that part-time job.（そのバイトは給料がよかった。）
5. We **got lost** in the woods.（森のなかで道に迷ってしまった。）
6. Our work will **get started** very soon.（われわれの仕事はもうすぐ始まる。）
7. John **got caught** and was sent to the prison.（ジョンは捕まって刑務所に送られた。）
8. **Get dressed** very quickly.（早く服を着なさい。）
9. Three months after I started to work on the research, I **got stuck**.（研究を始めて3ヵ月たった頃、行き詰まってしまった。）
10. Mike **got drunk** at the party.（マイクはその飲み会で酔っ払ってしまった。）
11. The film was boring and I **got bored**.（その映画は退屈な代物で、私は退屈してしまった。）
12. This work will **get done** in a few days.（この仕事は数日で仕上がる。）

6.4　have [get]＋目的語＋過去分詞
―― 受動態らしくない受動態

日本人の観点からは、以下の例文のうち、典型的な受動態構文である1は、習得しやすく、英作文でも抵抗なく書けるが、同様の意味を表す2は、一般に習得しにくいようである。

6.4 have [get]＋目的語＋過去分詞

Example 5　have, get を使った受動態

1. My English was corrected by Mr. Fowler.（私の英語はファウラー先生に直してもらった。）
2. **I had [got]** my English corrected by Mr. Fowler.

(解説) なぜ1のタイプは習得しやすく、2のタイプは習得しにくいかの1つの理由は、1のタイプは日本語の構造に近い、という点があげられる。1の英文の主語は My English であり、それに対する日本文の主語も「私の英語」であって、表現の落差がない。それと比べて、2の構文は日本語の構造とは落差が大きいように感じられる。2のタイプの構文は、構文的には能動態的な〈主語＋述部〉の構造を持ち、典型的な受動態の構文とも種類が違うという印象を与えるところがある。2のようなタイプの構文は、英語という言語の1つの特徴である、'人間中心主義' が反映しているとも考えられる。主語にもの・事物ではなく、経験の中心主体である人間を設定するところから1つのセンテンスを構成しようとするところは、以下のペアに見られる落差と共通するところがあるように思われる。

3. The trip was quite exciting.（旅行はとっても面白かった。）
4. **I found** the trip quite exciting.

(解説) 日本人学習者にとっては、これもまた日本語との構造上の類似性の強さから、3のタイプは習得が容易であるが、より英語らしい4のタイプの構文は、読解はできても英作文ではなかなかスムーズに使えないようである。この場合の動詞 find が「見つける」という原義的意味ではなく、経験に基づく印象や判断を表す、という働きを理解することが、この4のタイプの構文習得のポイントといえる。

〈have [get]＋目的語＋過去分詞〉は意味が曖昧な場合がある

〈have [get]＋目的語＋過去分詞〉タイプの構文の使いにくさのもう1つの原因は、その構文の意味の曖昧さにある、ということがいえる。

第6章 受動態

以下の例を参照。

Example 6　意味の曖昧な受動態
I had [got] my car stolen.（車を盗まれた。〈受身〉/ 車を盗ませた。〈使役〉）

〔解説〕　受身は「不利益」、使役は「利益」を表す場合があるが、「利益」と「不利益」という正反対の意味を1つの構文が表しうるというのは、紛らわしくて望ましいとはいえない、という意識が多少は働いているためか、実際のところ、「～を盗まれた」という意味を英語で表すときには、ここでの例文のタイプの構文ではなく、以下のようにいうことが多い。

　My car was stolen. [Someone* stole my car.]
　［注］　この someone を主語にする点などが、英語の本来的な能動態好みの現れともいえる。

ただし、〈have [get] + 過去分詞〉の構文が定型として使われるものもある。以下の例を参照。

Example 7　定型的な have, get を使った受動態
I had [got] my hair cut.（散髪に行った。）

〔解説〕　この例文の場合、使役にとっても受身にとっても「利益」であることに変わりはない、ということも理由としては考えられるが、My car was stolen や Someone stole my car の場合と異なり、My hair was cut や Someone cut my hair は「散髪に行く」という意味とは異なった特殊な意味合いが出るので、そういう言い方はしない、ということも I had [got] my hair cut が定型として使われる理由として考えられる。

受動態の定型といえる My English was corrected by Mr. Fowler タイプの構文と並んで、I had my English corrected by Mr. Fowler タイプの '人間中心主義' 的受身構文に慣れることが、英語の構文力を身につけるうえでは重要である。

6.5 受動態の冗長さ

すでに述べたように、英語は本来、自ら働きかける構文である能動態を非常に好む言語であり、受動態はなるべく控えめに使うことが、英語を書くときに留意すべき点である。文体の面からいえば、一般に受動態は能動態に比べてことば数が増える傾向があり、冗長な印象になりやすい。以下を参照。

Example 8　受動態の冗長さと能動態の簡潔さ
1. My father was told by the doctor to stop drinking. (10 words)
（私の父は医者から酒をやめるようにいわれた。）
2. The doctor told my father to stop drinking. (8 words)
（医者が父に酒をやめるようにいった。）

［注］ 2の能動態のほうが1の受動態よりも語数が少ない点に注意。

受動態は堅めの文体

受動態は文体の面からは、冗長というだけでなく、堅めの印象があるので、日常会話などの一般口語体、日常メールなどの一般文語体ではなるべく避けるほうがよい。学生の書く作文などに、以下のような文体の混交が見られる。

Example 9　堅苦しい受動態
1. ?**It is said** that Steve is a hardworking student. (スティーブは勤勉な学生だと言われている。)
2. ?**It is to be hoped** that you'll have a good time at the party.
（あなたがパーティで楽しく過ごすことが希望されている。）

(解説) 1は that 以下がごく日常的な内容であるのに対して、It is said は「～ということがいわれている」という感じのフォーマルな受動態になっていて、文体がちぐはぐである。2も that 以下が短縮形などもあってインフォーマルな文体であるのに対して、It is to be hoped は異様に堅苦しい文体である。この2つの文

は、それぞれ以下のように修正すればよくなる。

1′. People say (that) Steve is a hardworking student.
2′. We [I] hope (that) you'll have a good time at the party.

6.6　英語の因果関係明示 vs. 日本語の因果関係不明瞭

　日本語では被害者的な「れる・られる」表現になるところでも英語では能動態を使う、ということにはすでに触れたが、その逆のようなケースも多い。つまり、日本語で表現すると別に受身ではないと感じられるものが、英語では受身表現になる場合が少なからずある。それは主として by 以下を伴わない受動態か、by 以外の前置詞句を伴う受動態の場合に多い印象がある。このことは特に和文英訳の場合、注意を要する。以下の例を参照。

Example 10　日本語と英語のずれ
1. The vacant lot **was turned into a car park**. （その空き地は駐車場になった。）
2. Three people **were killed in the car crash**. （3人の方々がその交通事故で亡くなった。）

(解説)　1の日本文は、日本語としては自然な「なる」が使われているが、印象としてはあたかも、空き地が自然に駐車場に「なった」かの印象がある。つまり誰かの意思（当然空き地の所有者の意思）によってXがYに変えさせられた、という本来そこにあるはずの因果関係が希薄な文章になっている。（日本人学習者がこの日本文を英訳すると、be turned into の代わりに become を使ってしまう傾向がある。）それに対して、英文のほうは、誰によって、という主体は表されていないものの、受動態で書くことによって、by 以下で表されるはずのその動作主の存在が暗示され、因果関係がはっきりわかるものになっている。
　2の英文の場合も、car crash は動作主ではないが動作主に準

6.6 英語の因果関係明示 vs. 日本語の因果関係不明瞭

じる要因として前置詞 in 以下で表されている。当然、その in 以下によって殺されたという実態が、受動態によって明示されているのに対して、日本文のほうは「亡くなった」という表現を見る限り、自然死か事故死かわからない、つまり因果関係がぼかされているわけである。このように、自然に物事が生起する、という意味合いの表現が多いのが日本語の特徴であり、そのような日本語を英訳するときは、必要に応じて受動態を適切に使うことが英作文上のポイントになる。

第7章

時 制

　英語の時制（tense）は英作文の際、間違えやすい領域である。その最大の原因の1つは、時制（tense）と時間（time）を混同するところから来るといえる。時間は一応時計で計測できるような客観的な意味での、出来事の古い・新しいの順序、あるいは先・後の順序を表すが、時制はその順序のなかに人間のさまざまな視点を織り込んで、それを文法形式で表したものということができる。つまり時制は時間とは異なるものである、という認識が必要である。

　ここでは、英作文の観点から特に注意を要する時制の問題を扱っていくことにする。

7.1 現在形と過去形の問題

現在形か過去形か [1] ― hear の時制に注意

　意味的には過去であるにもかかわらず、時制としては現在を用いる場合がある。

Example 1　動詞 hear の時制

　I **hear** you recently bought a brand new car.（最近新車を買われたそうですね。）

(解説)　ここでの hear は、「最近聞いて、現在その話を知っている」といった意味で現在時制を使うのが普通である。日本人学習者の場合、ここでの hear を字義通り過去に「聞いた」（日本語で「〜

と聞きました」というので、この日本語の構造に影響されていると考えられる）ととらえて、以下の例文のように heard という過去時制を用いる傾向がある。

? I **heard** you recently bought a brand new car.

このように I hear の代わりに I heard としてしまうと、「私は〜という情報をある特定の人物・情報源から手に入れた」という意味合いになり、言われた側からすれば、Who told you that? (誰があなたにそう言ったのか）という反応をしたくなる感じがある。

hear と同様に、過去の意味であるにもかかわらず現在時制を用いる動詞は、伝達にかかわるもので、say, tell, learn がある。以下の例を参照。

The weather forecast **says** it'll be cloudy this afternoon.
（天気予報では今日の昼から曇るでしょう。）

現在形か過去形か [2] — 惰性的な時制の一致

いわゆる時制の一致は、主節と従属節との時制の関連の問題である。一般には主節が過去時制のときは、従属節も過去時制になる。

Example 2　時制の一致 — 惰性的な時制合わせ
Gary **told** me that he **was** ill.（ゲーリーは自分は病気だといった。）

(解説) ここでは、主節の told の時制に合わせて that 節内も同じ過去時制になっている。英語の場合、このような時制の一致はほとんど自動的といっていいほどの惰性的な現象である。つまり、主節が過去なら自動的に従属節も過去になるわけである。

ところが、状況によっては以下のような文が考えられる。

話者の責任において that 節内を現在時制にする場合
Gary **told** me that he **is** ill.

第7章 時　制

> (解説) これは、例えばゲーリーが語ったのがつい1時間前であるような場合、話者の視点と責任において、1時間後であるいまもゲーリーは病気であると推測して現在時制を使っていると考えられる。もちろんこのような場合でも時制の一致を起こしてisの代わりにwasも可能ではあるが、isが使われる可能性も高い。

Example 3　時制の不一致 ― 習慣・真理等

Dr. Robinson **said** that the earth **is** just like a soft-boiled egg.（ロビンソン博士は、地球はちょうど半熟卵のようなものだ、といった。）

> (解説) 地球の内部構造の流動性は科学的真理であるから、このような場合は時制の一致は適用されないのが普通。

7.2　過去か過去完了か ― 過去完了は単独では使えない

われわれ日本人が過去完了を正確に使いこなすのはかなり難しい。その理由として、日本語文法では「過去を、過去と過去完了という2種類に分けるという形式的な分類がない」ということがあげられる。日本人学習者は以下のような英文を単独に書くことが多い。

? I had left the building.（私はその建物を立ち去った。）

この英文が不自然であるということを理解するには、そもそも過去完了と過去はどう使い分けるのかを理解しなくてはならない。

過去があっての過去完了

一般に過去完了を、過去と関連づけることなく単独で使うのは誤りである。上の英文を正しいものにするには、例えば以下のような例が考えられる。

I had left the building before the murder occurred.（その殺人事件が起こる前に、私はその建物を離れていた。）

この文章を、殺人の容疑がかかっている人物がアリバイ証明のために警察での尋問に答えている場面と想定してみよう。ここでは話者の

気持ちの上での焦点は、殺人が起こった時点にあると考えられる。自分がそれ以前にその建物を離れていて、殺人発生時にその場にいなかったということを必死で述べる必要がある。つまり、ある過去の事柄にスポットライトが当てられているなかで、それ以前という意味で、もう1つ古い過去を〈had + 過去分詞〉という形で文法的に表すのが過去完了なのである。この場面では容疑者は、自分の容疑を晴らすためには、過去と過去完了を使い分けることに必死になるほかはないと考えられる。

過去の出来事を過去時制で並列する場合

ただし、常に過去とそれよりも古い過去完了が文法的に使われるのかというとそうではない。上の文の内容は、第三者による客観的事実報告書のような以下の文で、過去形を並列しても表すことができる。

The suspect **left** the building at 9:30, and the murder **occurred** at 10:00. (容疑者は9時30分に建物を出た、そして殺人は10時に起こった。)

この場合、2つの出来事が並列的に述べられているだけであり、どちらか一方に話者のスポットライトが当たっているわけではない点に注意。このように過去の事柄が継起的に A, B, C のように並列されているときは、すべての事柄が平等に過去で述べられ、どれかを過去完了にする必要はないのである。

一般に物語 (storytelling) や歴史事件の羅列的記述は、このような過去時制の並列が原則である。以下の例を参照。

Japan **lost** the Pacific War in 1945, and then it **was** occupied by the Allied Forces for the next few years. Japan **became** independent again in 1951. (日本は1945年に太平洋戦争に敗れた。その後数年連合国によって支配され、1951年に再び独立を回復した。)

第7章 時　制

自動的に過去完了という場合
― 現在完了・過去からの時制のスライド

元の文として、以下のように現在完了あるいは過去の文がある場合を想定してみる。

1. He **has been** ill for a few days.（彼は数日前から病気です。）
2. He **was** ill for a few days.（彼は数日間病気だった。）

この1もしくは2に、例えば伝達文の He said を主節として文頭に付け加えた場合、以下のようになる。

He said he **had been** ill for a few days.（彼は数日間病気だったといった。）

この場合、過去完了の部分は、スポットライトの当たっている過去との対比でそれよりも古い過去を表しているのではなく、ただ単に主節の He said の過去時制に合わせて自動的に、現在完了が過去完了に、あるいは過去時制が過去完了にスライドしたというだけである。

英作文上の注意点
― 時間が古ければそれだけ古い時制を使うわけではない

英作文の際、過去時制との関連を考えずに不必要に過去完了を使ってしまう傾向がある。過去より古い事柄はすべて過去完了と考えてしまうと、時間（time）と時制（tense）の違いがわからなくなってしまう。仮にそう考えて、2007年の事柄を過去とし2006年の事柄を過去完了とすると、2005年の事柄はそれよりも古い時制（過去過去完了？）で表す、ということになる。もちろんその考えは不適切であり、そのような場合すべての過去を平等に過去ととらえ、過去時制を並列するのが正しい。

7.3　未来を表す現在時制

英語では、未来の意味で現在時制を使う場合がある。

7.3 未来を表す現在時制

Example 4 未来の意味の現在時制 [1] — 公的な予定など

The train **arrives** at 7:30.（列車は 7 時半に到着予定。）

(解説) この場合の現在時制は未来を表しているが、公共の乗り物の、時刻表に表されているような発着時刻はまず変更の余地がないので、定められた予定という意味合いで現在時制を使うことがある。

このような、公的な予定などを表す現在時制を以下の例のように、ごく普通の未来の事柄に対して使うのは不自然。

? Ben **leaves** tomorrow.（ベンは明日出発する。）

このような場合は、以下のような形で未来を表すのが一般的である。

Ben **is leaving** tomorrow.
Ben **is going to leave** tomorrow.
Ben **will leave** tomorrow

Example 5 未来の意味の現在時制 [2] — 時や条件を表す副詞節の場合

We will stop working outside **when it begins to rain**.（雨が降り始めたら外での作業は中断します。）

(解説) 意味的には when 以下は未来に属するが、副詞節の場合は未来時制ではなく現在時制を用いる。この理由としては、英語の場合、未来時制の表示は主節がメインとなって表し、従属節まで同じ時制を現すのは冗長 (redundant) である、という考え方が背景としてある。つまりこの場合は、主節で未来時制を明示しているから副詞節でも同じ時制を使うのはことば・情報の無駄である、という考え方である。この例では時を表す when を用いたが、例えば if を使った以下のような条件節の場合も同様である。

I'll tell him about it **if he comes**.（彼が来たら、私がそのことについて話します。）

第7章 時　制

ただし、when や if が主節のなかで動詞の目的語である名詞節として使われている場合、未来の意味は未来時制で表すのが普通。以下の例を参照。

I'd like to know when I **will** get the result.（私はいつその結果が届くか知りたい。）

なぜ副詞節の場合と違って、主節の一部としての名詞節の場合未来時制をとるかについては、すでに述べた英語の一般原則である、「英語の未来時制は主節のなかで明示化する」ということが理由として考えられる。つまり、どの部分であれ主節の内部で未来の意味を表すときは、それを文法的に未来時制を使って明示する必要があるということである。上の例文では、動詞 know の目的語である when 節は主節の一部としての名詞節であるため、未来の意味が will によって明示されている。

7.4　現在完了の用法

現在完了の用法で注意すべきこと [1] ― 隠れ現在完了

英作文で現在完了形を的確に使いこなすのは容易ではない。例えば「いまちょうど朝食を食べたところだ」などのような、典型的な現在完了の練習問題ふうの和文英訳ならば、**I've** just **finished** breakfast などの英文は頭に浮かびやすい。しかし、次のような文は（下線部に注意）、「隠れ現在完了」といえるもので、現在完了を使うということは思いつきにくい。

「人間というのは、つき合いが長くてもまったく得体の知れないものがいる」

この日本文は以下のように英訳することができる。

Some people seem like total strangers, no matter how long **you've known** them.

英語の現在完了を日本語の「ちょうど〜したところだ」「〜したことはない」などの定型表現と強固に結びつけてとらえていると、この例文のような場合に現在完了を的確に使うことが難しい。

現在完了の用法で注意すべきこと [2] ― 時の経過の表現
　英作文の際、日本人学習者は以下の例に見られるように、特に時間の経過を強調するような現在完了形を好んで使う傾向がある。

> **Ten years have passed since** I began to study biochemistry.（生物化学を研究するようになって10年たった。）

　この英文は文法的な英文であり、別に間違いではないが、年月を主語としてそれが過ぎ去っていったというのは、やや文学的表現であり、文学的文体としては状況によってはふさわしい効果を出すが、日常的表現ではない点に注意。この例文は、次のように言い換えると普通の英文になる。

> I **have studied** [**have been studying**] biochemistry for ten years.

7.5　未来と未来完了

　一般にわれわれ日本人が英語を書く際、単純な未来形で表せるところを、未来完了を使って書こうとする傾向がある。以下の例を参照。

Example 6　未来完了の文 ― やや重苦しいスタイル
The power struggle **will have finished** by the end of this year.
（その権力闘争は今年の終わりまでには終わっているだろう。）

(解説)　未来完了時制は、文法的な複雑さと文体的な重苦しさが特徴であるといえる。〈will [shall] + have + 過去分詞〉という動詞句の連鎖が重苦しく響くところがあり、日常レベルではあまり用いられる構文ではない。未来完了を使わず、その代わりとして未来で表すほうがより一般的な英文になることが多い。ここでの

例文は以下のように書けば、より一般的な英文といえる。

The power struggle **will be over** [**finished**] by the end of this year.

重苦しい文体である未来完了を避けるための文法的な方法は、〈will be + 形容詞句〉の構文を使うようにすることである。

第 8 章

単純形と進行形

　動詞の形として、単純形(非進行形)か進行形のどちらをとるかということが英作文上の問題点となる。ここでは、この2つの動詞の形の用法の違いについて考える。

8.1　単純形とは

　単純形とは、動詞の文法的な形として進行形ではない形をいう。以下の例を参照。

Example 1　動詞の単純形
　I **drink** wine.(私はワインを飲みます。)

(解説)　この文は特定の時間にかかわらない常態的な習慣を述べている。この文と、I'm drinking wine(私はいまワインを飲んでいます)という進行形を比べてみると、その特徴がわかる。次で述べるが、進行形はある時間において事柄が進行していることを表す。

英作文で注意すべき単純形 ── 単純形が進行形的意味を持つ

　日本語ではむしろ進行形的な感じがするのに、英語では単純形で表される事柄がある。以下のような場合は英作文では注意を要する。

　Buses **run** every ten minutes here.(ここではバスは10分ごとに走っています。)

ここでの動詞 run は、公共の乗り物が時刻表に従って運行されている状態を表す状態動詞として使われている。ここで Buses are running ... とするのは誤り。ここでの非進行形のrun は例えば、The dogs are running very fast（犬たちがとても速く走っている）などの進行形が表すような物理的な走りとは異なる点に注意。

もう1つ、注意すべき単純形をあげておく。

What **do you do** for a living?（お仕事は何をなさっていますか。）

ここでも、日本語のほうは「〜なさっていますか」というふうに進行形的に書かれているが、英語のほうは単純形の do である。ここでの do は仕事として習慣的にやっているという意味の状態動詞と考えるべきである。日本人学習者はこの What do you do? と書くべきところを、What are you doing? と書いてしまう傾向がある。What are you doing? では、「いま現在何をしていますか（食事、勉強など）」という限られた時間についての活動状況を聞くことになる。

8.2 進行形とは

進行形は単純形（非進行形）と対立する文法概念であり、ある事柄が未完の状態で持続している、という意味合いがある。文法的には動詞の ing 形でその意味を表す。

進行形の3つの意味

おおざっぱにいって、進行形は以下の3つの意味を表す。

A. ある事柄が、時間的観点から不断に切れ目なく、1つの状態として起こり続けている［いた］。
B. ある事柄が、時間的には不連続であっても、1つの状態として起こり続けている［いた］。
C. ある事柄が、近い将来発生する（すでにその事態に向けて動いている）。

Example 2　Aの用法の進行形

John **is talking** to Meg on his mobile phone.（ジョンは携帯でメ

グと話しています。)

(解説) ここでの文意は、いま現在、1つの状態として携帯で話し中ということであり、この用法の進行形は最もわかりやすく、説明を要しない。われわれ日本人も、英作文ではこの種の進行形については間違えることは少ない。しかし、次にあげるBの用法は要注意。

Example 3　Bの用法の進行形
1. Kate **is always complaining** about her demanding boss.(ケイトはいつも、要求のきびしい上司について愚痴ばっかりいっている。)
2. Peter is a famous writer. He **is writing** a detective story now. (ピーターは有名な作家である。彼はいま推理小説を書いている。)

(解説) 1は、時間的に連続して24時間文句をいっているという意味ではなく、「ケイトが口を開けば(黙っている時間は別として)、そのたびごとにいつも(always)上司の文句ばかりいう」という意味である。つまり、ここでは物理的な時間の連続ではなく、ある事柄が繰り返し繰り返し断続的に発生しているという意味である。

　2の進行形は、文脈から見て、24時間いつでも書いているという時間的連続ではなく、「小説書きという作業を、(常識的に考えて、毎日ある一定時間をそれに割り当てるという形で)1つの状態として断続的に持続している」という意味である。

　日本人学習者は、進行形についてはナイーブな感覚でAの時間的連続だけに限って使う傾向がある。ここでの1, 2にあるようなBの進行形の用法についても、充分習得する必要がある。

Example 4　Cの用法の進行形
We **are giving** a farewell party for Mr. Smith tomorrow evening. (私たちは明日の夕方、スミス先生の送別会を開きます。)

(解説) この用法の進行形の習得は、日本人学習者が非常に苦手とする

ものである。その大きな原因は、進行形の持つ原義的な意味（いま現在事柄が進行しているという意味）と、ここにあるような近未来的な意味を、同一の進行形という文法形式で表すことに違和感があるためと考えられる。

　この用法の進行形を理解するには、近い将来行われる事柄の実現に向けてすでに事態が動いていると考えるとよい。ここの例でいえば、まだ give a farewell party という事柄そのものは発生していないが、その近い将来の事柄の実現に向けて動き出している、という進行の意味で進行形が使われていると考える。以下の例も同様に考える。

1. **I'm going** somewhere tomorrow.（私は明日どこかに出かけます。）
2. They **are arriving** very soon.（彼らはまもなく到着します。）

英作文上の注意点 ― 近未来を表す進行形は副詞とともに使う

　この近い未来のことを表す進行形は、通常未来を表す副詞句（tomorrow, soon, this afternoon, etc.）と一緒に使うという点が重要。したがって、例えば「彼らは日本を去る予定です」を英訳する場合、以下の訳例のように、未来を表す副詞句を伴わない場合、近未来を表す進行形の意味は出ない。

　× They are leaving Japan.

現在進行形と過去進行形の違い ― 過去進行の文は独立不可

　現在進行形と過去進行形の最大の違いは、現在進行形の文はそれだけで使うことができるが、過去進行形の文はそれだけでは使うことはできず、必ず単純形（非進行形）の過去時制を含む文と一緒に使わなければならないという点。以下の例を参照。

1. 〇 I'm drinking with friends.（私は友達と酒を飲んでいます。）
2. × I was drinking with friends.（私は友達と酒を飲んでいまし

た。)

　1の文は、現在進行中の事柄なので、いま (now) という時間が自動的に設定されている。したがって、この文はこのままで正しい英文である。

　しかし2の過去進行形の文は、どの特定の過去の時点における状態かが不明である。この場合、例えば When the explosion occurred (その爆発が起こったとき) などのような、過去の軸になるような事柄と一緒に使う必要がある。これはちょうど、例えば、I had already arrived there のような過去完了形の文だけを使うわけにはいかず、when the meeting began (その会議が始まったとき) などのような過去の軸になるような事柄と一緒でなければ、過去完了形の文が使えないことに類似している。

現在完了形の単純形と進行形 — 大きな違いはない

　英作文の際迷うのは、現在完了形を使うとき、単純形にするか進行形にするかという問題である。以下の例を参照。

1. They **have investigated** the environmental problem for five years. (彼らはこの5年間その環境問題について調べてきた。)
2. They **have been investigating** the environmental problem for five years. (彼らはこの5年間その環境問題について調べてきた。)

　1, 2ともにほぼ同じ意味を表している。ただ単純形である1のほうは、この5年のあいだに場合によっては調査を中断した時間があるかもしれないが、トータルとして通算5年間その研究に従事してきているという意味合いがある。

　それに対して進行形をとっている2は、この5年間途中で中断の時期はほとんどなく連続的に調査を続行してきた、という意味合いが感じられる。しかし実際問題として、この両者の意味の違いはほとんどないと考えてよい。

第8章 単純形と進行形

8.3 過去形、進行形は丁寧表現

　物事を依頼する場合、一般に現在時制よりも過去時制のほうが丁寧さ（politeness）が出やすい。この理由は、現在の依頼であっても、それを過去形で表現することにより、いまはその依頼の気持ちはありませんというポーズを作ることで、相手への押しつけがましさが減るからである。また進行形は、文字通り進行中として物事をとらえており、断定を避ける語法なので、その分響きがソフトである。以下の例文は、上から下に向かっていくにつれてだんだん丁寧さの度合いが上がっていく。述べられている意味は「車に乗せてくれませんか」という依頼文である。

1. I wonder if you can give me a lift.
2. **I'm wondering** if you can give me a lift.
3. **I wondered** if you **could** give me a lift.
4. **I was wondering** if you **could** give me a lift.

　1は普通に「車に乗せてくれませんか」と依頼する感じだが、2の進行形は、進行形の持つ、物事がまだ終了していないという途中経過的意味合いのために、wonder という非進行形よりも響きがやわらかくなる。3はお願いしたかったのだが、いまはその気持ちはない、というポーズを過去形 wondered で出すことにより、相手への押しつけがましさが減っている。4になると、3の時制によるポーズに、進行形による未完結のやわらかな意味合いが出て、さらにいっそう丁寧な依頼となっている。

英作文上の注意点 — 未来を明示する
　日本語には英語と同様な時制がないことが大きな原因となって、われわれ日本人は一般に時制を明示することが苦手なことが多く、例えば以下の例のように、未来を表す必要がある場合に不必要に現在時制を使ってしまう傾向がある。

8.3 過去形、進行形は丁寧表現

? I think my income next year **is** much larger.（私の来年の収入は（いまより）ずっと増えると思う。）

この文では is は誤りであり、予測や未来の意味を明確にするには will を使う必要がある。

第 9 章

仮 定 法

　仮定法とは、文法的には主として動詞の時制の選択に関するもの。状況に応じて過去形や過去完了形を使い分ける必要がある。

　われわれ日本人が英語の仮定法を使いこなすのは容易ではない。その大きな原因の1つは、可能性の程度の高低、現実性の程度の高低などを日本語では時制の落差をつけて文法的に表すことがないためであると考えられる。以下の日本語の例を参照。

日本語は可能性の高低・有無にかかわらず同一の文法形式を使う

1. もし健太が来たら両親がものすごく喜ぶだろう。
2. もし健太がここにいたら両親がものすごく喜ぶだろう。

　上の1, 2ともに文構造、文法形式はまったく同一である。1については健太が来る可能性がどの程度であろうと、同一の構文と文法を使う。2は健太がここにいないことが前提としてあるので、まったく仮定的な内容であるが、1の場合と同じ構文と文法が使われている。結論からいうと、日本語のこのような、可能性の高低を文法に反映させない特性のために、日本人学習者は英語の仮定法を使う根拠をなかなか習得できないと考えられる。

9.1 仮定法が使われる根拠

　日本語と違い、英語では可能性の高低、現実性の高低などを文法的

に落差をつけて表す。一般的に可能性の低い事柄や、現実と正反対の事柄を表す場合、仮定法が使われることが多い。

上にあげた1, 2の日本文を英語で表す場合について、以下に考えてみる。

1. もし健太が来たら両親がものすごく喜ぶだろう。

この日本文だけでは可能性の程度は不明であるが、もし健太が来る可能性が低くはないとすると、以下のような英文が考えられる。

可能性が低くない場合

If Kenta **turns up**, his parents **will** be very glad.

それに対して、もし健太の来る可能性が非常に低く、まず来ないだろうという予測が立てられているものとすると、以下のような英文が考えられる。

可能性が低い場合（仮定法過去を使う）
 (A) If Kenta **turned up**, his parents **would** be very glad.
可能性が非常に低い場合（should を含む仮定法過去を使う）
 (B) If Kenta **should turn up**, his parents **would** be very glad.

(A) では、if 節と主節の両方で過去形を使うことにより、ここに述べられている事柄の実現可能性は低い、というメッセージを伝えているという点が重要。また、(B) では if 節で助動詞の should を使うことによって過去形の turned up よりもさらに可能性が低い（万一の可能性に近い）ことを表している。

今度は2について考える。

2. もし健太がここにいたら両親がものすごく喜ぶだろう。

この文は前提として、健太がここにいないということであるから、「もし健太がここにいたら」は純粋の仮定であり、現実と逆の事柄である。このような場合、英語では以下のように仮定法を用いる。

If Kenta **were** [**was**] here, his parents **would** be very glad.

仮定法の be 動詞は主語の人称が単数であっても were を使うことができるが、文体的には主語の人称が単数の場合 was を使うのがより日常的表現。

9.2 注意すべき仮定法の構文[1]──It is time ... の構文

〈It is time + 仮定法過去の文〉の形で、「～してもよい頃だ（まだ～していないのは遅い）」という批判を含んだ提案の意味合いを出すことができる。以下の例を参照。

Example 1　It is time ... の構文

It is time we **got together** to discuss the problem.（その問題を話し合うためにわれわれは集まってもいい頃だ。）

(解説)　この文は、「まだ集まって話し合いをしていないのは遅い」という批判的な意味合いが込められている。使用頻度からいうと、time の次には仮定法ではなく、to 不定詞が来ることが多いが、以下の例のように to 不定詞を使ってもほぼ同じ意味合いを出すことができる。

It is time **for us to get together** to discuss the problem.

9.3 注意すべき仮定法の構文[2]──as if の次に何が来るか

英作文では、as if 以下の節の時制をどうするかについて迷うことが多い。as if の次に節を置く場合*、結論からいえば、時制の選択として as if の中身は以下の3通りが考えられる。

［注］　as if の次には節以外に to 不定詞、前置詞句も置くことができる。

(A) 仮定法過去
(B) 仮定法過去完了
(C) 直説法現在

英語を書く観点からいうと、どういう状況で (A)、(B)、(C) を使い分けるかということが重要になる。以下に使い分けの大体の目安を述

べてみる。

X as if Y において、X と Y が同時発生の事柄と考えることができる場合、Y は仮定法過去を使うことができる。以下の例を参照。

Example 2　as if＋仮定法過去 ― XとYが同時のとき
John **talks** as if he **was** [**were***] a doctor.（ジョンはまるで医者のような口ぶりで話す。）

［注］　仮定法の場合、主語が he のように三人称単数でも were が正しいが、文体的には was のほうがやわらかい印象がある。

(解説)　この例では talks（X）と was [were]（Y）は同時と考えられる。つまり「ジョンが話すときは彼は（まるで）医者である」という構造になっている。これは talks を過去形にしても事情は同じである。つまり、John **talked** as if he **was** [**were**] a doctor としても、「ジョンが話したとき、彼は（まるで）医者であった」という構造が論理的に考えられる。

次に、X as if Y において、X よりも Y のほうが時間的に古い場合、Y は一般的に仮定法過去完了になる。以下の例を参照。

Example 3　as if＋仮定法過去完了 ― XよりYが古いとき
Harry **looks** as if he **had seen** the Inferno.（ハリーはまるで地獄でも見てきたかのような顔つきをしている。）

(解説)　この例では looks（X）と had seen（Y）は時間的にずれがあり、X よりも Y のほうが時間的に古い、と考えられる。つまり「ハリーは過去のある時点において地獄を見てきたような顔つきをいましている」という構造になっている。これは looks を過去形にしても事情は同じである。つまり、Harry **looked** as if he **had** seen the Inferno とすれば「ハリーは過去のある時点において地獄を見てきたような顔つきを（見たあと）していた」という構造が論理的に考えられる。

ただし、主節が現在時制の場合、仮定法過去の代わりに直説法現在が使われることもある。以下の例を参照。

第9章　仮定法

Example 4　as if＋直説法現在 — 仮定法過去の代わりに
　John **talks** as if he **is** a doctor.（ジョンはまるで医者のような口ぶりで話す。）

(解説)　これは先ほどの Example 2 を、直説法現在で書き換えたものである。結論からいえば、仮定法過去と直説法現在は状況によっては互換性があるということができる。つまり、as if の中身は仮定法に限らないということである。ただ、英作文の観点からは、両者をどう使い分けるのかという何らかの基準が欲しいところである。一般的傾向としては、以下のようなことを基準として考えることが可能である。

仮定法過去と直説法現在の使い分けとして考えられる基準

　一般に、as if の中身が比喩やたとえというよりはむしろ現実性を帯びた内容である場合は、直説法現在を使うことが可能である。以下の例を参照。

1. He **looks** as if he **is** enjoying himself.（彼は楽しんでいるように見える。）
2. Richard **is** spending money as if he **has** a lot.（リチャードはまるで金持ちであるかのように、たくさん金を使っている。）

　1は実質的に He seems to be enjoying himself とほぼ同義であり、as if 以下はもののたとえや比喩ではなく、現実の状況といえるので仮定法を使う理由は少ないと考えられる。ただし、文法的には仮定法過去も可である。2の場合も、as if 以下の内容にそれなりの現実性が感じられる内容なので、直説法現在が可能である。1と同様、この場合も仮定法過去も可能である。

　ただし、以下の例文のように主節が過去時制の場合、as if 以下で直説法現在を使うことはできない。

　× He **looked** as if he **is** enjoying himself.

　この場合は、He **looked** as if he **was** [**were**] enjoying himself とする必要がある。

9.4 英作文で仮定法をどう使うか
── 仮定法を使うべきところで使えない誤り

すでに述べたように、日本人学習者の場合、可能性の高低、有無の認識を文法形式で表すことに慣れていないため、本来仮定法を使うべきところで使えないことが多い。以下の例を参照。

「もし宝くじで1億円当たれば、あなたはどうしますか。」

この日本文の内容は、常識的に考えて現実に起こる可能性はかなり低いと考えられるので、以下のように仮定法を使うのが自然である。

If you **won** [**should win / were to win**] a hundred million yen in a lottery, what **would** you do?

[注] were to はやや文語的表現。

日本人学習者の場合、可能性の高低を考えずに以下のような直説法を使う誤りが多い。

?? If a nuclear war **breaks out** tomorrow, what **will** you do?

9.5 仮定法と直説法の混在は不自然

学生の書く英作文で以下のような、仮定法と直説法の混合文のような例を見ることがある。

?? If we **become** involved in the political struggle, we **would** suffer a lot.（もしその政治闘争に巻き込まれたら、われわれはずいぶん苦しむだろう。）

この構文は前半は直説法、後半は仮定法的な動詞の用法であり、文法的な統一がとれていない。以下のように直説法あるいは仮定法で統一すべきである。

直説法: If we **become** involved in the political struggle, we **will suffer** a lot.

仮定法: If we **became** involved in the political struggle, we **would** suffer a lot.

　直説法の文では、書かれているような事態が発生する可能性は低くはないというメッセージが感じられるが、仮定法の文では、書かれているような事態が発生する可能性は低く、まずそういうことは起こらないだろうというメッセージが感じられる。

9.6　仮定法過去完了の用法

　仮定法過去は文法的には過去形を使うが、仮定法には過去完了形を使う形もある。文法的には、if 節で〈had + 過去分詞〉を使い、主節で〈would [could, should, might] + have + 過去分詞〉の形をとる。

Example 5　仮定法過去完了の例

If I **had been** in your position, I **would have done** the same thing.（もし私があなたと同じ立場にいたら、あなたと同じことをしていたでしょう。）

（解説）　これは、過去においてありえたかもしれない可能性を述べている文である。過去の事実はすでに定まっていて動かしようがない。ここでは過去の事実は以下のようなものである。

> I was in a different position, so I didn't do the same thing.
> （私は違った立場にいたので、あなたと同じことはできなかった。）

英作文上の注意点

　文法的には仮定法は if を使う形と、主語と動詞を倒置することで if を使わない形がある。一般には if を使うほうが一般的表現であり、倒置構文としての仮定法構文は、やや文語的で堅い表現である。以下の例を参照。

9.6 仮定法過去完了の用法

一般的構文

If we had been there, we would have been shot on the spot.(もしわれわれがそこにいたら、その場で射殺されていたでしょう。)

文語的構文

Had we been there, we would have been shot on the spot.

第 10 章

形 容 詞

　形容詞の用法は、文法的には 1) 名詞にかかる限定用法 (例: **funny stories**) と 2) 動詞の補語としての叙述用法 (例: John is **funny**) がある。

　一般に質のいい英文を書くには、あまり形容詞を使いすぎないほうがよいとされるが、それは、特に客観的事実を描写する文章の場合、主観・印象を表す種類の形容詞 (例: beautiful, wonderful, stupid, excellent) はなるべく控えめがよいという意味である。

　日本人が英文を書く場合、形容詞の用法で迷うのは以下の点が多い。

1) 同じような意味の形容詞のうち、どれが自分の意図に適したものかという適語選択の問題。
2) 限定用法の場合、どういう名詞と結びつくか、また叙述用法の場合、主語と形容詞の結びつきは意味・構文の観点から適切かという問題。

　これらのほかには、形容詞を並列する場合の順序の問題、また、限定用法、叙述用法のどちらで使用するか、などの問題もある。

　この項では基本的には、類義語比較の視点を中心に据えながら、基本的な事例・項目を選んで記述を進めることにしたい。

10.1 「頭がよい」「かしこい」の意味を表す clever, intelligent など

10.1.1 clever について

日本語で「頭がよい」「かしこい」という表現は、英語では状況に応じていろいろな表現がある。

clever は「頭がよい、頭の回転がはやい、かしこい」という意味を表す一般語。日本人学習者にとって、clever は「ずるがしこい」という意味と結びついている場合があるが、clever にその意味はない。(英語で、相手をだますような「ずるがしこい」にあたるのは cunning, sly などがある。) clever は以下のように、girl や boy と結びつく頻度が高い。

Rachel is a **clever girl**. (レイチェルは頭のいい女の子です。)
Steven is a **clever boy**. (スティーブンは頭のいい少年です。)

clever の同義語としては bright, smart などがあるが、頻度からいえば bright は、a bright colour (明るい色)、bright green (明るい緑) など、本来色彩の明るさを表す意味で使われる傾向があり、「頭がよい」という意味での使用頻度は clever よりも低い。また、smart はアメリカ英語では clever と同じ意味で用いられる傾向があるが、イギリス英語では neat and stylish (見栄えがする、かっこいい) の意味で使われる傾向がある。以下の例を参照。

You look very **smart** in that suit. (君はそのスーツを着るととってもかっこいい。)

10.1.2 intelligent と intellectual

intelligent と clever は「頭がよい」「物覚えが早い」という意味でほぼ同じように使えるのに対し、intellectual は「知識が豊かで知的である」という意味で使われる。両者の使い分けの例としては、以下を参照のこと。

1. Peter is an **intelligent** rabbit.
2. ?? Peter is an **intellectual** rabbit.

ウサギのなかにも物覚えのいいウサギがいるので intelligent は可だが、知識や学識の豊富なウサギはいないので、2の例文はきわめて不自然。

10.1.3　clever と wise

日本語でいえば clever も wise もともに「かしこい」という訳語をあてることが可能だが、両者の意味は異なる。clever が「頭の回転が速い」「物覚えが早い」という意味であるのに対し、wise は「感覚とセンスがよく、物事の正しい判断ができる」という意味で使われる。頻度としては、wise は以下のような It 〜 to do の枠で使われる傾向がある。

Example 1　It is wise to do ...
　It is wise to keep a watchful eye on how they behave.（彼らの振舞い方に充分注意をしておくことは賢明だ。）

(解説)　It is wise ... のように仮主語 It の構文の場合、文法的には wise の意味上の主語を前置詞 of の次に置くことができるが、実際の頻度はかなり低い。以下の例を参照。

　　低頻度：It is wise **of* you** to keep a watchful eye on how they behave.

　　［注］　この場合の前置詞は of であって for ではない点に注意。

また、It is wise ... よりも頻度は低いが、you などの人称主語で始めて wise to do の形になる場合もある。その場合、助動詞 would とともに以下のような使われ方が比較的多い。

Example 2　You would be wise to do ...
　You would be wise to tell the president about your plan as soon as possible.（なるべく早く、学長にあなたの計画について伝えておくのが賢明でしょう。）

10.2　「確かな」の意味を表す certain, sure

certain も sure も、日本語の「確実な」「確かな」の意味にほぼ当たる。ただし、用法が異なるので英作文では注意を要する。

10.2.1　限定と叙述で意味が異なる certain

certain は X is certain のように、叙述用法の場合は、「確かな」「確実な」という意味で用いられるが、a certain X のように、名詞にかかる限定用法の場合、「ある」「某」などの、特定を避ける意味合いで使われるのが一般的である。

叙述用法としては、以下の例のように直後に that 節を従える頻度が高い。

Example 3　certain that ...

It is almost certain that, in this century, more and more countries will suffer from water shortages.（今世紀、水不足で苦しむ国が増えることはほとんど確実である。）

(解説)　certain が that 節を従える場合、例文のように It を仮主語として立てる構文が多い。

certain の叙述用法としては、以下の例のような X is certain to do ... の構文も頻度が高い。

Example 4　X is certain to do ...

Our party is certain to win in the upcoming election.（今度の選挙でわが党は必ず勝つ。）

注意すべきは、certain は限定用法も非常に頻度が高く、以下のような順位で名詞と結びつきやすい点。

① amount　② circumstances　③ types　④ things
⑤ areas　⑥ extent

上にあげたような名詞と限定的に結びつく場合、「ある一定の」「某」

など、特定性を避ける意味合いになる。

Example 5　certain X ...
1. You should spend **a certain amount** of money to improve your English.（英語の実力を上げるには、ある程度のお金を使わなければならない。）
2. In **certain circumstances** even docile children become aggressive.（ある環境では［環境次第では］おとなしい子供も攻撃的になる。）

10.2.2　sure と certain — It is sure は不自然

certain と sure の用法の大きな違いは、It is certain that ... はごく一般的用法だが、It is sure that ... はまれな用法である点。sure は以下の例のように、人称主語（特に I）と結びつく頻度が非常に高い。

Example 6　I'm sure ...
I'm sure you'll be pleased with my offer.（きっと私の申し出を喜んでいただけると思っています。）

(解説)　I'm sure は口語的用法であるため、この例のように that 節の that を省略することが多い。

X is sure to do と X is certain to do
to 不定詞をあとに従える点では、sure と certain は互換性があるといえる。

Example 7　X is sure [certain] to do ...
Our country is **sure [certain] to win**.（わが国は必ず勝つ。）

命令文では sure
命令文では sure は使われるが、certain は不自然。以下の例を参照。

　○ **Make sure** that all the doors are locked.（すべてのドアに鍵がかかっていることを確認しなさい。）

○ **Be sure** to fill in this form.（必ずこの書類に記入してください。）
?? **Be certain** to come tomorrow.（明日必ず来てください。）

なぜ sure は命令文で可能で、certain は不自然なのかの理由は、sure は「あることが確実かどうか、あるいは確実になるように他に働きかける」意味合いがあるのに対し、certain は「あることが確かである、確実である」という陳述の意味合いが主だからであろう。

10.3 「驚くべき」の意味を表す surprising, amazing など

surprising, amazing, astonishing, startling, astounding はすべて「驚くべき」という共通の意味を持っている。使用頻度では surprising が最も高く、「驚くべき」という意味を表す最も一般的表現といえる。これらのなかで特に使用頻度の高い surprising と amazing に焦点を当てて記述したい。

10.3.1 surprising の用法

surprising の最も大きな特徴の1つは、not surprising, hardly surprising などのように否定的な用法が非常に多いという点。以下に例を示す。

Example 8　not surprising

It is **not surprising** that Mike was made redundant.（マイクが解雇されたのは驚くにはあたらない。）

(解説)　この not の位置には hardly も多く使われる。surprising に関して否定辞が結びつきやすいということは、surprising が使われる文脈の特徴として、「～は当然である」「～は充分な理由があることである」という文意を伝えるための表現手段として使われやすいということが考えられる。もちろん、肯定的に X is surprising（X は驚くべきことだ）という用法も少なくはないが、surprising が否定詞と親和性が高いことは、英作文の際留意し

ておく必要がある。

10.3.2 amazing の用法

否定詞と結びつきやすい surprising と異なり、amazing は肯定的文脈で使われる一般表現といえる。一般的に、単なる驚きではなく、まるで奇跡を見るような大きな驚きを表しやすい。以下の例を参照。

Example 9 amazing

This new mobile phone is quite **amazing**.（この新しい携帯は実に驚くべき製品だ。）

(解説) amazing は、特にすばらしいもの、目を見張るような現象、奇跡的な事柄に対する驚きを表すことが多い。

surprising や amazing ほど使用頻度は高くないが、よりいっそう大きな驚きを表す場合には、astonishing, startling, astounding などが使われる。

10.4 「幸せな」「幸運な」の意味を表す happy, lucky, fortunate

10.4.1 happy の用法

happy の次に来る要素は、以下の 2 つが最上位頻度。

① to　　② with

①の to は不定詞が続く形。

Example 10 happy to do ...

I'm **happy to tell** you about this.（あなたにこのことについてお知らせできて、うれしいです。）

(解説) happy という単語を見ると「幸福な」「幸せな」という意味が浮かぶ日本人学習者が多いように思われるが、使用実態からいえば、ここでの例のように、ある特定の時期のある事柄について

10.4 「幸せな」「幸運な」の意味を表す happy, lucky, fortunate

「〜するのはうれしい、喜びである」という意味合いで使われることが多い。

happy の次には、例えば I'm happy that you joined us (あなたが仲間に加わってくれてうれしい) などのように、that 節も可能ではあるが、頻度でいえば that 節は to 不定詞の 10 分の 1 以下である。

②の with は前置詞として、次に名詞を従える構造。以下の例を参照。

Example 11　happy with ...

1. Are you **happy with** my explanation? (私の説明に納得されましたか。)
2. I'm not very **happy with** the request from the head office. (本社からの要求には納得がいかない。)

(解説) 日本人学習者の習得率が低いのは、この種の happy の用法である。ここでの happy は satisfied とほぼ同じ意味を持ち、しかも使用頻度からいえば happy のほうがより口語的で、より一般的表現といえる。この場合の happy は、日本語でいえば「満足な」「納得できる」というような意味合いである。

It is happy that ... は不自然

happy の主語は、happy と感じることのできる主体が来る。したがって通例、人物や人物の存在が前提となる組織 (例: school, government) は主語となりうるが、いわゆる仮主語 It の構文で、It is happy that ... のような形で使うのはきわめて不自然。ただし、仮主語としてではなく、具体的に前に出た名詞を受けるような場合、その名詞句を it で受けて、名詞にかかる限定用法として happy を使うのはごく一般的用法。以下の例を参照。

It (the film) had a **happy ending**. (その映画はハッピーエンドで終わった。)

10.4.2 happy と lucky

この両者の意味は、happy が、「うれしさ、満足、幸せ」などの意味を表すのに対して、lucky は、「幸運である」という意味合いが強い。lucky の場合、あとに続くのは以下の要素が頻度が高い。

① to　　② .　　③ ,　　④ enough

①の to は happy と同様、to 不定詞。

Example 12　lucky to do ...

He was **lucky to be** with a doctor when he was taken ill.（病気になったときに医者と一緒だったのは、彼の幸運だった。）

(解説)　happy と異なり、lucky は以下の例のように、enough と結びつきやすいという特徴がある。

Example 13　lucky enough ...

I was **lucky enough** to find a job at a leading bank.（幸運なことに一流銀行で仕事が見つかった。）

(解説)　enough のあとは例文のように、to 不定詞がつながる。

It is [was] lucky that ... は可

happy と異なり、lucky は仮主語 It を立てて that 節をとることができる。

Example 14　It is [was] lucky that ...

It was lucky that I'd had a chance to study abroad for such a long time.（ずいぶん長いこと海外留学ができるチャンスに恵まれて幸運だった。）

(解説)　この文で、It の代わりに、I を主語に立て、I was lucky that ... とすることもできる。

10.4.3 lucky と fortunate

lucky とほぼ同じ意味ではあるが、lucky よりややフォーマルな文体に属するのが fortunate。

fortunate の次に来るのは以下の要素が最も頻度が高い。

① to ② in ③ enough ④ that

用法の点でも lucky と fortunate は類似点が多い。

Example 15 fortunate to do ...
We were **fortunate to** find a solution to the diplomatic problem.
（その外交問題の解決策が見つかったことは幸運であった。）

(解説) この場合、fortunate の代わりに lucky を置いても意味は変わらない。
　　この例文は以下のように、to 不定詞の代わりに in + ～ing で言い換えても意味はほぼ同じ。

We were fortunate **in finding** a solution to the diplomatic problem.

また、以下のように、that 節を使うことも可。

We were fortunate **that** we found a solution to the diplomatic problem.

that 節を使う場合、仮主語の It で始めることもできる。

It was fortunate **that** we found a solution to the diplomatic problem.

10.5 「病気で」「気分が悪い」の意味を表す ill, sick

ill も sick も、基本的には「病気、体調不良」などの意味を表すが、意味・用法は必ずしも同じではない。

基本的には ill も sick も叙述用法が多い。つまり X is ill [sick] とい

う構文が基本的用法である。どちらも be 動詞と結びつく頻度が高いが、「病気になる」「病気にかかる」という意味合いのとき、それぞれ結びつく一般動詞に特徴がある。

10.5.1 ill の用法

ill の場合、be 動詞以外には、以下の動詞と結びつく頻度が高い。

① be taken　② become　③ fall

Example 16　be taken ill

He **was taken ill** and died soon.（彼は病気になって、まもなく死亡した。）

(解説)　この場合、be taken ill より若干頻度は低いが、以下のように become や fall を使うこともできる。

　　He **became [fell] ill** and died soon.

限定用法の ill

ill は叙述用法が基本的には多いが、代表的な例として、以下の名詞と結びついて限定的にも使うことができる。

① health　② people　③ patient

Example 17　ill health

There are quite a few misconceptions about **ill health** in old age.（老年期の健康障害については少なからぬ誤解がある。）

(解説)　この場合、ill より頻度は低いが poor で置き換えて、poor health とすることもできる。

10.5.2　be 動詞以外の動詞と sick の結びつき

sick も ill と同様、be 動詞と結びつく頻度が高いが、be 動詞以外では以下の動詞と結びつく。

① feel　② get

Example 18　feel sick
I **felt sick** when I saw the squashed cat.（ぺちゃんこになった猫を見たとき、気分が悪くなった。）

(解説)　ill と異なり、sick には「気分が悪くなって吐き気をもよおす」という意味があり、その意味で使われることも多い。

be sick of の用法
sick のあとには高い頻度で of が結びつく。be sick of は、be fed up with, be weary of などとほぼ同様に、「～にうんざり」「～に嫌気がさす」などの意味を表す。

Example 19　be sick of
I'm sick of Ted; he's always complaining.（テッドにはうんざりだ。いつも文句ばかりだ。）

make someone sick の用法
sick は動詞 make と結びつく頻度が高く、make ～ sick で「～をうんざりさせる」「～の気分を害する」などの意味になる。

Example 20　make someone sick
His destructive behaviour **made me sick**.（彼の、物事をぶち壊すような態度に私はうんざりした。）

10.6　形容詞的に用いられる分詞

　日本人学習者にとって、形容詞として用いる現在分詞と過去分詞（ここでは以下、分詞形容詞と呼ぶ）は、英作文の際に間違えやすいので注意を要する。典型的な例について、ing 形、ed 形をペアにして見ていく。

典型的な誤りの例
　分詞形容詞で日本人学習者が苦手とするのは、ed 形よりむしろ ing

第10章　形容詞

形の用法である。例えば「あなたはショックを受けましたか」「あなたは退屈ですか」をそれぞれ英訳させると、以下のような英文を書く傾向がある。

1. ?? Are you **shocking**?
2. ?? Are you **boring**?

このままの英文でも一応意味は成立する。(1 は「あなたは人にショックを与えるような人間ですか」、2 は「あなたは人を退屈させる人間ですか」という意味。)しかし日本文の意味にするには当然、それぞれ shocked, bored を使うべきところ。

ing 形、ed 形の使い分けのポイント

基本的には、ing 形は他に働きかける、ed 形は何らかの働きを受ける、という働きの違いがある。抽象的な原理的説明だけでは、その違いがわかりにくいので、いくつかの具体的な例でその違いを確認したい。

10.6.1　exciting と excited

Example 21　exciting

限定用法

It was the most **exciting** experience I had ever had. (それは私の体験のなかで最も感動的なものだった。)

叙述用法

1. This story is very **exciting**. (この物語はものすごく感動的だ。)
2. It's really **exciting** to talk to you. (あなたとお話しするのは実におもしろい。)

(解説)　exciting は「感動させる」「わくわくさせる」「興奮させる」といった意味で、文法的には X is exciting の X や、exciting X の X にあたる部分には、感動や興奮を与えるものや人が来る。

Example 22　excited
叙述用法

We were **excited** by the results of the experiment.（われわれは実験の結果に興奮した。）

(解説)　excited は「感動した［させられた］」「わくわくした［させられた］」「興奮した［させられた］」といった意味で、文法的には X is excited の X や、excited X の X にあたる部分には、感動や興奮を与えられたものや人が来る。excited は限定用法よりも叙述用法の頻度が高く、直後には前置詞の by, about、頻度は低いが with, over などが可能。また to 不定詞が来ることも多い。by 以下がつながるときは、分詞形容詞というよりは他動詞の受身形と考えることもできる。

10.6.2　disappointing と disappointed

用法の特徴としては、disappointing, disappointed ともに叙述用法が主。

Example 23　disappointing
1. The results of the term-end exams were very **disappointing**.（期末試験の結果には、とてもがっかりだった。）
2. It is **disappointing** that no consensus has been reached as yet.（まだコンセンサスが得られていないのは、がっかりだ。）

(解説)　disappointing は「がっかりさせる」「失望を与える」といった意味で、文法的には X is disappointing の X や、disappointing X の X にあたる部分には、がっかりさせるものや人、失望を与えるものや人が来る。

　　disappointing の場合、使用実態としては、X is [was] disappointing という形で、あとに何も置かない形が最も多い。あとに続く要素としては、that 節や to 不定詞などが比較的多い。

Example 24　disappointed
1. I was **disappointed**.（私は失望した。）

2. I was **disappointed** that they got me wrong.（彼らが私を誤解したのにはがっかりした。）

(解説) disappointed は「失望した［させられた］」「がっかりした［させられた］」といった意味で、文法的には X is disappointed の X や、disappointed X の X にあたる部分には、失望した［させられた］ものや人が来る。

　disappointed も disappointing と同様、使用実態としては、X is [was] disappointed という形で、あとに何も置かない形が最も多い。あとに続く要素としては、that 節や with, by, at などの前置詞が多い。前置詞としては in も可だが、in の場合、そのあとに、以下のように人を対象とする例が目立つ。

　I'm **disappointed in** you.（あなたにはがっかりだ。）

10.7　注意すべき形容詞の構文

　英作文の観点からは、以下のような構文は、日本人学習者が間違えやすい形容詞構文である。

1. This dictionary is **easy** to use.（この辞書は使いやすい。）
2. John is **tough** to handle.（ジョンは扱いにくい人間だ。）

上の 1 と 2 はそれぞれ以下のように、仮主語 It を立てて書き換えることができる。

1′. It is easy to use this dictionary.
2′. It is tough to handle John.

　1, 2 の構文上の特徴は、主語に来る要素が動詞の目的語でもあるという二重の働きをしている点にある。1 の場合、This dictionary は文の主語でもあり、同時に動詞 use の目的語でもある。同様に、2 では John は文の主語でもあり、同時に動詞 handle の目的語でもある。

　実際の使用頻度からいえば、1, 2 型の構文よりも、仮主語 It の構文のほうがより一般的であり、日本人学習者の観点からも仮主語構文の

ほうが使いやすいが、主語の働きの二重性に特徴のある 1, 2 型の構文
も習得すべき重要構文といえる。

1, 2 型の構文で使われる形容詞は、以下の例のように難易を表すも
のや快不快を表すものが多い。

> hard, easy, simple, tough, difficult, safe, dangerous, comfortable, convenient, interesting, boring, exciting, relaxing

英作文上の盲点 — 文末の前置詞を忘れやすい

例えば、「このカーペットは歩き心地がいい」という日本文を英訳し
た場合、以下の 2 通りが考えられる。

1. It is comfortable to walk on this carpet.
2. This carpet is comfortable to walk **on**.

1 の仮主語 It の英文のほうが、This carpet で始める 2 の英文に比べ
て、日本人にとっては書きやすいようである。2 は前置詞の on で終わ
るという感覚がなかなかつかめないため、日本人学習者にとっては難
しいと感じられる。実際には、2 の構文を書こうとしても、つい前置
詞の on を書き忘れることになりやすい。

10.8　名詞の限定形容詞的用法

英作文の観点から、迷うことが多いのは、分類上明らかに名詞であ
りながら、あたかも限定形容詞のように他の名詞に直結する場合であ
る。書く側からいうと、果たしてそのままの名詞の形で他の名詞につ
なげていいのかどうかわからないということがよく起こる。

例えば「語学学校」ならば、language という名詞をそのまま使って
language school という 2 つの名詞を並列する言い方は、別に違和感も
なく、わざわざ language を形容詞的に linguistic としなければならな
い、という気持ちは働かない。しかし、「ベートーベンの交響曲集」が
the Beethoven symphonies となるというのは、かなりの違和感がある。
これも個別のベートーベンの作品で例えば、「ベートーベンの第 5 交
響曲」というときは名詞の所有格という形で、Beethoven's Fifth Sym-

phony となるので余計混乱するわけである。

日本人学習者の観点からは多少の違和感はあるが、名詞(句)が限定形容詞的に他の名詞につながる例をいくつか紹介しておきたい。

a) 名詞の所有格にするかどうかで迷う例

19th century Japan (19世紀の日本)

[注] 19th century's Japan とすべきかどうかで迷う。あるいは Japan in the 19th century (これも可) とすべきかどうかで迷う。

Mozart sonatas (モーツァルトのソナタ集)

[注] Mozart's sonatas とすべきかどうかで迷う。

Pentagon officials (アメリカ国防総省の役人)

[注] Pentagon's officials とすべきかどうかで迷う。

b) 形容詞形にするかどうかで迷う例

suicide bombing (自爆テロ)

[注] suicidal bombing とすべきかどうかで迷う。

surprise attack (奇襲攻撃)

[注] surprising attack とすべきかどうかで迷う。

education system (教育制度)

[注] educational system とすべきかどうかで迷う。どちらも可だが、education system のほうがより一般的。

c) 前置詞句つきで書いたほうがいいかどうかで迷う例

communication skills (コミュニケーションの技術)

[注] skills in communication とするかどうかで迷う。

Oxford coach (オックスフォード行きの長距離バス)

[注] coach for Oxford とすべきかどうかで迷う。

technology transfer (技術の移転)

[注] transfer of technology とすべきかどうかで迷う。

dictionary definitions (辞書の定義)

[注] definitions in dictionaries とすべきかどうかで迷う。

teacher training (教員養成)

[注] training of teachers とすべきかどうかで迷う。

student evaluation (学生による授業評価)

[注]　evaluation by students とすべきかどうかで迷う。

10.9　'極端な程度・意味' を表す形容詞

　形容詞のなかにはそれ自体が極端な程度を表し、very, really, absolutely などの程度を強める強意の副詞を通常つけないものがあるので、英作文上注意を要する。以下に例をあげる。

awful, brilliant, excellent, extreme, perfect, terrible, unique

　これらの形容詞は、それ自体が極端な意味を持っているという点で共通している。例えば unique は他に類例がなく、まったく独自という意味であるため、very unique とはいわないのが普通である。同様に、excellent は extremely good という意味なので、これも very などで修飾するのはおかしい。terrible は very bad ということなので、これも very terrible とはいわない。

　コーパスなどではまれに very unique, very excellent などの例を見ることはあるが、一般的に使われているとはいえない程度の頻度なので、特に外国語として英語を学ぶ立場では使わないほうが安全である。

第 11 章

副　詞（句）

　副詞（句）は一般的には動詞、形容詞、副詞を修飾する働きがある。そのほかに、名詞を修飾する場合や、文全体を修飾する場合もある。文法的には、副詞（句）の最大の特徴は他の品詞に比べ、文中での位置が比較的自由であるという点である。そのことがむしろ、日本人学習者が英文を書く際、副詞（句）の位置を必ずしも適切な場所に置けない原因となっている。

　この項では、網羅的に副詞全般を扱うのではなく、英作文の観点から特に注意を要する要素を取り上げて記述を進めたい。

11.1　副詞（句）の位置 — 修飾する語句のなるべく近くに

　すでに述べたが、副詞の特徴は比較的文中での位置が自由な点であり、むしろそのことで英文を書く場合、副詞の位置が混乱しやすい。日本人学習者は以下のような、副詞（句）の位置に問題のある英文を書く傾向がある。

11.1.1　動詞を修飾する副詞の位置

Example 1　動詞を修飾する副詞の位置 [1]

? The Iraqi government advised the journalist to stop working in Iraq **strongly**.（イラク政府は、そのジャーナリストにイラク国内での取材をやめるよう強く忠告した。）

(解説) この例文では、副詞である strongly が意味上直結するはずの advised から遠く離れていて、意味が曖昧になっている。strongly は、以下のように advised の直前に置くのがよい。

○ The Iraqi government **strongly** advised the journalist to stop working in Iraq.

Example 2　動詞を修飾する副詞の位置 [2]

? I was told to work harder **by my parents**. (私は両親からもっと勉強するようにいわれた。)

(解説) この文では、by my parents という副詞句の位置が適切ではない。この位置では、前置詞 by と直前の語句との関係から、「両親のそばでの勉強」とも解釈でき、意味が曖昧になる。by my parents は以下のように told の直後に置くのが適切。

○ I was told **by my parents** to work harder.

Example 3　動詞を修飾する副詞の位置 [3]

? The president has told us to confirm that there are no more complaints from customers **by three o'clock this afternoon**. (お客様からのクレームがこれ以上ないかどうか、今日の午後3時までに確認するよう社長からいわれている。)

(解説) この例文では by three o'clock this afternoon という副詞句は意味上、動詞 confirm と直結すべきだが、文末に置かれていて意味が曖昧になっている。以下のように confirm の直後に置くのが適切。that 節は confirm の目的語であり、通常は〈動詞＋目的語〉の結びつきの強さから考えると、両者のあいだに別の要素を入れるのは違和感があるが、場合によっては動詞と目的語のあいだに副詞句を挟んで意味を明確化する必要がある。

○ The president has told us to confirm **by three o'clock this afternoon** that there are no more complaints from customers.

11.1.2 時間副詞の位置

日本人学習者の場合、英作文で、時間副詞を不必要なまでに文頭に置く傾向がある。これはおそらく「<u>きのう</u>カラオケに行った」「<u>8月5日に</u>出張で東京に行きます」などのように、日本語では時間副詞を文頭に置いて表現するのが一般的だからだと考えられる。

英語では、新旧情報の対比、あるいは文の長さや強調の必要性などのファクターがからんでくるので一概にはいえないが、時間副詞は文頭よりも文末や文中に置かれる割合が比較的高い。

Example 4　yesterday の位置 ― 文末が一般的

Yesterday, I went to the karaoke bar with my friends.（きのう友達と一緒にカラオケに行った。）

(解説)　この文では、特に yesterday を強調する理由がある場合や、前の文とのからみがなければ、あえて yesterday を文頭に置く理由はない。前の文で例えば、What did you do **yesterday**?（昨日は何をしましたか）という問いかけがあり、それに対する答えならば、旧情報である yesterday をオウム返しに受ける形で文頭に置いて、この例文のようにいうのがむしろ自然だが、全体が新情報である場合、時間副詞である yesterday は以下のように文末が一般的。

> I went to the karaoke bar with my friends **yesterday**.

実際の使用実態からいうと、yesterday の用法に関しては、この例文のように文末に置かれて、あとにピリオドが来る頻度が非常に高い。ここでは yesterday を例にとって述べたが、tomorrow や this afternoon などの他の時間副詞の場合も同様のことがいえる。

Example 5　ten years ago の位置 ― 文末が一般的

Ten years ago(,) I was in London.（10年前私はロンドンにいた。）

(解説)　ここで時間副詞の ten years ago が文頭に置かれているのは、1)

何らかの理由でこの時間副詞を強調する理由がある（例：過去に焦点を当てて、20年前、10年前など、時系列で自分の履歴を振り返っている場合など）、2) Where were you ten years ago? などの質問に答える場合に受け答えを自然にする必要から、などの理由が考えられる。もし1) か2) の状況でこの英文が書かれたのであれば、充分正しいといえる。しかし、もしもこの英文が上記の1)、2) に該当しない、ごく普通の状況でいわれたとすれば、やや不自然な時間副詞の置き方といえる。

ついでにいうと、Ten years agoの次のカンマが必要かどうかについては、あってもなくても可といえる。

結論をいえば、この場合のten years agoは無条件的な状況であれば、以下のように文末に置くのが一般的である。

I was in London **ten years ago**.

Example 6　**on 15 August(,) 1945 の位置 — 状況次第**

World War II ended **on 15 August(,) 1945**.（第2次世界大戦は1945年8月15日に終わった。）

解説　この例文はごく一般的な時間副詞の置き方といえる。あえていえば時間副詞よりも、大戦が終わったという事実が強調されているといえる。もし終わった時点を特に強調したいのであれば、以下のように文頭に時間副詞を置くのがより自然である。

On 15 August(,) 1945(,) World War II ended.

ついでにいうと、Augustのあとのカンマ、1945のあとのカンマは省略可能である。現代英語はどちらかというと under-punctuation（あまり句読法を用いない）時代だといわれており、一般的傾向としてはこのような場合カンマなしのほうが多いようである。

時間副詞の語順

英語の時間副詞の並べ方は、単位の小さいほうから大きいほうの順

に並べる。日本語の場合とは逆になる。例えば、「その自爆テロは2007年10月13日朝9時15分に起こった」を英訳すると、以下のようになる。

The suicide bombing occurred **at 9:15 am on 13(,) October(,) 2007**.

すでに述べたが、13の次のカンマ、Octoberの次のカンマは省略可。

時間副詞と場所副詞 — 英語では場所・時間の順が普通

日本語では「昨日新宿で発砲事件が発生した」などのように、時間副詞のあとに場所副詞を置く傾向があるが、英語では通例、場所副詞を先に置いて時間副詞をあとに置く。以下の例を参照。

A shooting occurred **in Shinjuku yesterday**.

これを、順序を逆にしてThere was a shooting **yesterday in Shinjuku**とするのはきわめて不自然。ただし、強調その他の理由で、時間副詞か場所副詞が、以下の例のように文頭に出る可能性はある。

Yesterday, a shooting occurred in Shinjuku.
In Shinjuku, a shooting occurred yesterday.

11.2 文修飾副詞 — 構文の簡略化に役立つ

副詞は動詞、形容詞、副詞、名詞などの語句レベルだけでなく、文全体を修飾する働きを示す場合がある。文修飾副詞を使う利点は、文構造が簡略されるという点である。以下に例をあげて示す。例として、「中国が世界中で友人や同盟国を獲得しようと必死になっているのは明らかである」という日本文を英訳するとする。

(A) **It is obvious that** China is desperate to win friends and allies all over the world.
(B) **Obviously**, China is desperate to win friends and allies all over the world.

上の (A) も (B) も、どちらも同じ意味を表す正しい英文である。ただ、(A) のほうは仮主語を立てて全体が複文構造になっており、It 構文のなかの動詞の時制・数も決めなければならないのに比べて、(B) は It 構文の代わりに副詞 1 語だけで済ませることができ、その分時制・数の問題は (A) に比べて 1 つ少なく、効率的な表現となっている。文修飾副詞の位置は、文頭が一般的だが、文中にも用いられる。

一般的な文修飾副詞を使用頻度順に並べると、以下のようになる。

① certainly ② clearly ③ obviously ④ unfortunately
⑤ surprisingly ⑥ fortunately ⑦ evidently ⑧ strangely
⑨ interestingly

英作文の観点から、特徴のあるいくつかを選んで検討してみる。

11.2.1　surprisingly

文修飾副詞としての surprisingly の大きな特徴は、形容詞 surprising とほぼ同じように、not と結びつきやすいという点。surprisingly の用法の 3 割程度は not surprisingly であるということは注目に値する。以下の例を参照。

Example 7　surprisingly の用法
1. **Surprisingly**, my car was gone when I woke up.（驚いたことに、目が覚めたら車がなくなっていた。）
2. **Not surprisingly**, the couple split up.（あの夫婦が離婚したのは別に驚くにはあたらない。）

(解説)　2 のように、not を伴う用法が目立つのが surprisingly の特徴。形容詞の surprising の場合と同様、当然・当たり前と考えられている内容の枕ことば的に使われる傾向があるといえる。

11.2.2　strangelyとinterestingly ── enoughと結びつきやすい

strangely と interestingly の特徴は、直後に副詞 enough と結びつきやすい点。以下の例を参照。

第11章 副詞（句）

Example 8　strangely, interestingly の用法
1. **Strangely enough**, the swing began to swing with no one playing on it.（奇妙なことに、ブランコが誰も乗っていないのに動き始めた。）
2. **Interestingly enough**, I happened to be in a similar situation like yours.（おもしろいことに、私はあなたと同じような状況に偶然いた。）

11.2.3　文修飾副詞的な働きの poor

口語文体に属するが、形容詞としての poor がコメント的に話者の気持ちを表し、意味的には全文にかかるような働きをする場合がある。以下の例を参照。

Example 9　副詞的な poor の用法
Poor Jack lost all the money he'd saved for ten years.（気の毒なことに、ジャックは10年間貯めこんだお金をすべてなくしてしまった。）

[解説]　ここでの poor は意味的には、Jack だけを修飾しているのではなく、Jack lost all the money he'd saved for ten years という事態全体がかわいそうだといっている、と考えるのが妥当である。使用実態としては、以下の例のように poor の次に old が置かれることも多い。

> **Poor old** John was left alone at home.（気の毒にジョンはひとりぼっちで家にとり残されてしまった。）

この場合の old は必ずしも年寄りという意味ではなく、話者の同情や気遣いの現れであることが多い。

11.3 「確かに」「まさに」などの意味を表す certainly, exactly, absolutely など

　これらの副詞は日本語でいえば「まさに」「ぴったり」「確かに」などにあたる副詞句。使用頻度では certainly, exactly, absolutely, precisely, definitely の順になる。

11.3.1 certainly の用法

　certainly は文修飾副詞としての用法も多いが、動詞・形容詞・副詞を修飾する一般の副詞としての用法も多い。

Example 10　almost certainly

There will **almost certainly** be another conflict in this area within a few months. (数ヵ月以内に、この地域でまた紛争が発生するのはほとんど確実な情勢だ。)

(解説)　certainly の用法は多岐にわたるが、例文のように副詞の almost と直結する例も少なくない。

Example 11　certainly not

My father will **certainly not** allow me to marry you. (うちの父は僕が君と結婚することを絶対許さないだろう。)

(解説)　certainly は、例文のように否定辞 not の意味を強める例も少なくない。

Example 12　certainly not ― 受け答えとして

"Is he the kind of guy who doesn't take no for an answer?" "**Certainly not**."(「彼はいったんいい出したらきかないタイプですか。」「まったくそんなことはありません。」)

(解説)　この場合の certainly は、definitely と置き換えても意味はほぼ同じ。

Example 13　certainly ― 受け答えとして

"Could I have a glass of water, please?" **"Certainly."**（「水を一杯もらえますか。」「かしこまりました。」）

(解説)　この場合の certainly は、Sure あるいは Of course と置き換えても意味はほぼ同じ。

11.3.2　exactly の用法

exactly の次に来る要素は、以下の 3 つが上位。

① what　　② the　　③ ．

Example 14　exactly と what

This is **exactly what** I want.（これがまさに私が欲しいものです。）

(解説)　exactly は what と結びつく頻度が高い。what ほどではないが、その他 how, where, when などの関係詞・疑問副詞と結びつきやすい。

Example 15　exactly と the

You're saying **exactly the** same thing as you did yesterday.（あなたはきのうとまったく同じことをいっている。）

(解説)　exactly の次には、定冠詞 the を伴う名詞句が結びつきやすい。名詞としては same, kind, sort など。

Example 16　exactly ― 受け答えとして

"You mean, you're going to do it by yourself?" **"Exactly."**（「君はそれを自分ひとりでやるということですか。」「その通り。」）

(解説)　exactly の特徴の 1 つは、例文にあるように相手の問いに対する受け答えとして、単独で使われる頻度も決して低くないという点。その際、前に置かれる not と組み合わさって否定的な受け答えを形成する場合も多い。その場合、not は exactly の意味をやわらげる働きがある。以下の例を参照。

　　"You aren't getting along with your colleagues these

days?" "**Not exactly**."（「最近、同僚とあまりうまくいっていないということですか。」「そういうわけでもないです。」）

11.3.3 absolutely の用法

absolutely の次に来るのは、以下の要素が上位4つ。

① no　　② .　　③ right　　④ nothing

absolutely は「絶対に」「まったく」などの強意の意味合いで使われる副詞だが、no, nothing など否定的な語句と結びついて、それを強める用法が目立つ。

Example 17　absolutely no
There is **absolutely no** need to do it.（そうする必要はまったくありません。）

(解説)　no ほど頻度は高くないが、以下のように not と結びついて、それを強める用法もある。

"Do you mean I'm wrong?" "**Absolutely not**."（「私が間違っているといいたいのですか。」「いいえ、まったく違います。」）

Example 18　absolutely nothing
"What's in that room?" "Nothing. **Absolutely nothing**. Don't go into it."（「あの部屋には何があるの。」「何もない。全然何もないんだ。なかに入ってはいけないよ。」）

(解説)　nothing の場合も、この例文のように、absolutely が nothing の意味を強める働きをしている。

11.3.4 precisely の用法

precisely の次に来るのは、以下の要素が上位3つ。

① the　　② what　　③ because

precisely は exactly と同様、the, what と結びつきやすく、意味的に

も同義語といえる。接続詞のbecauseを強める形でprecisely because というつながりが少なくないのは、preciselyの特徴といえる。

Example 19 precisely because

It is **precisely because** nobody has told you the truth that you are in the dark about the matter.（君がその件についてまったく知らないのは、誰も君に本当のことをいっていないからだ。）

11.3.5 definitelyの用法

definitelyは、日本語でいえば「間違いない」「絶対だ」などの意味を表す。definitelyはcertainlyと同様、あとにnotを従えて、notの意味を強める場合が少なくない。以下の例を参照。

Example 20 definitely not

Hatred is **definitely not** what should be taught.（憎しみは教育で学ぶべきものでは絶対ない。）

definitelyは「絶対だ」という意味で受け答えとして使われる例も多い。以下の例を参照。

Example 21 definitely ─ 受け答えとして

"Will she win the beauty contest?" "**Definitely**."（「彼女は美人コンテストで優勝するだろうか。」「間違いないよ。」）

11.4 「ほとんど」「ほとんど〜でない」などの意味を表す hardly, hardly ever など

11.4.1 hardlyの用法

hardlyもhardly everも、日本語でいえば「ほとんど〜でない」という意味を表す同義語ではあるが、英作文上注意を要するのは、hardlyは量的な意味で「ほとんど〜でない」という意味を表すのに対して、hardly everは頻度・回数的な意味で「ほとんど〜でない」という意味を表す点。

11.4 「ほとんど」「ほとんど〜でない」などの意味を表す hardly, ...

hardly が結びつく動詞・助動詞は、could, can, is, was, were の場合が非常に多い。以下に典型的用法を示す。

Example 22　could hardly

When I saw what the killer earthquake had brought, I **could hardly** believe my eyes.（私はそのすさまじい地震のあとを見て、(そのあまりのすさまじさに) 自分の目をほとんど信じることができなかった。）

(解説)　hardly が could と結びついた場合、比較級表現と結びついて最上級の意味を表す場合が少なくない (p. 233 参照)。以下の例を参照。

> The timing of the complaint about the faulty pension system **could hardly be better**.（年金システムの欠陥についてクレームをつけるタイミングとしては、いまがおそらく最高だろう。）
> The situation facing us **could hardly be worse**.（現在われわれが直面している状況は最悪に近い。）

ここでの例に見られるように、could は過去の意味ではなく、現在に関する推量的な意味で用いられることが多い（助動詞の用法については p. 92 参照）。

11.4.2　hardly ever の用法

hardly に対して hardly ever は「めったに〜しない」という意味で、頻度にかかわる意味を表す。

Example 23　hardly ever

Henry **hardly ever** met her father.（ヘンリーは父親に会うことはほとんどなかった。）

(解説)　「めったに〜しない」という意味では almost never も可能だが、hardly ever のほうがよく使われる。

英作文上の注意点 — hardly と hardly ever の違いに注意

英作文でよく見られるのは、hardly ever を使うべきところで、以下のように hardly を使ってしまう誤り。

× My father **hardly** washes his car.
○ My father **hardly ever** washes his car.
（うちの父はめったに車を洗わない。）

「洗車」は量的にとらえるのではなく、回数・頻度で考えるのが普通。

11.4.3 hardly と scarcely

hardly と scarcely はどちらも「ほとんど〜でない」という意味を表すが、使われるのは hardly のほうが多い。

Example 24 scarcely の用法 — hardly ほど一般的でない
Jane **scarcely** complained about her bad fortune.（ジェーンは自分の不運についてほとんどこぼさなかった。）

(解説) この場合、scarcely を hardly で置き換えても意味は変わらない。

11.4.4 almost の用法に関しての英作文上の注意点

日本人学生に「彼らはほとんどが少年だった」を英訳させた場合、以下のような誤った almost の使い方が目立つ。

× They were **almost boys**.

この文の意味は「彼らはほとんど（あと一歩で？）少年だった」となり、明らかに誤り。以下が正しい。

○ **Almost all of them** were boys.

形容詞や副詞の前の almost は、almost empty（ほとんどからっぽ）、almost always（ほとんどいつも）などのように意味が成立するが、名詞の前に almost を置く場合、all や every を置いてほとんどすべてと

いう意味を表す。almost people のように、almost の次に名詞を直結させるのは誤り。

11.5　頻度を表す副詞句の程度の順位

頻度を表す副詞（句）の程度順を以下に示す。

① always　　② usually　　③ often, frequency　　④ sometimes
⑤ occasionally, once in a while, from time to time
⑥ seldom, rarely　　⑦ hardly ever　　⑧ never

①の always を頻度指数 100 とすれば、⑧の never は 0 である。④の sometimes と⑤の occasionally は、頻度ではっきりとした違いはない。ただし、実際に使われることが多いのは sometimes のほうで、occasionally はやや改まった感じで、sometimes ほどには一般的ではない。注意すべきは、これらの頻度表現（many, much などの数量表現にも当てはまるが）は、客観的なものというより、話者の主観によるものであり、大体の印象を述べている場合が多いという点である。

第 12 章

接 続 詞

　接続詞は語句と語句、節と節、文と文をつなぐ文法要素である。接続詞には等位接続詞と従位接続詞がある。この項では、特に英作文上注意すべき接続詞の用法について述べていく。

12.1　等位接続詞 and, but, for, so

12.1.1　and の用法

　語句を並列する場合、2項目であれば以下の例のように、通例 A and B で表す。

I had a hamburger **and** orange juice for lunch. (私はお昼はハンバーガーとオレンジジュースだった。)

　3項目以上を並列する場合は、通例最後の項目の前に and を置く。

The countries opposed to the suggestion were China, Korea **and** Russia. (その提案に反対したのは中国、韓国、ロシアだった。)

　しかし、項目のそれぞれを平等に強調したければ以下のように、それぞれの項目を and でつなぐこともできる。

The countries opposed to the suggestion were China **and** Korea **and** Russia.

and で注意すべき用法 — both A and B

英作文の際、both A and B で迷うのは名詞句 A, B が前置詞を伴う場合である。

Example 1 both in A and (in) B

The film was a box office hit both **in** Japan **and** (**in**) America.
(その映画は日本とアメリカ両国で大ヒットした。)

(解説) A, B の前には in 以外にも、to や on などの前置詞が置かれることがある。その際、B の前の前置詞を繰り返すか、あるいは省略するか、英作文で迷いやすいところである。結論からいうと、どちらでも可である。厳密な書き方からすれば、A と B は文法的に同じ形が望ましいので、前置詞を繰り返すのが標準的といえる。しかし、A と B の品詞が異なる次のような例の場合は、前置詞の繰り返しは文法的に不可である。

The film was a box office hit both **in** Japan **and** overseas.
(その映画は日本と海外で大ヒットした。)

この例では、overseas は副詞であるため前置詞は不要。

12.1.2 but の用法の注意点 [1] — but は逆接・対比

英作文では、特に日本文をもとにして考えると、使うべきでないところで but を使ってしまうので注意を要する。以下は誤りの例。

× This is certainly my signature, **but** is there any problem?
(確かにこれは私のサインですが、何か問題がありますか。)

接続詞 but は、典型的には、I don't like fish, but I like meat a lot (私は魚はきらいですが、肉はすごく好きです) などのように、前者と後者が逆接・対比的な意味関係があるときに使う。しかし上の例では、前の節と後ろの節にそのような関係はない。ここでの but は日本語の、ほとんど無意味に近い「が」の影響が見られる無用の but である。上の例文は以下のように、2つの独立文として書けば自然な英文になる。

○ This is certainly my signature. Is there any problem?

12.1.3 but の用法の注意点 [2]
─ but の次に不必要にカンマを置かない

これも日本語の影響と考えられるが、日本人学習者の英作文では、but の次にカンマを置こうとする傾向がある。以下の例を参照。

× Tim is a millionaire, **but**, he is not generous.（ティムは大金持ちだが、気前はよくない。）

日本語では「が」の次に読点が来るのが普通であり、おそらくその影響で英文を書くときにも、つい but の次にカンマを打ってしまうものと考えられる。英文では、but の次には、挿入句が来る場合を除けばカンマを置かないのが自然。上の例は以下のようにすればよくなる。

Tim is a millionaire, **but** he is not generous.

but と however ─ however は位置が自由

but に比べて however はややフォーマルな表現。両者の使い分けの最大のポイントは、文中で置かれる位置である。but は文頭に置かれるのに対して、however は位置が自由で、文頭、文中、あるいは文末に置かれる。文頭も多いが、英作文の技術からいうと、以下の例に見られるように、文中で however を置く呼吸を習得する必要がある。

Example 2 　文中での however

They tried hard to promote the use of e-learning in their college. The president, **however**, showed little interest in IT-based education systems.（彼らは自分たちの大学での e ラーニングの活用促進に大いに努力したが、学長は IT 的な教育システムにほとんど関心を示さなかった。）

〔解説〕 ここでの however の位置に but を置くことはできない。この文では第2文を、**However**, the president showed little interest in ... のように、however を文頭に置くこともできる。

not only 〜 but also ... — ややフォーマルな表現

「〜だけでなく...も」という固定した日本語で習得していることの多いこの語句は、ややフォーマルな文体に属するという点に注意する必要がある。以下の例に見られるような用法は文法的には正しいが、文体的には不自然である。

? Jane speaks **not only** French **but also** Russian.（ジェーンはフランス語のみならずロシア語も話す。）

この英文の内容からして、ごく普通の日常的文体がふさわしいが、not only 〜 but also ... は日常的文体にはそぐわない堅さが特徴。ここで日本文を「のみならず」としたのは、その堅さに合わせて試みた訳例。ここでは以下のようにすれば、自然な英文になる。

○ Jane speaks French **and** Russian.
○ Jane speaks French **and** Russian **as well**.

12.1.4　for と so の用法

接続詞としての for は文体的にはフォーマルに属し、堅い響きなので、日常的内容の英作文では避けたほうがよい。for に比べると、so は、日本語でいえば「それで」「そういうわけで」などの語感に近い日常性があるので、堅めの for に比べて汎用性が高いといえる。以下の例を参照。

? I haven't told my father that I'm going to get married to Mark, **for** I know he'll disagree.（マークと結婚するつもりということはまだ父にはいっていません。反対されることがわかっているので。）

ここでの文の内容から考えて、接続詞の for はやや重い感じがするので避けたほうがよい。文を入れ換えて、両者を so でつなげば自然な感じになる。

I know my father'll disagree, **so** I haven't told him that I'm going to get married to Mark.

あるいは、文順はそのままで、for の代わりに because を使うこともできる。

I haven't told my father that I'm going to get married to Mark, **because** I know he'll disagree.

12.2 従属接続詞 because, that, the way, in case など

12.2.1 because の用法で注意すべき点

日本人が because を使う際、最もよく見られる誤りは、以下の例に見られるように、because で文を始めて、次の文に続けることなく、1つの文で終わってしまう書き方である。

× I often walk in the mountains. **Because** it's relaxing.（私はよく山歩きをします。それはリラックスできるからです。）

because の節は従属節であるため、従属節だけを独立して使うのは正しい書き方とはいえない。この文は以下のように、前の主節を受ける形で because を使うとよくなる。

I often walk in the mountains, **because** it's relaxing.

あるいは接続詞を使わずに、以下のように 2 文に分けて書くのも、すっきりしたよい書き方である。

I often walk in the mountains. It's relaxing.

英作文上の注意点 — because を使いすぎないように

一般的に、日本人学習者は接続詞を不必要に多く使う傾向があり、なかでも because を好んで使う傾向がある。because は、元来明確な因果関係が見られるときには妥当な接続詞だが、因果関係的なものがあまり感じられない場合は使うのを控えたほうがよい。以下の例を参照。

12.2 従属接続詞 because, that, the way, in case など

○ The head-on collision occurred **because** the driver of the truck was looking the other way. (トラックの運転手がわき見運転をしていたから、その正面衝突事故は起こった。)

この文では、発生した事故と、その原因とのあいだに明確な因果関係が感じられるので、because は典型的に妥当な接続詞といえる。
ところが次のような文では、because を使うのは不自然である。

× I don't drink coffee, **because** I like milk. (私はコーヒーは飲みません、その理由はミルクが好きだからです。)

この文では「コーヒーを飲まないこと」と「ミルクが好きなこと」のあいだに明確な因果関係はないので、because を使う根拠はない。ここで because を使いたければ、後半を以下のように書き換えれば、因果関係が明白になって自然なつながりになる。

I don't drink coffee, **because** it keeps me awake late at night. (私はコーヒーは、飲むと夜遅くまで眠れなくなるので飲みません。)

12.2.2 that の用法で注意すべき点

Example 3 動詞の目的語としての同格の that 節 ― 冗長な場合が多い
Grady didn't admit **the fact that** his company was going bankrupt. (グラディは自分の会社が倒産しかかっているという事実を認めなかった。)

(解説) ここでの文のように、動詞 admit の目的語として、名詞句 the fact の次に同格の接続詞 that をつなげて同格節を作るのは、文法的には間違いではないが、文体の観点からはやや冗長でぎこちない印象を与える。動詞 admit は直接 that 節をとることも可能なので、ここではむしろ以下のように同格節をとらない形に書き直したほうがよい。

Grady didn't admit **that** his company was going bankrupt.

一般に動詞が that 節を目的語として直接従えることができる

場合、英作文の観点からは同格節をとらずに、直接 that 節を書いたほうが簡潔な印象がある。

英作文上の注意点 [1]
― すべての名詞が that 節と結びつくわけではない

日本語でいうと「(彼が生きている)という(事実)」のような文法構造は英語では同格節を使って、the fact that he is alive のように表すことができる。ここでの接続詞 that は名詞句 the fact の内容を説明する働きがあるので、同格節は説明節ということもできる。

接続詞 that と結びついて同格節を形成することのできる名詞はそれほど多くはない。同格節を形成できる名詞としては、実際に使われる頻度順にあげれば、以下が代表的なものである。

① fact　　② evidence　　③ view　　④ doubt　　⑤ idea
⑥ belief

これ以外で、同格節を形成することのできる名詞の数は 180 語程度である。このなかで頻度が最も高い fact の実際の使われ方としては、admit **the fact that** ... のような動詞の目的語としての同格節よりも、それ以外の、以下のような例が多い。

1. **The fact that** our proposal had been rejected was totally unacceptable.（われわれの提案が却下されたという事実は、まったく受け入れがたいものであった。）
2. Miranda was blind to **the fact that** her lover was going to leave her for another woman.（ミランダは、恋人が自分を捨てて別の女に乗り換えようとしているという事実に対して盲目であった。）

1 の場合、文の主語としての名詞節を形成する同格節の働きであり、2 の場合、前置詞 to の次に置かれた補語節としての同格節である。1 の場合、the fact を省いても文としては成立するが、2 の場合、the fact を省けば文が成立しなくなる。この 2 のような場合に、同格節を使う文法的根拠が充分に感じられるということができる。

上にあげた、同格のthatと結びつく名詞のなかで、特徴のあるdoubtの例をあげてみる。

Example 4　no と結びつきやすい doubt that ...
There is **no doubt that** they are in panic.（彼らがパニックに陥っているのは疑う余地がない。）

(解説) すでに p. 31 で述べたが、名詞 doubt は、ここでの例にもあるように、否定辞 no や little と結びつく形で同格節を形成する傾向があるという特徴がある。これは、英語らしい英語を書こうとする場合に知っておいたほうがよい点である。

英作文上の注意点 [2] ― 接続詞 that は控えめに

because と並んで、日本人学習者の場合、接続詞 that を必要以上に使う傾向がある。以下のような英文を書いてしまいがちである。

? It is necessary **that we eat well**.（きちんとした食事を取ることは必要なことだ。）

この文は文法的に間違いとはいえないが、実際に使われる英文としては、that 節ではなく、以下のように to 不定詞がより一般的である。

It is necessary **for us to eat well**.

12.2.3　the way の用法 ―「方法」「あり方」という日本語とは必ずしも結びつかない

way は名詞だが、他の要素と結びついてさまざまな用法がある。直前に来る要素としては定冠詞 the の頻度が最も高く、その次が不定冠詞 a である。つまり、way は the way, a way という使われ方が、一般的であるということになる。

ここでは、あとに〈主語＋述語〉の構造を従える、the way の接続詞としての用法を見ることにする。

Example 5　the way＋主語＋述語
1. From **the way he talks**, you can tell he is from Scotland.（彼

の話しぶりから、彼がスコットランド出身であることがわかる。)
2. The novel portrays **the way a father should be**. (その小説は父親の理想像を描いている。)

(解説) the way は字義通りには「方法」「あり方」という意味で、あとに節を従えることができる接続詞としての働きがある。英作文の観点から注意すべきことは、上の例文の2のように、対応する日本語が、必ずしも「方法」などの表現にならない場合があり、むしろそれが理由で、逆に和文英訳などで the way が使いづらい面がある、という点である。2 は「父親としてのあるべき姿」と考えると、the way との対応はやや感じられるが、「理想像」とすると、ほとんど the way との直接的つながりは感じられない。同様の例を以下にあげる。

> I miss **the way I was**. (<u>昔の自分</u>にもどりたい。)
> I want to change **the way I am**. (<u>いまの自分</u>を変えたい。)

ここでは太字の部分はそれぞれ、「私の昔のあり方」「私のいまのあり方」という意味合いである。

12.2.4 in case の用法 ― 実際の頻度は低い

in case は「～するといけないので」「～しても大丈夫なように」という意味と、「～ならば」という意味の両方で用いられるので、曖昧な表現といえる。最初の意味は、英語でいえば so as to be safe ということであり、2番目の意味は if とほとんど同じといえる。一般にイギリス英語では so as to be safe、アメリカでは if の意味で用いられる傾向がある。ただし、in case は、実際にはそれほど頻度の高い表現とはいえない。

Example 6　in case ― so as to be safe の意味で
I've brought a USB memory **in case** you need one. (あなたが必要だというかもしれないと思って、USB メモリーを持って来ました。)

(解説) この英文は、I've brought a USB memory **so (that) it will be OK if you need one** とほぼ同じ意味を持ち、ここでの in case は「～が発生しても大丈夫なように」という意味で使われている。このように、文末で〈in case + 節〉の構文が使われるときは、イギリス、アメリカともに、so as to be safe の意味で使われる傾向がある。この例文の文脈では、in case を if の意味で取り違えることはないので、曖昧さはないといえる。

Example 7　in case ― if の意味で

In case my company is merged with a bigger one I will quit. （もしうちの会社が規模の大きな会社と合併するようなことがあれば、私はやめる。）

(解説) ここでの In case は if の意味で使われているが（文頭に置かれるときは、どちらかというと if の意味で使われる傾向がある）、so as to be safe と意味が紛らわしい一面があるので、曖昧さを避けるためには、以下のように If で始めたほうがよい。

If my company is merged with a bigger one, I will quit.

12.2.5　as soon as と the moment の用法

どちらも「～するやいなや」という意味を表すが、時間の切迫度で違いが出る場合がある。

Example 8　as soon as

Could you let me know **as soon as** you arrive there? （向こうに着いたらすぐ知らせてくれ。）

(解説) as soon as は使用実態としては、as soon as possible「なるべく早く」という副詞句としてのセットフレーズでの使われ方が非常に多いが、あとに〈主語 + 述語〉の構造をとる場合も少なくない。一般に as soon as は「～するとすぐに」という時間の切迫性を表すが、1分1秒を争うような切迫性が必ずしも含意されているわけではない。この例文の場合でも常識的に考えて、向

こうに着いて数時間以内、場合によっては数日以内であれば、as soon as を使える範囲ということができる。

Example 9　the moment — as soon as よりも時間の切迫性は高い

I fell in love with her **the moment** I saw her.（私は彼女に会ったとたん恋に落ちた。）

(解説)　the moment は文字通り「〜した瞬間」という意味で、2つの事柄のあいだの時間の幅が非常に短いという含みがある。ここでは as soon as を使うこともできるが、the moment ほどの時間の切迫性は感じられない。the moment とほぼ同じような時間の切迫性を表す接続詞としては、the instant がある。以下の例を参照。

Someone knocked me down **the instant** I went into the room.（その部屋に入ったとたん、誰かに殴り倒された。）

第 13 章

冠 詞 と 数

冠詞は不定冠詞（a, an）と定冠詞（the）がある。英作文の観点からは、不定冠詞か定冠詞かという選択のほかに、冠詞をつけない選択肢、つまり無冠詞でいいかどうかという点で迷いやすい。さらに、冠詞の問題は名詞の数（単数か複数か）の問題とも深くかかわっているので、冠詞というときは事実上、「不定冠詞、定冠詞、無冠詞、数」の要素を一括して検討する必要がある。

13.1 不定冠詞

不定冠詞 — あるまとまった形のあるものに対して使う

英語の不定冠詞（a, an）は、1つのまとまった形のある対象（具体的なもの、抽象的なもの）に対して使う、というのが用法の基本である。いま、イチゴ（strawberry）について考えてみる。イチゴは1つのまとまった形があり、産地によって多少形にバラエティがあっても、一応これはイチゴだといえるようなそれなりの形がある。英語ではこのような対象を、

a strawberry（（一粒の）イチゴ）

のように、名詞に不定冠詞をつけて可算名詞（数えられる名詞）として表す。このような名詞は、strawberries のように複数形を作ることも可能である。

これに対して、同じ食物でも例えばパン（bread）は、別に決まった

第13章　冠詞と数

パンの形というものがない。このように、1つのまとまった定型を持たないものに対しては、不定冠詞を使うことはできない。したがって、bread は a bread ということはできない。bread は非可算名詞（数えられない名詞）として、ことばとして使うときは、I'd like **some bread**（パンが食べたい）などのような言い方をする。このような数えられない名詞は、当然ながら複数形を作ることはできない。

〈不定冠詞が使える〉　まとまった形を持つ名詞の例
  apple, bicycle, book, car, house, missile, mobile phone, orange, ship, etc.

〈不定冠詞が使えない〉　形が不定な名詞の例
  air, energy, gasoline, iron, money*, rain, snow, water, etc.
  ［注］　money がなぜ非可算名詞で通常 a money とはいわないかは、われわれ日本人にはわかりにくい。日本人の頭のなかでは、「金」は数えるものという固定観念があるようである。それに対して英語の money は、抽象的な value（価値）を表していると考えられる。例えば、I have some money というのは 1000 円か 50 ドルか、とにかくそういう金額で表される価値を表しているのである。価値そのものに決まった形があるわけではない。具体的には、1000 円札 1 枚で a one-thousand yen note という具合に札を数えたり、two one-pound coins のように硬貨を数えたりする。しかし実際には「1000 円持っています」は I have one thousand yen という非可算的な言い方をするのであって、I have a one-thousand yen note という必要がない。1000 円という価値をどういうふうに持っているか（1000 円札で持っているか、100 円硬貨で持っているか）は、まったく別の話だからである。

英作文上の注意点 ── 同じ名詞が可算・非可算で使われる

名詞 strawberry は常に可算名詞として、単数ならば a strawberry、複数ならば strawberries として使われるかというと、必ずしもそうとはいえない。strawberry が非可算名詞として使われる状況を考えてみる。例えば、いま食べている料理のなかに、イチゴの肉片のようなものが数切れ混じっていることに気がついたとする。そこで確認の意味で、そのなかの一片をつまみあげて、

  What is this?（これは何ですか。）

と聞いたとすれば、その答えはおそらく、

  It's **strawberry**.（それはイチゴですよ。）

というふうに無冠詞で答えることになる。その場合、不定冠詞をつけて、It's **a** strawberry とはいえない。なぜならば、そこにあるのは、1粒のイチゴとしてのまとまった形を持った物体ではなく、変形した物体だからである。この場合の It's strawberry という答えは、非可算名詞としての strawberry の用法といえる。

辞書の Ｕ Ｃ の別に注意 — 抽象名詞も可算で使うことがある

　英作文で特に注意を要するのは、英語の名詞は、同じ名詞を状況によって可算・非可算の両方に使い分けなければならないという点である。われわれ日本人の場合、英語の冠詞と名詞の性質の理解が充分でないため、可算・非可算の使い分けがうまくいかない場合が多い。

　これまでは不定冠詞を使う根拠として、strawberry などの具象名詞に限って述べてきたが、抽象名詞の場合も可算・非可算の両方で使う場合が少なくないので、英語を書くときには注意を要する。ここで一例として、culture（文化）という抽象名詞を取り上げてみる。

　culture は「文化」という抽象概念でとらえられているときは、別に決まった形もない無定形の事柄として、当然非可算名詞として使い、不定冠詞はつけない。以下の例を参照。

Example 1　culture — 非可算名詞として

Culture and civilization are sometimes confusing.（文化と文明は、その区別が紛らわしいときがある。）

(解説)　ここでの culture は単なる抽象概念として、別に特定の文化などを指しているわけではないので、純粋に抽象名詞としての用法であり、したがって不定冠詞はつけない。

　　　ところが、culture が、この現実世界のある特定の集団、国家の文化、というような具体的な1つのまとまりを指すときは、1つのまとまった形があるものと考えて、ちょうど1粒の strawberry に a がつくように、a をつけて可算名詞として使う。以下

の例を参照。

Example 2　culture ─ 可算名詞として

　Japan is **an** Asian culture.（日本はアジア文化圏の国家である。）

(解説)　ここでは、culture は具体的に、日本という特定の、形のある、具体的な対象を指しているので、1つの可算名詞として使われている。不定冠詞がつくということは、複数形もとれるということである。以下の例を参照。

　　　Japan, Korea and China are Asian **cultures**.（日本、韓国、中国はアジア文化圏の国々である。）

　辞書には、culture と同じように、U（uncountable：非可算）とC（countable：可算）の両方が併記されている名詞が少なくないので、英作文で、その違いを意識して使い分けるようにすることが重要である。以下に、いくつかの例をあげておく。

　U democracy　民主主義（という抽象概念）
　C democracy　民主主義を採用している具体的集団・国家・社会
　例：Great Britain is **a** democracy.（イギリスは民主主義国家である。）

　U science　科学（という抽象概念）
　C science　科学の部門
　例：Physics is **a** science.（物理は科学（の領域の1つ）である。）

　U industry　産業（という抽象概念）
　C industry　産業の具体的部門・領域
　例：Shipbuilding is **a** declining industry.（造船は斜陽産業（部門）である。）

　U television（＝TV）　テレビ（という抽象概念）
　C television（＝TV）　1つのテレビ
　例：I recently bought **an** HDTV.（最近ハイビジョンテレビを買った。）

13.1 不定冠詞

　われわれ日本人にとって、1つの名詞を可算、非可算の両方で使い分けるのは、頭の切り替えが必要なのでかなり難しい作業といえる。使い分けるポイントの1つは、例えば「文明」を英訳して使おうとする場合、抽象的な、どこの文明でもない文明というときは非可算でcivilizationとして無冠詞で使い、それに対して、ある特定の文明を指して使うときは、定まった形あるものとしてa civilization, civilizationsとして可算名詞化して使う、という点である。

英作文でよくある誤り
― a をつけてはいけないところでつけてしまう例 [1]

　よく見られるのは、以下の例のような、不定冠詞をつけるべきでないところでaやanをつける誤り。例えば「私たちは夕食に七面鳥を食べた」という意味で、以下のように書く場合である。

?? We ate **a turkey** for dinner.

　この文ではa turkeyといってしまうと、1つのまとまった形を持つ対象として、七面鳥1羽を丸々食べたという意味になり、現実的ではない。実際には、ちょうどstrawberryの肉片のように、七面鳥の肉片を食べた、という場合が普通なので、ここではturkeyは非可算名詞として以下のように書くのが正しい。

We ate **turkey** for dinner.

英作文でよくある誤り
― a をつけてはいけないところでつけてしまう例 [2]

　a, anを不定冠詞(indefinite article)というが、aやanが不特定のものを指す、と考えると間違えることがあるので注意を要する。使われる文脈によっては、不定冠詞はある特定のものを指し示す場合がある。例えば「私はカラオケで歌を歌うのが好きです」という日本文を英訳させると、以下のような英文を書く学生が多い。

?? I like singing **a song** at **a karaoke bar**.

第13章　冠詞と数

　この文でのaは、a particularとか、one and the sameという意味になり、a songはある特定の歌を指し示す。また、a karaoke barはある特定のカラオケショップを指し示す。つまり、文意は「私はある特定の同じ歌をある特定の同じカラオケショップで歌うのが好きです」ということになり、非現実的な内容になる。ここでは以下の文のように、不定冠詞を用いず名詞を複数形にして、特定のものではない「歌一般」「カラオケショップ一般」という意味合いを出す必要がある。

　○ I like singing **songs** at **karaoke bars**.

　ここではsongsを取ってしまって、I like singing at karaoke barsで充分である。

13.2　定冠詞

定冠詞 ― 特定の対象を指し示す

　定冠詞theは、特定のものを限定的に「その」「それ」という意味合いで指し示す働きが基本といえる。以下の2つの文を比較してみると、a, anとの基本的な違いがわかる。

1. We need **a native speaker of English**.（われわれには英語母語話者が必要だ。）
2. We need **the native speaker of English**.（われわれにはその英語母語話者が必要だ。）

　1では、特定の誰とは指し示していない不特定の英語母語話者が話題になっているが、2では、ある特定の対象である英語母語話者が話題になっている。この場合のtheは、文脈上読者にもわかっているということが前提になっている定冠詞の用法である。

英作文上の注意点 [1] ― 状況でわかっている the の用法

　英作文の観点からは、日本語ならばいちいち「その」「それの」などというのが不自然な状況で、当然のことのようにtheが使われる場合が多く（状況のtheの用法）、定冠詞の重要な用法になっている点に注

意が必要である。以下の例を参照。

1. In spite of **the** snow storm, they reached the mountain top.（彼らは吹雪をものともせず山頂に達した。）
2. I met Susan in **the** park.（公園でスーザンに会った。）
3. You'd better see **the** doctor.*（医者に見せたほうがいいよ。）

上の3つの例に共通しているのは、状況ですでにどの対象かがわかっているという前提で定冠詞が使われている点。1 の the snow storm は、山に登ったある特定の過去の日に発生した特定の吹雪を指し示し、2 の the park はいつも行くある特定の公園という意味合いがあり、また、3 の the doctor はいつも行くかかりつけの医者という意味合いがある。ここで使われている定冠詞は、通常の文脈では日本語でいちいち「その吹雪」などと言い表す必要のないものであり、それが状況の the の用法の特徴である。

[注]「かかりつけの医者」という概念は日本ではそれほど一般性がないが、英米では一般的である。

英作文上の注意点 [2] ― 総称は〈無冠詞＋複数名詞〉が一般的

英作文の際、可算名詞の用法として「コンピュータ一般」「携帯電話一般」というような総称的な意味合いを出すときに、名詞をどのように表現するかで迷う場合がある。例えば「コンピュータによって世の中が大変便利になった」という日本文の英訳としては、基本的には以下のように、3通りの書き方が考えられる。

1. **The computer** has made life much easier.
2. **A computer** has made life much easier.
3. **Computers** have made life much easier.

1 のように〈定冠詞＋名詞〉で総称を表すのは文体的にやや堅い印象があり、論文や堅めのエッセイなどでは使われるが、使われる文脈によってはある特定のコンピュータ（「そのコンピュータ」という意味）を指すのか、総称としての一般的コンピュータを指すのか紛らわしいことがある。2 の〈不定冠詞＋名詞〉は、1 のような文体的堅さは感じ

第13章　冠詞と数

られないが、総称の表現としてはそれほど一般的ではない。

それに対して3の〈無冠詞＋複数名詞〉は総称表現として最も一般的なものであり、1のように、特定のもの、一般的なもののどちらにもとれる曖昧さがない。結論からいえば、日常的な内容の英作文では、総称表現としては3タイプの〈無冠詞＋複数名詞〉を使うのが無難である。

総称を表す〈the＋形容詞・分詞〉— 表現としては堅い

定冠詞 the のあとに形容詞や分詞を直結して総称を表す場合があるが、文体としては堅めの表現である。以下の例を参照。

the young（＝young people 若者）
the old（＝old people 老人）
the wounded（＝wounded people 負傷者）

13.3　不定冠詞か定冠詞か [1]

英作文では a (an) を使うか、the を使うか迷う場合が少なくない。よく見られるのは、限定語句や関係詞節で限定されている場合、名詞には the がつく、という文法的思い込みである。例えば、日本人学生に「日本は地震の多い国である」という日本語を英訳させると、以下のような英文を書く傾向がある。

?? Japan is **the country** where earthquakes are frequent.

この文では定冠詞の the が country の前に置かれている。なぜ the を置くかの理由としては、where 以下の関係詞節が country という先行詞を限定しているからである、と日本人学習者は考える傾向がある。しかし、ここでの the は the only の意味合いが出てしまい、全体としては「日本は地震が多い唯一の国である」という文意になってしまい、現実とは合わない。

重要なことは、関係詞節などの限定があっても、必ずしも先行詞に the がつくとは限らないということである。状況や現実、あるいは真

実に合わせて冠詞を選ぶ必要がある。ここでは当然ながら以下のようにaを用いて、「(他にも同様の国があるなかで — そのなかの1つとして) 日本は地震の多い国である」という意味で、以下のように書くべきである。

○ Japan is **a country** where earthquakes are very frequent.

もちろん、the の強い限定力を使って「その」という意味合いを出すときは、関係詞節の先行詞に the をつけることが必要である。以下の文では、原爆の惨禍を被った唯一の国であるという意味で定冠詞が用いられている。

Japan is **the** country where hundreds of thousands of people were killed by atomic bombs during the Second World War.（日本は第2次大戦中、原爆で数十万の人々が殺された国である。）

13.4 不定冠詞か定冠詞か [2]
— 謙遜・控えめな態度を表す a (an)

a (an) か the か、という選択をする場合の1つの決め手として「控えめ、謙遜のa (an)」の用法があげられる。例えば「ジェームズ・ジョイス研究」という研究論文のタイトルを英訳する場合、以下の2例の意味の違いに注目。

1. **A** Study of James Joyce
2. **The** Study of James Joyce

1の場合、いろいろなジェームズ・ジョイス研究があるなかで、そのなかの1つとしてこの研究論文を発表します、というような謙虚さが、不定冠詞aの選択によって表されているのに対し、2の定冠詞theは、その強い限定力によって、これこそがジェームズ・ジョイス研究の決定版であるという、強い主張をしている感じになる。当然のことながら、一般的に研究論文のタイトルとしてはAタイプの不定冠詞を用いるのが普通である。

第13章　冠詞と数

of の注意すべき用法 — of の次に冠詞を置くかどうか

Example 3　many of X の場合

Many of the Japanese students at our school are fluent speakers of English.（この学校に在籍している日本人学生の多くは英語をよく話す。）

(解説)　この場合、of 以下は特定の集団を指しているので、限定する働きを持つ定冠詞が必要である。よく見られるのは、このような文構造で of 以下を〈無冠詞＋名詞〉で表す誤りである。以下の例を参照。

　　× Many of Japanese students at our school are fluent speakers of English.

13.5　冠詞をつけるか無冠詞か — 前置詞 by とともに

　外国語として英語を学ぶ立場からわかりにくいのは、同じ名詞が時に冠詞を伴い、時には無冠詞で使う必要があるというような場合である。典型的な例として、交通手段を表す場合の前置詞 by について考えてみる。

Example 4　by＋無冠詞の名詞

Are you coming here **by car**?（車でこちらに来ますか。）

(解説)　ここでの無冠詞の car はある定まった形あるものとしてではなく、運搬の手段として抽象的にとらえられている。その他の乗り物の場合でも、抽象的な輸送手段としてとらえられた場合、以下のように〈by＋無冠詞の名詞〉が使われる。

　　by bus, by plane, by taxi, by train

英作文上の注意点

　日本人学習者は、〈by＋無冠詞の名詞〉の用法がうまく使えず、by a

train, by the car などのように冠詞を伴う誤りが多い。

輸送・運搬手段でも冠詞を伴う場合

Example 5 in＋冠詞＋名詞

I traveled around the countryside **in a vintage car**.（私はクラシックカーに乗って、田舎をあちこち旅行して回った。）

(解説) ここでは、単に輸送・運搬手段としての車という抽象的概念ではなく、個別の、特定の形状を持った車のなかに乗り込んで(in)移動したということが語られている。この場合の前置詞 in は、文字通り「〜のなかに入って」という空間的表現であり、具体的な対象としての車が、〈冠詞 a ＋名詞句〉の形で表されている。ここで by vintage car ということはできない。

第 14 章

前 置 詞

　前置詞は名詞(句)の前に置かれて、空間、時間、関係などさまざまな意味を表す品詞である。ここでは、英作文上特に注意を要する現象、問題を中心に見ていく。

14.1 前置詞の次に来る要素
── 名詞だけでなく動名詞や節も可能

　英作文の観点から、前置詞を使う際の文法的知識として重要な点は、前置詞の次に来るのは単純な名詞(句)(例: English, school, the station, etc.)だけでなく、動詞の ing 形や wh 節も可能だということである。

14.1.1 前置詞の次に名詞が来る場合

Example 1 前置詞＋名詞

Thomas is now **in London**. (トーマスはいまロンドンにいる。)

(解説) この例は最も単純な前置詞の用法である。名詞 London の前に空間を表す前置詞 in が置かれている例。

14.1.2 前置詞の次に名詞句が来る場合

Example 2 前置詞＋名詞句

We were shocked **by his sudden death**. (われわれは彼の突然の死

に衝撃を受けた。)

(解説) ここでは前置詞 by のあとに、his sudden death という名詞句が置かれている。

14.1.3 前置詞の次に動詞の ing 形が来る場合

Example 3 前置詞＋ing 形

I am becoming more and more interested **in observing young children's behavior**.(私は幼い子供たちの行動を観察することに、よりいっそう関心が高まってきている。)

(解説) ここでは前置詞 in の次に動詞の ing 形が来ている。ここでの ing 形は動名詞であり、働きとしては名詞に分類される。

14.1.4 前置詞の次に wh 節が来る場合
― 前置詞の次には節も可能

Example 4 前置詞＋wh 節
1. I was amazed **at how soon the destroyed bridge had been rebuilt**.(私は、破壊されたその橋がどれほど早く再建されたかに驚いた。)
2. You should know more **about what you are expected to do**.(君は自分に期待されていることについて、もっとよく知る必要がある。)
3. We are faced with the problem **of whether to withdraw or stay**.(われわれは撤退するか留まるかの問題に直面している。)
4. The shooting took place just about twenty meters away **from where we were**.(その銃撃事件は、われわれがいたところからわずか 20 メートルぐらいのところで起こった。)

(解説) 英作文の観点から、前置詞のあとに置かれるもののなかで、日本人学習者が苦手とするのはこの種の要素である。単純な名詞(句)については比較的使いやすいが、ここにあげられている〈前置詞＋wh 節〉は、実際に使いこなすことはそれほど容易ではな

い。その理由の1つは、前置詞に導かれた wh 節を名詞相当語句としてとらえる文法認識が低い、ということが考えられる。

原理的にはすべての前置詞の次に wh 節を置くことが可能である、ということを知っておく必要がある。

14.2　日本語の動詞的表現にあたる前置詞の働き

日本語の動詞的表現が英語の前置詞句で処理できる場合があるので、英作文の1つの技術として習得しておく必要がある。

Example 5　前置詞 for の用法
1. Ben went up to New York **for an interview**.（ベンは面接を受けるためにニューヨークに行った。）
2. We were asked to crush cans **for disposal**.（ゴミとして出すために缶類はつぶしておくようにいわれた。）
3. I'm going to London **for a job** next week.（私は職探しのため来週ロンドンに行きます。）

(解説)　ここでの for の用法は、日本語ではそれぞれ「〜を受けるために」「〜を探し求めて」「〜探しのために」などのような動詞的表現をカバーしていると考えられる。一般に、日本人学習者はこの種の for を使うのを苦手としている。日本語で発想して、例えば for a job の代わりに、to find a job などの不定詞表現を使ってしまう傾向がある。

Example 6　前置詞 in の用法
1. The Liberal Democratic Party is **in power**.（自民党が現在政権を握っている。）
2. Leonard is **in despair**.（レナードは絶望感を抱いている。）
3. These training facilities are not **in use** now.（これらの訓練施設は現在使われていません。）

(解説)　ここでの in は原義の空間的意味ではなく、比喩的な意味で「〜のなかにある」という意味を表しており、日本語としては「政

権を握っている」「絶望感を抱いている」「使われている」などの動詞的表現に対応すると考えられる。

Example 7　前置詞（句）out of の用法
1. Ted opened the box **out of curiosity**.（テッドは好奇心に駆られて箱を開けた。）
2. **Out of fear**, the girl started to run screaming.（恐怖に駆られて、少女は叫び声をあげて走り始めた。）
3. **Out of pity**, he fed the homeless dog.（かわいそうだという気持ちになって、彼はその野良犬にえさをやった。）

(解説)　ここでは前置詞句の out of が、それぞれ curiosity（好奇心）、fear（恐怖）、pity（哀れみ）という名詞と結びつき、日本語の動詞的表現にあたる意味合いを出している。

Example 8　前置詞 from の用法
1. **From experience**, I could say this proposal is very promising.（私の経験から判断すると、この提案内容は非常に期待が持てる。）
2. John is **from Ireland**.（ジョンはアイルランドの出身だ。）
3. **From the look of the sky**, it's going to snow this afternoon.（空模様から判断すると、昼から雪になりそうだ。）

(解説)　ここでは前置詞の from が、それぞれ experience（経験）、Ireland（アイルランド）、the look of the sky（空模様）という名詞（句）と結びつき、日本語の動詞的表現にあたる意味合いを出している。

Example 9　前置詞 on の用法
1. Don't panic. Help is **on its way**.（パニックになってはいけない。救援がこちらに向かっている。）
2. I'm **on my way** to the shopping mall.（私は商店街に行くところです。）

(解説)　ここでは前置詞の on が、それぞれ its way, my way という名詞

（句）と結びつき、日本語の動詞的表現にあたる意味合いを出している。

14.3　in と within の違い

時間を表す in と within の違いは注意を要する。

Example 10　時間の in ― 明確に「～後」の意味

I'll get this job done **in three days**. （私はこの仕事は 3 日で終わります。）

(解説)　この場合の in の意味は「3 日後に」ということである。つまり、いまが月曜日（の夜）だとすれば木曜日（の夜）に終わる（それ以前には終わらない）、という意味である。

Example 11　時間の within ―「～以内」の意味

I'll get this job done **within three days**. （私はこの仕事は 3 日以内に終わります。）

(解説)　この場合の within の意味は「3 日以内」ということである。つまり、いまが月曜日（の夜）だとすれば遅くとも木曜日（の夜）に終わる、場合によってはそれ以前に終わることもある、という意味である。

14.4　by と until の違い

日本人学習者にとって by と until の違いは、わかりにくいようである。その理由の 1 つは、無反省に by を「～までに」、until を「～まで」という日本語をあてて覚えているためであろうと思われる。この両者の用法を習得するには、結びつく動詞の種類に着目するのがよい。

Example 12　by の用法 ― 完了の意味を表す動詞（句）とともに

1. **Submit** the essay by September 20. （9 月 20 日までに小論文提出のこと。）

2. This construction work will **be completed** by March 26, 2008.（この建設工事は2008年3月26日までに終了予定。）
3. **Be here** by eleven o'clock.（11時までにここに来なさい。）

(解説) 1のsubmitは「提出する」という意味の動詞で、「提出という行為を完了する」という意味にとることが可能である。2のbe completedは文字通り、終了・完了を表す動詞句。byはその完了が「〜までに」という意味を表す前置詞である。3のBe hereはbe動詞だが、状態動詞的な意味ではなく、ほぼcomeと同義で使われており、「11時までに、ここに来るという行為を完了しておきなさい」と考えることができる。

Example 13　until の用法 ─ 状態の意味を表す動詞（句）とともに
1. **Stay here** until Tuesday.（火曜日までここにいなさい。）
2. I **was** in Tokyo until August, 2005.（2005年8月まで私は東京にいた。）
3. Professor Freedman **taught philosophy** at Cambridge until 1998.（フリードマン教授は1998年までケンブリッジで哲学を教えた。）

(解説) 1のstayは「滞在する」という意味の動詞で、「滞在という行為を〜まで持続する」という意味にとることが可能である。2のwasは状態を表す動詞句。3のtaughtは「教えた」という意味だが、完了動詞的な意味ではなく、状態的に、「教える行為を持続した」と考えることができる。

14.5　with の用法 [1] ─「〜にとって」という関係を表す

withにはさまざまな意味・用法があるが、わかりにくいものの1つに関係を表す用法がある。

Example 14　with の用法 [1] ─ for や to ではなく with である場合
1. What's the matter **with** you?（どうしましたか。）
2. I have nothing to do **with** the scandal.（私はそのスキャンダル

3. There is a problem **with** crisis management.（危機管理（に関して）の問題がある。）
4. "How about Friday?" "Friday is fine **with** me."（「金曜日はいかがですか。」「金曜日は都合がいいです。」）

(解説) ここでの4例でのwithは、「〜について」「〜に関して」という共通の意味がある。1と2については、熟語的にとらえられている場合が多いので、withは比較的よく習得しているようであるが、3と4の with を正確に使いこなすのは難しいようである。3と4に関しての間違いは、以下のようなものが多い。

  3′. ? There is a problem **of** crisis management.
  4′. ? "How about Friday?" "Friday is fine **to** me."

14.6　with の用法 [2] —「理由」「状況」を表す

注意すべき with の用法として、以下の例に見られるような、「理由」と「状況」が合わさったような意味合いが出る場合がある。日本人学習者は、この意味合いの with を英作文ではうまく使えないことが多い。

Example 15　with の用法 [2] —「〜の状況なので」にあたる with
1. **With fewer 18-year-olds,** more and more Japanese universities and colleges are suffering from the lack of students.（18歳人口の減少で、学生不足に悩む日本の大学が増えている。）
2. **With global warming getting worse,** many car manufacturers worldwide are desperate to develop eco-friendly automobiles that don't use gasoline.（地球温暖化が進んでいくなかで、世界中の自動車メーカーがガソリンを使わない環境にやさしい車の開発に必死に取り組んでいる。）

(解説) 1の with は「理由」と「現状」を合わせたような意味合いで使われている。理由を表す点では because, because of に近いとも

いえるが、because, because of ほど因果関係を明確に述べるわけでもなく（p. 190 参照）、いわゆる付帯状況の with の用法に近いともいえる。2 の with も付帯状況的な用法ではあるが、「理由」と「状況」が合わさったような意味を表しているという点では、以下の例のような典型的な付帯状況の with とは異なっているといえる。

付帯状況の with

He came toward us **with a cardboard box under his arm**.（彼は段ボール箱を脇に抱えて、私たちのほうへやってきた。）

第 15 章

関 係 詞

関係詞は関係代名詞と関係副詞がある。関係代名詞は代名詞と接続詞を合わせた機能を持ち、関係副詞は副詞と接続詞を合わせた機能を持つ。

15.1 関係代名詞

関係代名詞には、which, who, whose, whom, that, what, whoever, whatever, whichever などがある。

ここでは、英作文の観点から特に注意を要する関係代名詞の用法について見ていくことにする。

15.1.1 which か that か [1] ―― カンマなしの制限用法では that が主

英作文では関係代名詞として which を使うか that を使うか迷う場合が少なくないが、文法的にはどちらでもよい場合が多い。ただし、カンマなしの制限用法では that がより一般的である。以下の例を参照。

Example 1 関係詞としての that と which

There was something stimulating about the report last month **that** focused on curved space.（宇宙のゆがみに焦点を当てた先月のレポートは、刺激的なところがあった。）

(解説) ここでは that を使うのがより一般的ではあるが、which も文法

15.1.2　which か that か [2]
　　　　— カンマありの非制限用法では which

Example 2　カンマありの非制限用法 which の用法
　This is my motorbike, **which** my father bought for me last year.
（これは私のバイクで、昨年お父さんが買ってくれたんだ。）

〔解説〕　ここでは、カンマありの非制限用法なので which の代わりに that を使うことはできない。ついでにいうと、which に関しては、使用頻度の面ではカンマ which の用法が最も多く、次に in which, of which の順となっている。このことからすると、which はカンマありの非制限用法が本来的に親和性が高いといえる。

英作文上の注意点
　　　— カンマなしの which と that を使ってはいけないところで使う
　日本人学習者は、カンマなしの which と that を使ってはいけないところで使う誤りを犯す傾向がある。これは、先行詞のあり方と関係が深いので注意を要する。前の例をもう一度取り上げる。

　This is **my motorbike**, **which** my father bought for me last year.

　この文を以下のように、カンマなしの which もしくは that で書き改めるのは誤りである。

　× This is **my** motorbike **which [that]** my father bought for me last year.

　カンマなし（制限用法）の関係代名詞節は、一般的に先行詞を修飾する働きを持っている。ことばでいえば、「〜が...であるような」＋ 先行詞という、種類や様態を表す意味構造である。以下の例が端的にそれを表している。

　This is a specially prescribed medicine **that is not available on the market**.（これは市販されていない（そういう種類の）特別処方

薬です。)

これに対し、my motorbike は my（私の）というきわめて強い限定がすでに働いていて、種類を表す記述を受けつけない。(「私のバイク」の「私の」という限定は、「〜のような種類の」という形容を受けつけない、それ自体が完結した意味を表している。)このような場合、カンマなしの制限用法 which を使うことはできない。私のバイクという意味のまとまりでいったん切って、2番目のセンテンスを始めるような感覚でカンマ which を使い、あとを続ける必要がある。

一般に、それ自体が種類の1つを表さないほどの意味の完結性を持っている表現は、カンマなし制限関係詞節で修飾することはできない。(例: John's father, Japan, my hometown, Mt. Fuji, President Bush, the Pacific Ocean, etc.) ここにあげた例のあとに関係代名詞節を置くときは、必ずカンマ which (もしくはカンマ who) を用い、付け足し的に別のセンテンスを始めるように文を続ける必要がある。

15.1.3 カンマなし制限用法とカンマあり非制限用法で意味の差が出る場合

my wife（何人の wife のうちのひとりということはない）などのように、先行詞が種類的記述を受けつけない場合は、前項で見たように、カンマをつけて関係代名詞節を2番目のセンテンス的な感じで始めることが必要だが、表現しようとする意味に応じて、カンマのあるなしを決めなければならない場合がある。以下の例を参照。

1. I have **a son who** is studying economics at London University. (私にはロンドン大学で経済学を勉強している息子がいる。〈息子は他にもいる〉)
2. I have **a son, who** is studying economics at London University. (私には息子がひとりいますが、いまロンドン大学で経済学を勉強しています。〈息子はひとり〉)

すでに述べたが、カンマなしの制限用法の関係代名詞節は、「〜のような種類の」という意味合いが基本的である。それを踏まえると、1

の文は自分の(複数の)息子の一種類について述べている。それに対して、カンマありの非制限用法の関係代名詞節は、それなりの意味の完結性を有する第1文に対して、第2文という位置づけに近い。それを踏まえると、2の文は以下のように書き直しても大きな違いはない。

2′. I have a son. He is studying economics at London University.

同様の例を以下にあげる。

3. The students who stayed with the Bernstein family had a very good time.(バーンスタイン一家にホームステイした学生はとっても楽しい時間を過ごした。〈他の家にホームステイした学生もいる〉)
4. The students, who stayed with the Bernstein family, had a very good time.(学生たちはバーンスタイン一家にホームステイしたが、みんなとても楽しい時間を過ごした。〈学生のホームステイ先はバーンスタイン一家であった〉)

3は、バーンスタイン一家以外の家庭にホームステイした学生もいることが暗に含まれているのに対し、4では、学生たち(「その(the)学生たち」というのは、文脈ですでに明らかになっている特定の対象)はバーンスタイン一家にホームステイしたということがいわれている。

15.1.4 関係詞を省略するかしないか

英作文で迷うのは、関係詞を省略すべきかどうかという点である。一般に目的格の関係詞(場合によって主格の関係詞も)は文法的には省略可能であるが、常に省略したほうがいいかどうかはかなり微妙な問題である。以下の例を参照。

Example 3 関係詞(目的格)の省略 ─ 先行詞に修飾語が少ない
1. He is **the person we need**.(彼こそわれわれに必要な人物です。)
2. Spain is **the country I'd most like to visit**.(スペインが私が一番行きたい国です。)

第15章 関係詞

(解説) 特に口語の文体では、目的格の関係詞は省略される傾向が強く、1の場合、person の次に who（目的格の whom は特に口語では使われない）が省略されていると考えてよい。2の場合、country の次に that もしくは which が省略されていると考えることができる。特徴としては、1も2も先行詞の構造が単純・簡単な点に注意。1では the person、2では the country で、どちらも名詞に冠詞がついているだけの構造である。この先行詞にもう少し複雑な修飾構造が含まれている場合は、関係詞の省略は微妙な問題になる。以下の例を参照。

Example 4　関係詞（目的格）の省略が難しい場合 [1]
― 先行詞に修飾語が多い

1. These are **the oldies from the fifties and sixties that** I often listen to.（ここにあるのは、私がよく聞く50年代60年代のナツメロです。）
2. I'm going to support **the scheme proposed by the Faculty of Arts that** [**which**] the president has found innovative.（私は学長が革新的だと判断している、あの文学部から提案された企画を支持するつもりだ。）

(解説) ここでは、先行詞の構造にやや長い修飾語句が含まれている点に注意。1では、the oldies の次に from the fifties and sixties があって、oldies に意味的に直結するはずの I often listen to との距離が長い。2の場合は、the scheme の次に proposed by the Faculty of Arts があって、the scheme と意味的に直結するはずの the president has found innovative とのあいだの距離が長い。このような場合は関係詞は省略しないほうが書き方としては無難である。

Example 5　関係詞（目的格）の省略が難しい場合 [2]
― 関係詞節内に挿入がある場合

That was the shabby car **that**, **to my surprise**, Max cherished most.（それが、私が驚いたことに、マックスがとても大事にしてい

たボロ車であった。)

(解説) ここでは、先行詞は the shabby car (冠詞＋形容詞＋名詞) という簡単な構造であるので、もし to my surprise という挿入句がなければ、関係詞の that は省略するのが普通である。しかしこの挿入句によって、先行詞と Max cherished most という関係詞節との距離が遠くなっているため、関係詞を省略しにくくなっている。

15.2 関係副詞

副詞と接続詞をかねる働きを有する関係副詞には、when, where, how, why などがある。ここでも、英作文上特に注意を要する事柄に焦点を当てて述べてみたい。

15.2.1 制限・非制限用法については関係代名詞と同様

先行詞の意味の完結性が、関係詞の直前にカンマを置くかどうかの1つの基準になるということは関係代名詞 (p. 218 参照) のところで見たが、同じことは関係副詞の用法についてもいえる。以下の例を参照。

Example 6 先行詞が意味の完結性を持つ場合 — カンマ用法
My hometown, where I used to play with my friends when I was a child, has totally changed. (私が子供のころ友達と遊んだ生まれ故郷の町は、いまではすっかり変わってしまった。)

(解説) ここでは my hometown はそれ自体が意味の完結性を持ち、種類的な記述ができないので、関係副詞 where の前にカンマを置く必要がある。

Example 7 先行詞が意味の完結性を持たない場合 — カンマなし用法
It is **a country in Africa where** there are quite a few lions and elephants. (そこはライオンと象が少なからずいるアフリカの国です。)

(解説) ライオンと象が少なからずいるアフリカの国はいくつかあり、ここでは関係副詞節は a country の種類を述べる働きがあるので、関係副詞の前にカンマはいらない。

15.2.2 how の用法 — how は先行詞を伴わない

関係副詞は、when, where, why については以下のように先行詞を伴うことがある。

1. That was **the time when** my father was out of job.（そのときは、父が職を失っていた時期だった。）
2. I visited **the forest where** I had seen the rare bird years before.（ずっと以前にその珍しい鳥を見たことのある森を訪れた。）
3. That was **the reason why** I decided to leave the town.（それがその町を去ろうと決意した理由だった。）

しかし、how の場合は、when, where, why と異なり、先行詞は伴わない。働きとしては、how は接続詞の the way（p. 193 参照）と同様の機能を持っている点に注意。以下の例を参照。

Example 8　how の用法

That was **how** [**the way**] the Japanese government dealt with the abduction cases.（それが、日本政府の拉致問題への対処の仕方でした。）

(解説) この場合の how は、the way と置き換えることができる。ただし、the way how のように両者を並列して使うのは古風な英語であり、現代英語では使われない。

第 16 章

代 名 詞

― it, this, that, one ―

英作文では、前文、後文、あるいは前の語句、後ろの語句のかかり受けに関して、代名詞の用法で迷うことが少なくない。ここでは代名詞の用法のなかで特に指示代名詞 it, this, that, one を取り上げ、文と文、語句と語句の関連において、これらの代名詞が指すものについて述べてみる。

16.1 it の用法

16.1.1 it が指すもの [1]

Example 1 **it は主として語句を指す**

My uncle, when visiting Wales last month, sent me **a beautiful picture postcard**. I like **it** very much. (私のおじが先月ウェールズに行ったとき、とてもきれいな絵はがきを送ってくれた。私のお気に入りである。)

(解説) 指示代名詞 it は、文と文の関連においては前文の要素を指す。ここでは、it は前文の a beautiful picture postcard を指す。ここで、it の代わりに this や that を使うのは不自然。

16.1.2 it が指すもの [2]

Example 2 **前文を this または that で受けたあと、さらに同じ内容**

を指す場合は it

① **They completed the difficult project at an amazing pace**. ② They told the president all about **that**. ③ He said **it** was miraculous.（彼らは驚くべきペースで難事業をやってのけ、そのことについて社長にすべてを語った。これは奇跡だと社長はいった。）

(解説) 前項で it は主として前文の語句を指す、と述べたが、前文の内容を指す場合がある。ただし、前文を直接指すのではなく、前文がいったん this もしくは that で受けられていて、さらに同じ内容を指し示す必要がある場合に it が使われる。

この例では、②の文の that は①の内容全体を指している。③の文の it は②の文の that を受けている。③の文で that を繰り返すのは、英文としては不適切である。一般に前文・後文のかかり受けは、理論的には以下のようになる。

第 1 文。→第 2 文では前文を this または that で受ける。→第 3 文では it で受ける。→第 4 文以下も同様に it で受ける。

16.2 this の用法

16.2.1 this が指すもの [1]

Example 3 this は主として前文の内容を指す

Our school has been in the red for the last few years. We must recognize **this**.（うちの学校はここ数年赤字経営である。われわれはこの点（事実）を認識しなければならない。）

(解説) 指示代名詞 this は、文と文の関連においては、主としてこの例文のように前文の内容を指し示す。ここでは、this は前文の Our school has been in the red for the last few years 全体を指す。ここで、以下のように this の代わりに it を使うのは不自然である。

> ? Our school has been in the red for the last few years. We must recognize **it**.

16.2 this の用法

英作文上の注意点 ― this は日本語の「この点」「この事実」に対応

英語の this は日本語の「これ」にあたる、という素朴な考え方をしていると、英作文で適切に this を使いこなすことは難しい。実態としては、this は Example 3 の例文にあるように、日本語の「この点」「この事実」などの表現にほぼ対応すると考えてよい。日本人学習者の場合、「われわれはこの点（事実）を認識しなければならない」の英訳として、以下のような英文を書く傾向がある。

? We must recognize **this point**.
? We must recognize **this fact**.

これらの英文は間違いではないが、文体的には冗長であり、どちらも this だけで表したほうが英文としては自然である。

16.2.2 this が指すもの [2]

Example 4 あとに続く文の内容を先取りして指し示す場合
What I'm going to say at the meeting on Friday is **this: Now is the time for us to get together and face up to the problem**.
（金曜日の会議のときには次のことをいうつもりだ。いまこそ結集して問題にあたるときである、と。）

(解説) this は前文だけでなく、これから述べる文を先取りして指し示すこともできる。この例文では this は、そのあとに続く文である Now is the time for us to get together and face up to the problem を指している。この点が this と that の大きな違いである。that には前文を指す働きはあるが、あとに続く文を先取りして指し示す働きはない。したがって、以下のような書き方は誤りである。

× What I'm going to say at the meeting on Friday is **that**: Now is the time for us to get together and face up to the problem.

16.3 this と that ── 空間・心理・関心の遠近

　文と文の関連でいえば、this は前の文の内容・あとに続く文の内容のどちらも指すことができるが、that は前の文の内容を指すことはできても、あとに続く文の内容を指し示すことはできない。それでは前の文を指す場合、どういうふうに this と that を使い分けるかという点は、英作文で迷うところである。結論からいうと両者は置き換え可能な場合も多いが、話者の心理や関心によって使い分けることも少なくない。以下の例を参照。

Example 5　this は心理・関心の近さ、that は心理・関心の遠さ
　"The birth rate in this town has been rapidly declining for the last decade." "**This** is a big problem, isn't it?"（「この町の出生率はここ 10 年急速に下がってきています。」「それは大きな問題ですね。」）

(解説)　ここでは、第 1 文の内容を受けて、第 2 文では This で始まっている。可能性としては、この第 2 文の話し手はこの町の住民か、少なくともこの問題に当事者意識のある人間の可能性が高い。この this はそのような心理・関心の近さ、身近さを含意しているといえるからである。もしここで this の代わりに以下のように that を使えば、どうなるであろうか。

　　"The birth rate in this town has been rapidly declining for the last decade." "**That** is a big problem, isn't it?"

　　可能性としては、第 2 文はこの町の住民ではなく、ここで語られている問題について当事者意識の低い人物が語っているということが考えられる。ここでの問題を距離を持って語っている印象があるからである。

16.4 This is why か That is why か

前の文を受けて「そういうわけで」というとき、This is why か That is why かで迷う場合があるが、文法的にはどちらも可能である。

Example 6 That is why の用法

Very few of you are attentive to the customers. **That's why** we so often have complaints from them.（君たちのうちで、お客様に対する気配りの充分な者はほとんどいない。だからお客様からのクレームがこんなに多いんだ。）

〔解説〕 this と that の使い分けの要因の1つとして、距離・心理・関心の遠近ということを述べたが、両者の使い分けは必ずしもそれにとどまらない。コロケーションとしての組み合わせの相性のようなものもあるようである。頻度からいえば、That is why は This is why の6〜7倍である。これは口調なども要因として入っていると考えられる。ただし、両者は置き換えても意味に大きな違いが出ない場合が多く、この例文でも、That's why の代わりに以下のように、This is why を置くことも可能である。

○ Very few of you are attentive to the customers. **This is why** we so often have complaints from them.

英作文上の注意点 — it, this, that の互換性について

これまで、it は主として語句、this, that は主として文の内容を指すということを述べたが、動詞句の表す意味などは、it, this, that のどれで受けても大きな違いがない場合が多い。以下の例を参照。

Chris is writing a short story. He does **it [this, that]** when he has time.（クリスは短編小説を書いている。彼は時間があるときは、いつもそうしている。）

ここでは、write a short story という動詞句の表す内容を、it, this,

that のどれで受けても大きな違いはない。

16.5 one が指すもの ― 一般に不特定の可算名詞を指す

特定の語句を it で受けることは比較的容易だが、不特定の語句は it では受けられず、one で受ける必要がある。ただし、不特定語句であっても one で受けられるのは可算名詞の場合であって、非可算名詞の場合は one で受けることはできない。以下の例を参照。

Example 7　one の用法 [1] ― 不特定の可算名詞を指す

I need a thesaurus. Don't you have **one**?（類義語辞典が必要だ。1冊持っていませんか。）

(解説)　この場合、話題になっている「類義語辞典」は不特定のものであるため、それを代名詞化する場合、it で受けるわけにはいかない。（われわれ日本人の英作文では、このような場合に it で受けてしまう誤りが多い。）

Example 8　one の用法 [2] ― 不定冠詞＋形容詞＋one

I don't like this red car. Don't you have **a blue one**?（私はこの赤い車はきらいです。青い車はありませんか。）

(解説)　英語に比べて日本語は代名詞をあまり使わない。このことは日本語では同じ名詞、動詞の繰り返しがよく起こる原因となっている。ここでの例を見ると、日本語のほうは「赤い車」「青い車」というふうに、「車」を繰り返すのがむしろ自然であるが、英語では繰り返しは不自然である。（われわれの書く英作文では、おそらく日本語の影響でつい繰り返しが多くなり、a blue **one** の代わりに a blue **car** と書いてしまうケースが多い。）

Example 9　one の用法 [3] ― 定冠詞＋(形容詞)＋one

"Which house are you talking about?" "**The big one** we saw a little while ago."（「どの家のことをおっしゃっているんですか。」「さっきわれわれが見た大きな家のことです。」）

(解説) one は不定代名詞として不特定のものを指すのが一般的ではあるが、定冠詞とともに用いるときは、むしろ特定のものを指していると考えられる。語法の問題として、the big it とはいえない、ということも one を使う要因となっているといえる。ここでは形容詞 big を伴っているが、以下の例のように、形容詞を伴わないこともある。

> "Which house are you talking about?" "**The one** we saw a little while ago."(「どの家のことをおっしゃっているんですか。」「さっきわれわれが見た家のことです。」)

英作文上の注意点 [1] ―非可算名詞の代名詞としては使えない

日本人だけでなく、英語を外国語として学習している人々の共通の誤りは、one を非可算名詞に対して使う誤りである。以下のような例が典型的誤りである。

> × I want some water. Could you get me **one**?(水が飲みたい。買ってきてくれませんか。)

water は非可算名詞で使われるのが一般的なので、one で受けることはできない。この場合は、以下のようにいうのが自然である。

I want some water. Could you get me **some**?

英作文上の注意点 [2] ― one は複数 ones の場合もある

one は以下の例のように複数の場合もある。英作文では、one も ones も使いこなせるようになる必要がある。

The shirts you have here are all made of wool. I'd like to have a look at cotton **ones**.(こちらにあるシャツは全部ウールですね。コットンのシャツを見たいんですが。)

ここでは shirts が複数名詞なので、それを受けて不定代名詞も ones となっている。

第 17 章

比 較 級

 比較級も英作文の際に注意すべき文法項目である。ここでは、特に誤りやすい現象に焦点を当てて見ていくことにする。

17.1 倍数詞を伴う比較級

Example 1　as 〜 as の中身が形容詞・副詞の場合

1. Our president's annual income is five times **as large as** mine.（うちの社長の年収は私の 5 倍である。）
2. This supersonic transport flies twice **as fast as** ordinary passenger planes.（この超音速旅客機は普通の旅客機の倍速で飛びます。）

(解説)　倍数比較表現の場合、as 〜 as の中身が文の補語か副詞の働きの場合、形容詞もしくは副詞 1 語が入る。1 の場合、形容詞 large 1 語が as 〜 as の中身として挟まれているが、それは large という形容詞がここでは be 動詞に続く、文の補語としての機能を持っているためである。

Example 2　as 〜 as の中身が〈many [much]＋名詞（句）〉の場合

1. As a gourmet, she spends ten times **as much money** on eating **as** I do.（彼女はグルメで、食事代に私の 10 倍もの金を使っている。）
2. This home appliance manufacturer produces three times **as**

many LCD TV sets as we do.（この家電メーカーはわが社の3倍の液晶テレビを生産しています。）
3. There are twice **as many nuclear missile bases** in this region **as** there are in that region.（この地域の核ミサイル基地の数はその地域の2倍です。）

(解説) 倍数比較表現の場合、as 〜 as の中身が文のなかで動詞の目的語の場合、〈many [much] + 名詞（句）〉が入る。ここでは1の場合、much money が as 〜 as の中身として挟まれているが、それは much money という名詞句が、ここでは動詞 spends の目的語としての働きを持っているためである。

　2の場合は、many LCD TV sets という名詞句が as 〜 as のなかに挟まれているが、それは動詞 produces の目的語としての働きをその名詞句が持っているからである。

　3の場合は、many nuclear missile bases という名詞句が as 〜 as の中身として挟まれているが、それはこの名詞句が there 構文の補語として用いられているからである。

英作文上の注意点

英作文では、倍数比較表現を作る際、as 〜 as の中身がどういう構造を持つかについて明確な文法意識を持つ必要がある。ここでまとめておくと、以下のようになる。

(1) as 〜 as の中身が形容詞か副詞1語の場合

その形容詞が文中で補語の働きを持っている。
その副詞が文中で動詞にかかる副詞の働きを持っている。

(2) as 〜 as の中身が〈many [much]＋名詞（句）〉の場合

〈many [much] + 名詞（句）〉が動詞の目的語である。
〈many [much] + 名詞（句）〉が there 構文の補語である。

17.2 〈The＋比較級〉の構文

「～すればするほど...である」という意味を表すのに、〈the＋比較級〉の構文を使うことができる。ここでは、その構文を作る場合の注意点について述べる。

形容詞句・副詞句・名詞句＋主語＋動詞 ─ 組み合わせは自由

Example 3 名詞句＋主語＋動詞，形容詞句＋主語＋動詞
The more stars he examined, **the more interested** he became in the origin of the universe.（多くの星を調べれば調べるほど、彼は宇宙の起源についての関心が高まった。）

(解説) ここでは文の前半は名詞句、後半は形容詞句が〈定冠詞＋more〉を伴って前に出ている例。

Example 4 副詞句＋主語＋動詞，形容詞句＋主語＋動詞
The more I speculated on the problem of human nature, **the more mysterious** it seemed to me.（人間性の問題についてあれこれ考えれば考えるほど、謎のように思えてきた。）

(解説) ここでは文の前半は副詞句、後半は形容詞句が〈定冠詞＋more〉を伴って前に出ている例。注意すべきは前半の部分。ここでのmore はそれ自体が「より多く」という意味を表す副詞で、動詞 speculated にかかっている。

英作文上の注意点 ─ more だけを切り離さない

〈The＋比較級〉の構文は、上の例で見たようにさまざまな組み合わせが可能である。英作文でよく見られる誤りは、the more とその他の要素を切り離して、とりあえずthe more の部分だけを頭出しにしてしまう以下のような例。

× **The more** he examined stars, **the more** he became interested in the origin of the universe.

ここでは、前半では the more と stars が切り離されてしまっている。後半では the more と interested が切り離されてしまっている。当然ながら the more stars, the more interested はそれぞれ意味のまとまりであるから、切り離して書くのは間違いである。

この種の構文では、The more I speculated... のように more 1 語で動詞にかかる副詞の働きをするような場合もあるので、その類推で誤ってここに見られるような切り離し構文を書いてしまう、ということが考えられる。

17.3 〈not＋比較級〉で最上級を表す

比較級構文で注意を要するものの1つに、〈not＋比較級〉で最上級の意味を表す構文を作ることができるということがある。

Example 5　could not be＋比較級 — 最上級を表す
1. Things **couldn't be better**.（状況は最高です。）
2. "How do you feel?" "I **couldn't be happier**."（「いまのご気分は？」「最高です。」）
3. Things **couldn't be worse**.（状況は最悪です。）

(解説) 1 は「これ以上状況はよくなりようがない — 最高です」、2 は「これ以上幸せになりようがない — 最高に幸せです」、3 は「状況はこれ以上悪くなりようがない — 最悪です」という意味を表している。注意すべきは助動詞 could とともに使われる傾向があるという点である。この場合の could は過去の意味ではなく、「〜だろう」という現在の推量的意味を表している点に注意。否定辞としては not が多いが、hardly も使われることがある（p. 183 参照）。

第17章 比較級

17.4 否定辞を文頭に置く比較構文

17.4.1 否定辞を文頭に置く比較級表現

もともと日本語に no, nothing のような否定辞を文頭に置いて文を始めるという文法構造がないため、われわれ日本人が英語を書くとき、例えば、No country is ..., Nothing is ... などのような否定辞文頭構文を使うのは苦手である。英語ではこれらの構文は一般的表現なので、英作文で使えるようになる必要がある。

Example 6　No, Nothing, No one で始まる比較級構文
1. **No (other) car** is more fuel-efficient than this Honda. (このホンダ車ほど燃費のいい車はない。)
   = This Honda is more fuel-efficient than any other car.
2. **Nothing** is more relaxing than walking in the mountains. (山歩きほどリラックスできるものはない。)
   = Walking in the mountains is more relaxing than anything else.
3. **No one** is more difficult than our boss. (うちの上司ほど気難しい人間はいない。)
   = Our boss is more difficult than anyone else.

(解説) 上にあげた種類の構文では、例にあるように more 〜 than の形が最も一般的であるが、so 〜 as や as 〜 as の形も使われる。したがって、1, 2, 3 をそれぞれ以下のように書くこともできる。

1′. No (other) car is **so [as]** fuel-efficient **as** this Honda.
2′. Nothing is **so [as]** relaxing **as** walking in the mountains.
3′. No one is **so [as]** difficult **as** our boss.

ついでながら、1 の other は、「その他のいかなる車も」という意味を明確に出すためには論理的には必要といえるが、実際

にはない場合も多い。

1, 2, 3それぞれにイコール（=）で否定辞を文頭に置かない比較級構文を並置している。このイコールは論理的意味が同じということを表しているが、文体的に等価ということではない。例えば、No (other) car is more fuel-efficient than this Hondaと This Honda is more fuel-efficient than any other car は意味的には同一だが、No carで始める文のほうが、This Hondaで始める文に比べて、最後まで聞かなければ（this Hondaまで聞かなければ）文意がわからないという点では、サスペンス効果（引っ張り効果）があるといえる。

17.4.2 否定の時間副詞句を文頭に置く場合

否定を表す時間副詞や場所副詞を強調する形で文頭に出す比較級構文もあり、否定辞文頭の強調構文といえるものである。

Example 7　Never beforeで始まる比較級の強調構文

Never before has the danger of nuclear terrorism been so impending as it is today.（今日ほど核を使ったテロの危険が差し迫った時代はほかになかった。）

= The danger of nuclear terrorism is more impending today than ever before.

[解説]　ここでは強意の否定辞 Never before を文頭に置き、助動詞 has が前に出て倒置文が発生している点に注意。また、時制の点でもこれまでのすべての時代を比較対象にする意味で現在完了時制が Never before のあとに使われている点にも注意を要する。この、Never before で始める文は修辞的効果も高く、英作文の観点からはかなり複雑な構造を持った難度の高い文といえる。それに比べるとイコールで示した文は時制も現在時制であり、倒置も含まれないため、英作文の観点からは容易である。ただ、Never before で始まる倒置文のような、否定辞を強調する修辞的効果はない。

17.5 比較級を使った慣用表現

Example 8　know better
1. I **know better than** to join the bullying group.（ぼくはいじめグループに加わるような馬鹿なまねはしない。）
2. The military government **should have known better than** to attack the Buddhist monks.（軍事政権は僧侶たちを攻撃するようなことはすべきではなかった。）
3. I **know better**.（私は馬鹿じゃない。[そんなおろかなことはしない。]）

(解説)　know better は上の例にあるように、「分別がある」という意味で用いられる慣用的表現。ここの例のようにthan 以下を伴うことも多いが、文脈で状況が明白である場合は、3 の例に見られるように、than 以下が省略されることも少なくない。また、2 のように「分別があるべきであった」の意味で完了の have を伴う場合は、助動詞はshould を使った should have known の形が最も一般的である。

Example 9　nothing more than
What they said was **nothing more than** a compliment.（彼らがいったことは単なるお世辞にすぎなかった。）

(解説)　nothing more than はよく使われる一般的表現で、意味的には only とほぼ同じである。日本人学習者の場合 only は使えても、nothing more than を使えないことが多い。

Example 10　no better
The next prime minister will be **no better**.（次の首相も（前任者と）同様にダメだろう。）

(解説)　no better は日本語でいえば「まったくダメ」というところで、better が no によって完全否定されている形。

17.6　最上級の使い方 — '隠れ最上級' の用法

われわれ日本人がなかなか使えない、英作文で注意すべき最上級の用法について触れておきたい。

Example 11　否定辞＋最上級
　　　　　　　　—「～が最も...である」ではないパターン

1. You **don't** have **the slightest** [**faintest**, **remotest**] idea what is your obligation here.（君は、ここでの君の果たすべき義務がどんなものなのか、全然わかっていない。）
2. My father is the kind of person who **can't** put up with **the smallest dent** on his car.（うちの父は、自分の車にほんのちょっとしたへこみ傷があっても我慢できないタイプの人間です。）

(解説)　最上級といえば、通常 Tokyo is the largest city in Japan（東京は日本で一番大きな都市です）のような構文を思い浮かべることが多いが、ここにあげた1, 2の例のような、日本語でいえば「全然」「どれほど～でも」などの意味にあたるような最上級の使い方は、われわれ日本人が苦手とするところである。ここでは〈否定辞＋最上級〉の形をあげたが、否定辞は伴わないで even の意味を含んだ以下のような最上級の例もある。

　　My mother is always trying hard to keep me away from **the slightest hint of danger**.（うちの母は、私がどんな小さな危険にもあわないように、いつも一生懸命守ってくれている。）

　　ここでは the slightest という最上級表現が、極端な程度を表している。

Example 12　最上級＋現在完了 —「これまでのなかで最も～」

1. This is **the biggest glacier this planet has ever produced**.（これはこれまで地球が生み出したなかで最大の氷河だ。）

2. This is **the greatest novel humankind has ever written**. (これは人間がこれまで書いたなかで最も偉大な小説だ。)

(解説) ここでの1, 2は厳密にいえば論理的構成にはなっていない。厳密に表現するならば、それぞれ以下のようになると考えられる。

1′. This is **the biggest of all the glaciers** this planet has ever produced.

2′. This is **the greatest of all the novels** humankind has ever written.

しかし実際には1′, 2′のようにいうことはなく、論理的短絡表現である1, 2の構文が使われる。また、用法の実態としては最上級のあとの現在完了構文の代わりに、〈ever＋過去分詞〉が使われることも多い。以下の例を参照。

3. This is the most beautiful largo **ever written**. (これはこれまでに書かれた最も美しいラルゴである。)
4. This is the largest crater **ever known**. (これはこれまでに知られている最大のクレーターである。)

「～ぶり」を表す最上級

Example 13　最上級＋in＋時間表現

1. That was **the severest earthquake in twenty years**. (それは20年ぶりの大地震だった。)
2. This is **the biggest political reform in fifty years**. (これは50年ぶりの大きな政治改革である。)

(解説) ここであげられた例については、「過去20年のなかで最も規模の大きな地震」「過去50年のなかで最も規模の大きな政治改革」と考えることができる。

第 18 章

省略構文

　英作文では、ある語句を省略すべきかどうか迷うことがある。すでに関係詞の省略などについては見てきたが、ここではそれ以外で、特に英作文で注意すべき事柄を見ることにする。

18.1　動詞句の省略

Example 1　助動詞のあとの動詞省略

1. "I'm scared. I can't go through a narrow hole like this." "Of course, you **can**."（「怖くてとてもこんな狭い穴を通りぬけることはできません。」「できるとも。」）
2. I left my children in Manchuria because I **had to**.（子供を満州に置き去りにしてきたのは、そうするほかなかったからです。）

(解説)　ここにあげている省略は比較的容易な例である。1では、go through 以下が can のあとに省略されている。2では、had to の次に leave 以下が省略されている。この 1, 2 のような例であれば、対応する日本文でもそれなりに省略が感じられるので、英文とのギャップはあまり感じられず、助動詞以下の省略は日本人の感覚でも抵抗がない。

　しかし、次のような場合はやや難しく感じられる。

第18章　省略構文

Example 2　同一動詞（句）の省略
1. This paper deals with the problem of global warming, and that paper **the problem of the increasing amount of CO_2 in the air**. (この論文は地球温暖化を扱い、その論文は大気中における二酸化炭素の増大を扱っている。)
2. This book consists of six chapters, and that book **five chapters**. (この本は6つの章からなり、その本は5つの章からなっている。)

(解説)　ここでの1, 2の場合、対応する日本語では動詞句の反復が自然であるのに対し、英文ではそれぞれ後半で deals with, consists of を省略することで、同一動詞句の反復が避けられている。このような場合に英語と日本語のギャップを感じやすいといえる。その点で、Example 1 の 1, 2 に比べてわれわれ日本人には難しいといえるであろう。
　　次の代不定詞もわれわれ日本人にとっては難しい省略の例。

Example 3　代不定詞の用法
1. I've stayed away from Jonny because my father has told me **to**. (父からいわれているのでジョニーとは距離を保つようにしている。)
2. You don't have to side with me if you don't want **to**. (私の味方をしたくないのならしなくてもいい。)

(解説)　1では、to の次に動詞句 stay away from Jonny が省略されている。2では、to の次に動詞句 side with me が省略されている。ここでは 1, 2 のような省略が英文としては自然である。このように to で止めて、あとの動詞句を書かないのは代不定詞の用法だが、これもわれわれ日本人からすれば、つい繰り返して同一動詞句を書いてしまう傾向があり、簡単とはいえない省略の例である。

18.2 主語・動詞の省略

Example 4 副詞節における主語・動詞省略

1. **When young**, I used to go fishing in the nearby lake.（若いころ近くの湖によく釣りに出かけた。）
2. The report, **though written very carefully**, was not properly evaluated by the government.（その報告書は丹念に書かれてはいたが、政府からは適正に評価されなかった。）
3. Change the form of the verb, **if necessary**.（必要ならば動詞の形を変えなさい。）

(解説) 主として書きことばではあるが、when, while, if, though などの従属接続詞のあとの主語・動詞が省略されることがある。1の場合は、When の次に I was が省略されている。2の場合は、though の次に it was が省略されている。3では、if の次に it is の省略があると考えることができる。

第 19 章

否 定

　否定の意味を表す語句についてはすでに、否定辞主語の構文のあり方（第1章）、副詞 hardly, hardly ever, scarcely（第11章）、否定辞を文頭に置く比較構文（第17章）の項で取り扱ってきたが、ここでは代表的な否定辞である not, no, never について、特に英作文の観点から注意すべき項目に焦点を当てて述べることにしたい。また、最後に、対人関係配慮や修辞の観点から、否定辞を使わずに否定の意味を表す構文についても若干触れることにする。

19.1　not と動詞 think, believe, suppose, expect などについて

　think, believe, suppose, expect, imagine, suspect といった動詞と否定辞 not の結びつき方は、英作文の際に注意を要する。

Example 1　…n't think のパターン
1. I **don't think** he is going to resign.（私は彼は辞職しないと思う。）
2. I **don't believe** you've seen her before.（あなたは彼女に会ったことはないと思う。）

(解説)　ここでの英文の構造と日本文の構造とを比べてみると、否定辞の使い方が異なることがわかる。1について見てみると、日本語訳は「私は彼は辞職しないと思う」となっており、これをそ

242

のまま英訳すると、I think he is not going to resign となる。この英文は正しい英文ではあるが、not の位置は一般的とはいえない。すでに動詞 think の用法について見たように (p. 48 参照)、think の直前に来る要素としては n't が 2 番目の頻度である。このことは、英語では否定情報はなるべく前に出すという傾向の 1 つの現れと見ることができる。

ここでまとめると、以下のようにいうことができる。

a) I **don't** think he is going to resign.
〈動詞 think と not の組み合わせの最も一般的な形〉
b) I think he is **not** going to resign.
〈not が resign に近いところにあるため、「やめない」という意味に強調が置かれている例 ― think と not の組み合わせとしてはあまり一般的ではない〉

ここでは think を例にとったが、同様のことは believe, suppose, expect, imagine, suspect についてもいえる。

19.2 no の注意すべき用法

普通の否定文である「彼は医者ではありません」という日本文は、英訳すれば He isn't a doctor となる。ここで not の代わりに no を使うと以下の例文のように違った意味になるので注意を要する。

Example 2 〈no＋名詞〉のパターン
1. He is **no** doctor.（彼は医者なんかじゃない。or 彼はとんでもない医者だ。）
2. He is **no** student.（彼は学生なんかじゃありません。or 彼はあれでも学生といえるのかな。）

(解説) ここでは文脈にもよるが、2 通りの意味が考えられる。1 に関しては、1 つは医者であることを強く否定してまったく別の何かである（例：He is a lawyer（彼は弁護士だ））ことを主張して

第19章 否定

いるか、あるいは非難がましく医者としての資質の低さをいっている可能性がある。

2についても同様で、例えば「学生なんかじゃなく教師なんですよ」というふうに強く否定しているか、あるいは「(遊んでばかりいて全然勉強もしない)まったくろくでもない学生ですよ」という非難がましい意味にもなりうる。

強調の no の用法に関しては、〈no＋形容詞＋名詞〉での強調パターンもある。以下の例を参照。

Example 3 〈no＋形容詞＋名詞〉のパターン
1. There is **no easy job**.（楽な仕事などまったくない。）
 ＝Every job is hard.
2. That was **no difficult operation**.（それは実に簡単な手術だった。）
 ＝That was an easy operation.

(解説) ここでの例はそれぞれ、There isn't any easy job, That wasn't a difficult operation といえば普通の否定文になり、「楽な仕事はない」「それは難しい手術ではなかった」といった意味を表すが、no を使うと、そこに使われている形容詞とまったく正反対の意味を表すことになる。

19.3 not の注意すべき用法

not は通例 no より意味が弱い用法が多いが、〈not＋a＋名詞〉の形で強調の意味合いを出すことができる。以下の文は、上から下へ行くに従って強調の度合いが高まっている。

Example 4 〈not＋a＋名詞〉による強調
(A) **No island** was seen.（島影は見えなかった。）
(B) （Aより強い）**Not an island** could be seen.
(C) （Bより強い）**Not a single island** could be seen.
(D) （Cより強い）**Not a single, solitary island** could be seen.

(解説) 上の文は「島影は見えなかった」という意味では共通しているが、上から下へ順次強調の度合いが上がっている。(D) は最も強調された形で、日本語でいえば「島影のかけらも見えなかった」というところであろう。

19.4 英作文では曖昧な否定表現を避ける

否定辞 not を使った典型的な曖昧表現を以下にあげてみる。英作文では避けるべき構文である。

? All of the students were **not** hardworking.

この英文は以下の 2 通りに解釈できるので曖昧である。

(A) All of the students were lazy.(すべての学生は怠け者だった。)
(B) Not all of the students were hardworking (すべての学生が努力したというわけではない。)

(A) は否定辞 not が形容詞 hardworking にかかると解釈した場合であり、(B) は not が All にかかる部分否定として解釈した場合である。英作文では？印がついているパターンの曖昧構文をなるべく避けて、(A)、(B) で示したような、意味の曖昧さのない英文を書くことが必要。

19.5 never の用法

never は「決して〜でない」というような、not を強めた意味合いがある。以下の例を参照。

Example 5　never の用法

I'll **never** forget my life here in England. (私は、ここイングランドでの生活を決して忘れることはないでしょう。)

(解説) この文で、not を使い、I won't forget my life here in England というと、意味としては never を使った場合よりも弱まる。

neverと比較級を組み合わせて、最上級的意味を出すことができる。以下の例を参照。

Example 6 〈never＋比較級〉の構文

Practice makes perfect. This is **never more true** than with language study.（習うより慣れろである。このことは語学の場合ほど当てはまるものはほかにない。）

19.6　否定辞を使わない否定構文 [1]
── 対人関係的配慮を優先する書き方

　否定的意味は no, not, never などの否定辞を使わなくても出すことができる。ここでは、われわれ日本人が英語を書く際の弱点である、否定辞なしの否定構文についていくつか例をあげて考えてみたい。

　例えばDo you know how to use this scanner?（このスキャナの使い方知っていますか）と聞かれて、I don't know（知りません）という否定辞を含んだ表現を使うのは、文法的には別にかまわないわけであるが、対人的配慮からすれば、例えば以下のようにいえば、I don't knowと直接的に表現するよりもずいぶん響きがやわらかくなる。

　How I wish I knew.（知っていたらどれほどよいでしょう。[教えて差し上げるのですが。]）

　この仮定法過去の表現は、I don't know という事実を踏まえたものであるが、表現として直接的に not などの否定辞を含んではいない。それだけに当たりのやわらかな表現ということができる。このように、英語の仮定法は対人関係的配慮の観点から、その用法をマスターすべき重要な文法事項ということができる。

　別の例を考えてみる。いま誰かある人物が書いた英作文の句読点（punctuation）の用法が間違っているということを指摘したいと思っているとすれば、以下の表現のどちらが対人関係的配慮の観点からより適切といえるであろうか。

(A) Your punctuation is not very good.
(B) Being a little bit more careful about how to use punctuation would have been welcome.

(A) は直接的に「あなたの句読法はよくありません」といっているのに対し、(B) は直接的には not などの否定辞を含んでおらず、「もう少し句読法に注意していたら、それは歓迎すべきことでした」というふうに、ずいぶん当たりがやわらかくなっている。われわれ日本人は (B) のような仮定法を駆使して、否定・批判の意味を出すことが非常に苦手である。

19.7　否定辞を使わない否定構文 [2]
── 修辞疑問を効果的に使う

すでに第1章の修辞疑問 (p. 33 参照) のところで述べたが、ここで確認の意味で修辞疑問の効果的な使い方について触れておきたい。

われわれが他人と接触しながら生活するうえで、相手のあり方をどうしても否定しなければならない状況に出くわすことがあるが、その際、単なる否定文を直接表現するのではなく、例えば修辞疑問を使うことで、より効果的にその意図するところを伝えることが可能になる。

ここで1つの状況として、自分の知人がペットとして飼っている犬にえさをやらないといった虐待をしている現場に居合わせたとする。そのとき例えば、以下の (A)、(B) の表現が可能である。

(A) You shouldn't do that to your dog.
(B) Is this the way you treat your dog?

(A) は端的に「あなたは自分の犬にそんなことをすべきではない」と否定辞を使って直接的にいっているが、(B) は「それが自分の犬を扱うやり方ですか」という修辞疑問 (相手に答えを要求しない疑問文) となっている。修辞疑問の特徴はすでに述べたように、形式的に疑問文であるため相手の注意を喚起する働きが強いという点である。(一応質問だから、答えなければならないという形式的圧力を相手に与える

第19章　否　定

ことができる。）重要なことは、(B)のように否定辞を含まない形でも相手のあり方を否定する表現が可能であるという点である。

　さらに、別の状況を考えてみる。いまここに、ひとりの教師がいて、自分の学生にアカハラ（academic harassment）まがいのことばを投げつけたとする。その現場に居合わせた人物がその教師を批判するとして、考えられる以下の2つの表現について比較してみる。

(A)　You shouldn't say things like that to your students.
(B)　What kind of teacher are you?

　(A)は端的に「あなたは自分の学生にそんなことをいうべきではない」と否定辞を使って直接的にいっているが、(B)は直訳すれば「あなたはどういう種類の教師ですか。［いったいそれでも教師ですか。］」という修辞疑問となっている。(B)は答えを要求しない種類の質問であり、その意味は You're a terrible teacher（あなたはひどい教師だ）ということであるが、形式的に疑問文であるため、相手の注意を喚起する働きは A 型の肯定文よりも強く感じられやすい。

　英語は yes, no がはっきりした論理性の高い言語であるが、直接的に否定辞を含まずに、相手の問いや要求に対して、またその他日常のさまざまな状況のなかで no の意味合いを表現する言語技術も発達している。われわれ日本人が英語を書く際、もっとそれらの表現技術習得に意を用いるべきである。

第 20 章

作文とコロケーション

20.1 コロケーションとは何か

　人間関係で相性が良い人と悪い人がいるように、単語も相性の良い単語と相性が悪い単語とがある。そのような語と語の関係をコロケーション (collocation) という。英文を書く場合、このコロケーションに気をつけていないと意味としては理解されるが、不自然な英語、少なくとも教養あるネイティブ・スピーカーは使わない英文を書くことになる。例えば、「文体論を研究する」を making research into stylistics と書けば、ネイティブ・スピーカーには意味は理解してもらえるが、彼ら自身は research と相性の良い動詞として make ではなく do を選ぶ。しかし、「決心する」は do a decision ではなく make a decision とする。このように、それぞれの単語には他の単語と相性の良いものとそうでないものがある。

　ちょっと厄介なのは、ある単語と相性がよくても、その単語の品詞が異なると相性が悪くなる場合である。「彼の新著はまったくの期待はずれだった」は、His new book was a big disappointment と書くことができる。big は disappointment と相性は良いが、big の副詞的用法である big や副詞 bigly（現在ではほとんど使われることがない）と disappointment の現在分詞の形容詞 disappointing との相性は悪い。ネイティブ・スピーカーは、His new book was big / bigly disappcinting とは書かない。このような語と語の相性の問題は、人間関係と同じよ

第20章 作文とコロケーション

うに、なぜそうなのかは残念ながらはっきりとした理由がない場合が多い。このような語と語が一緒に使われる関係を共起関係という。例えば、形容詞 big と名詞 disappointment は共起するが、副詞 big（あるいは bigly）と分詞形容詞 disappointing は共起しない、という言い方をする。

では、語と語にはどのような共起関係があるのか、あるいは英作文を書く場合、語と語の共起関係はどのような点に注意すべきなのか。このような共起関係、つまりコロケーションでは次の3つの面に注意していく必要がある。

1) 語彙の面から見る場合（lexical collocation: collocate）
2) 文法の面から見る場合（grammatical collocation: colligation）
3) 意味の面から見る場合（semantic collocation: semantic prosody）

本章では、このような3つの面から具体的な英文の例を見ながら、英文を書く場合の注意点を明らかにしていく。

20.2 語彙的なコロケーション

ある語のコロケーションを見ていく場合、その語の品詞と文構造のなかでの役割を考える必要がある。ここでは、〈動詞＋名詞〉（あるいは〈名詞＋動詞〉）、〈形容詞＋名詞〉、〈副詞＋形容詞〉、〈副詞＋動詞〉（あるいは〈動詞＋副詞〉）の場合に分けて見ていく。

20.2.1 〈動詞＋名詞〉と〈名詞＋動詞〉

Example 1 do か make か

Oh, I **did my homework**, while you were screaming along with the boys!（君が男の子たちと騒ぎ回っていたあいだに宿題を済ませたよ。）

(解説)　「宿題をする」場合の動詞は do を用いるが、「努力する」場合は make an effort と make を用いる。単に「～をする」だから do というわけにはいかない。do の基本的な意味は「行動する」

「活動する」ことで、make の基本的な意味は「何かを生み出す、作り出す」ことである。例えば、do exercises は「練習問題をする」だが、make exercises は「練習問題を作る」という意味になる。

新幹線に乗ると何度も耳にする表現に、次の一文がある。

　○ Ladies and gentlemen, we will **make a brief stop** at Hiroshima. (乗客の皆様、まもなく広島に停まります。)

make a stop とはいえても、do a stop とは使えない。stop は行動することではないので do とは結びつかず、stop の状態を作るという意味で make と結びついていると考えられる。

以下に、よく出てくる〈do ＋名詞句〉と〈make ＋名詞句〉の一部をまとめてみる。

do＋名詞 (句)
do my best (最善を尽くす)、do the cooking (料理する)、do an exam (試験を受ける)、do exercises (練習問題をする)、do an experiment (実験する)、do one's hair (調髪する)、do the shopping (買い物する)、do some work (何か仕事をする)

make＋名詞 (句)
make a change (変化する)、make a choice (選択する)、make a comment (コメントする)、make a contribution to (〜に貢献する)、make friends (仲良くする)、make an improvement (改善する)、make a mistake (間違いをする)、make a profit (利益を得る)、make progress (進歩する)、make a reservation (予約する)

Example 2　do か play か
I do wrestling, judo, and boxing. (レスリング、柔道、ボクシングをしています。)

(解説)　レスリングのような格闘技や体操 (gymnastics)、ヨガ (yoga)、瞑想 (meditation) などは do を用いるが、ゲームや得点を競い

第20章 作文とコロケーション

あうスポーツには play を用いる。

○ I **play games / badminton / baseball / cards / golf / rugby / tennis**.

Example 3　迷ったら have

We **had a big laugh** at his joke.（彼の冗談にみんな大笑いした。）

(解説)　例文では名詞 laugh の動詞として have が使われている。ここでは have の代わりに take, make, do は使えない。have はどんな場合でも使えるというわけではないが、動詞のなかでは最も多くの名詞と共起する動詞である。

Example 4　have の代わりに spend は使えるか

We **had a great time** at the party last night.（昨夜のパーティーはとても楽しく過ごした。）

(解説)　「楽しく過ごす」とあると、つい spend を使って We spent a great time と書きたくなるが、spend は、主観的な、あるいは評価を表す形容詞、例えば good や great などとは共起せず、two days, four years などのようにただ単に時間を表す名詞と共起し、その時間を表す名詞は数字を伴うことが多い。ただ、下記のように「大切な人との時間」を意味する quality time とはしばしば共起し、慣用表現のように使われることがある。

　　○ She **spent quality time** with her children.（彼女は子供たちと大切な時を過ごした。）

Example 5　start か begin か

The train for Edinburgh started from London.（エディンバラ行きの列車はロンドンを出発した。）

(解説)　School **begins / starts** at 9:00 a.m. や The concert **began / started** そして、I **began / started** a new business では begin も start も置き換え可能である。しかし、エンジンがついた機械や乗り物では begin は使えない。begin をどうしても使いたい場

合は、The train for Edinburgh **began** to move from London と
しなければならない。したがって、I can't **start** my car とは言
えるが、I can't **begin** my car とはいえない。その点では start
のほうが begin より共起関係の幅が広い、あるいは豊かである
といえる。

20.2.2　形容詞＋名詞

　形容詞のなかには特定の名詞としか共起しないものがある。同じよ
うに、名詞にはある特定の形容詞によってしか修飾されないものがあ
る。もっと厳密にいえば、名詞すべてを修飾する形容詞や、すべての
形容詞と共起する名詞はない。

　日本語の形容詞を英語にする場合に注意しなければならないことは、
その形容詞が物理的な内容を表すのか、抽象的な内容を意味している
のか、まず判断することである。例えば、比喩的な意味で用いられる
形容詞「明るい・暗い」の英訳の場合を考えてみよう。

Example 6　形容詞「明るい」や「暗い」はしばしば比喩表現

　He looks **gloomy** by nature but he is naturally **cheerful**.（彼は性
格が暗いように見えますが、本来は明るい性格なんです。）

(解説)　例文にあるような性格の明るさや暗さを表す英語として、light,
bright, dark は使えない。「明るい・暗い」という日本語の形容
詞は、「部屋が明るい・暗い」のように物理的な明るさ、つまり
自然の光や電灯の明かりに関することだけでなく、(1)「表情が
明るい・暗い」、(2)「未来は明るい・暗い」、(3)「政治には明
るい・暗い」などのようにさまざまな事柄と共起して使われる。
ここであげた表情、将来、政治に関する明るさは物理的な実際
の明るさではなく、比喩的な明るさである。したがって、物理
的な明るさや暗さを表す light, bright, dark, shady などの表現が
いつも使われるとは限らない。比喩的な表現を英語でいい表し
たいときは、具体的な内容はどういうことなのかをまず考えて
英語にする必要がある。ちなみに (1)、(2)、(3) に関しては、
次のような表現を使うことができる。

(1) She looks **happy / cheerful / depressed / gloomy**.
(2) Her future is **bright / bleak**.
(3) He **knows** politics **very well**. / He **doesn't know** politics **much**.

このような形容詞の特徴を念頭に置きながら、〈形容詞＋名詞〉のコロケーションの英訳の問題点を考えていく。

Example 7　deep か profound か

He has **a deep knowledge** of the habits of all the local wildlife.（彼はその地域全体の野生動物の習性について深い知識を持っている。）

(解説)　「深い知識」の「深い」は、deep の代わりに profound を使うこともできる。しかし、deep forest（深い森）、deep breath（深い呼吸）、deep sleep（深い眠り）の場合は、deep の同義語として profound は使えない。profound は知的な、あるいは精神的な強さや深さに対しては使えるが、物理的な現象や行為を表す語を修飾できない。このように、同義語として使えるのは限られた場合だけである。どのような環境においても同義語として用いられる語はない。profound と共起する名詞は effect(s), change(s), influence, implications, impact, consequences, sense, understanding などがある。

Example 8　「腐っている」

These **eggs are rotten** and this **milk is going sour** because of a power failure.（停電のため卵も牛乳も腐っている。）

(解説)　「腐っている」という日本語は、英語に比べさまざまな意味で使われる。英語では、腐っているものが何かによって形容詞は異なる。卵が腐る場合は rotten、牛乳は sour、バターやオイルなどの脂肪が腐る場合は rancid、肉が腐る場合は spoiled や bad、そして、木が腐る場合は decayed を用いる。「彼は成績が悪くて腐っている」のように比喩的な意味で使う場合は、物が腐っ

ている状態を表す形容詞は使えない。例えば、He is terribly depressed because of his poor grades と、内容を考えて英語にしなければならない。

Example 9　classic literature か classical literature か

In **classical literature**, Greek and Latin authors are studied in translation.（古典文学では、ギリシャ語やラテン語で書いた作家たちは翻訳で研究されている。）

(解説)　日本語では「クラシック」は「古典」という意味と同義的に使われるために、「古典文学」という英語を classic literature としてしまう傾向がある。しかし、古典の芸術に関していう場合には英語では、classic ではなく classical を使って、classical literature（古典文学）、classical art（古典芸術）、classical music（古典音楽、クラシック音楽）とする。classic は、a classic example（代表的な例）、a classic case（典型的な例）、a classic car（クラシックカー）、our modern classic writers（現代の一流作家たち）のように、不定冠詞を伴っていることからでもわかるように、classical に比べてより具体的なものと共起する傾向が強い。

Example 10　「早速のお返事」

Thank you for your **prompt reply**.（早速のお返事ありがとうございます。）

(解説)　これはEメールで返事を書くときによく用いる表現だが、prompt 以外にどういう形容詞があるだろうか。immediate, quick, speedy があるが、fast を使って、Thank you for your fast reply とはいわない。fast は fast cars や a fast train のように「乗り物や機械のような、ある時間内に一定の距離を移動したり、一定の仕事量をこなしたりする継続的な、あるいは持続性のある速さ」を表す場合には使えるが、Eメールのように単発的で瞬間的な速い動作や行為に関しては使わない。

20.2.3 副詞＋形容詞

形容詞のなかにはある特定の副詞としか共起しないもの、あるいは共起する傾向が強いものがある。

Example 11 「まったく満足している」

I am **quite satisfied** with the results.（その結果にまったく満足している。）

(解説) 「まったく」を和英辞典で引くと quite, very, entirely, completely, utterly, absolutely, totally, perfectly などの単語がある。どの副詞を使っても同じという訳ではない。これらの副詞のうち、satisfied を修飾するのは、quite, very, fully, completely, entirely, perfectly の順で多く用いられる。しかし、次のような好ましくない内容の形容詞を修飾するときは、限られた副詞しか使えない。

Example 12 「まったく疲れ切っている」

He looked **absolutely exhausted**.（彼はまったく疲れ切っているように見えた。）

(解説) absolutely の代わりに totally, utterly, completely, quite を用いることはできるが、一般的には perfectly は使われない。very, entirely は間違いではないが、一般的ではない。したがって、好ましくない形容詞を強調する副詞は注意して選択する必要がある。

Example 13　very engaged といえるか

I was **busily engaged** in proofreading yesterday.（昨日は校正に忙殺された。）

(解説) 副詞 busily が修飾する語は圧倒的に engaged が多い。engaged を修飾する副詞としては actively が最も多く、次に busily, currently, fully などである。very や quite は一般的には engaged を修飾する副詞としては使われない。very や quite はすべての形

容詞を修飾できるわけではない。

Example 14 happily と仲良しの語は？

He has been very **happily married** to his second wife Jenny for nineteen years.（彼は二度目の妻であるジェニーと、19年間大変幸せな結婚生活を送ってきた。）

(解説) 副詞 happily は、さまざまな語と共起関係にありそうに思えるが、実際には happily は圧倒的に married と一緒に用いられる。married 以外では動詞 live, said, settled と共起する。

20.2.4 副詞と動詞

副詞のなかにはある特定の動詞としか共起しないもの、あるいは動詞のなかにはある特定の副詞としか共起しないものがある。

Example 15 fixedly は「固定して」の意味か

Jane **stared fixedly** at him, saying nothing.（ジェーンは何もいわず彼をじっと見つめた。）

(解説) 「じっと見つめる」を表現するときの動詞は stare だけでなく gaze や look at が使えるが、副詞としては fixedly を使う。この fixedly は、このような見つめるときのみに使われる副詞であることに注意する必要がある。和英辞典で「じっと」を引くと fixedly があげられ、「静かに」「動かずに」などと説明が加えられているので、Don't move, stay fixedly there（動かずにじっとしていろ）や Think fixedly about it（じっと考え続けろ）といえそうな気がするが、fixedly は「見るという行為」を表す動詞しか修飾しない。fixedly の動詞 fix は見る行為だけでなく、「ものをしっかり固定する」や「考え、習慣、制度などを定着させる」などさまざまな意味に用いられるし、分詞形容詞 fixed も a fixed idea（固定観念）、a fixed price（定価）のように idea や price とも共起する。したがって、fixedly は動詞 fix や形容詞 fixed よりも共起関係は限定されているということができる。多くの英和辞典では fixedly の意味として「定着して、固定して、確固

として」が記載されているが、「見るという行為」を表す動詞しか修飾しないことを考えると、これらの訳語は適切ではないことになる。

20.3　文法的なコロケーション

　語や句のなかには、ある特定の文法的な特性と共起する傾向が強かったり、特定の語順でしか使われなかったり、あるいは使われる傾向が強いものがある。これを「文法的なコロケーション」という。例えば、so far という副詞句は、So far 39 people have suffered from Salmonellosis（これまでのところ 39 人がサルモネラ菌にかかった）のように、現在完了形とともに用いられることが圧倒的に多い。また、very much は、肯定文（I like him very much）と否定文（I don't like him very much）の両方で用いられる。しかし、very のない much だけだと、否定文の I don't like him much とはいえるが、肯定文の I like him much とはいえない。つまり、副詞 much は、very と一緒の場合は肯定・否定の両方で用いられるが、単独の場合、肯定文で使うのは自然とはいえないという文法的なコロケーションの特徴を持っている。さらに、前項 Example 15 で扱った「見る行為」を表す動詞 stare, gaze, look at と副詞 fixedly の語順は常に fixedly が動詞のあとに来る。このような文法的な特性の共起関係を、例をあげながら説明していく。

20.3.1　形容詞と名詞

　形容詞と名詞の文法的な関係は、次の 3 つのタイプに分けることができる。

(1) utter タイプ（限定用法のみ）
(2) asleep タイプ（叙述用法のみ）
(3) red タイプ（限定用法と叙述用法の両方が可能）

Example 16　**(1) utter タイプ（限定用法のみ）**
　That's **utter** nonsense.（それはまったくナンセンスだよ。）

(解説) 限定的に名詞を修飾し、名詞の前でしか使われない。叙述的に The nonsense is utter とはいえない。

このような〈形容詞＋名詞〉の例として下記のものがある。

a **clear** failure（明らかな間違い）、my **future** plan（私の将来の計画）、the **main** problem（主要な問題）、his **late** wife（彼の亡くなった妻）、the **only** child（ひとりっ子）、an **outright** lie（まったくのでたらめ）、my **own** way（私流のやり方）、**sheer** arrogance（まったくの横柄な態度）、a **true** scholar（本当の学者）

Example 17　(2) asleep タイプ（叙述用法のみ）

The baby is **asleep** beside her mother.（赤ん坊は母親のそばで眠っている。）

(解説) utter タイプとは違って、(2) の asleep タイプは主語の状態を説明する補語の役割を果たすことができても、名詞の直前に来て修飾することはできない。本来、asleep の接頭辞 a- は前置詞 in や on の機能を持っているので、名詞の前には用いることができない。したがって、a を取り去った sleep の形容詞 sleeping を使って、the sleeping baby ということはできる。asleep のようなタイプの形容詞は「a 形容詞」と呼ばれることがある。

以下に、他の「a 形容詞」を列記した。

afloat, afraid, alert, alike, alive, alone, amiss, ashamed, awake, aware

これらの形容詞はすべて、叙述用法のみでしか使われない。

Example 18　(3) red タイプ（限定用法と叙述用法の両方が可能）

The rose is **red**. My love is like a **red**, **red** rose.（バラは赤い。恋人は赤い赤いバラのよう。）

(解説) (3) の red タイプは、The rose is red でも a red rose でも可能なタイプの形容詞で、形容詞のほとんどがこのタイプである。

Example 19 〈enough＋名詞〉と〈名詞＋enough〉

I have **time enough** to think about that.（そのことについて考える時間は充分あります。）

(解説) 形容詞 enough は、名詞の前置も後置も可能である。したがって、I have **enough time** to think about that ともいうことができる。使用頻度の面では、前置の enough time が圧倒的に多い。

Example 20　something＋形容詞

He suddenly remembered **something important**.（彼は突然、重要なことを思い出した。）

(解説) something を修飾する形容詞は something のあとに置かれる。これは enough の場合と違って形容詞の性質ではなく、something の性質である。something と同じように後置の形容詞をとるものに、anything, nothing がある。thing は前置と後置の両方可能である。

20.3.2　副詞と動詞

　一般的に副詞は動詞の前後にあって、動詞を修飾する。しかし、副詞のなかには、ある動詞ではあとに来ることを好み、他の動詞では前で修飾することを好むものがある。お互いの相性によって副詞の位置が異なることがある。

Example 21　「着実に増加する」

Attendance has **increased steadily** over the years.（出席者数はここ数年間で着実に増加してきた。）

(解説) 例文では steadily は increase の後ろに置かれているが、increase の前に置いてもまったく問題ない。一般的には副詞と動詞の位置関係は、修飾関係が曖昧にならない距離であれば、前に置いても後ろに置いても違いはない。ところが、steadily が動詞 look を修飾するときは、steadily は look の後置となる。

20.3 文法的なコロケーション

Example 22 「じっと見る」

Mrs Robinson **looked steadily** into his eyes.（ロビンソン夫人は彼の目をじっと見た。）

(解説) BNC では、steadily が look や looking を前から修飾する例は一例もない。これは見る行為を表す動詞 gaze にも同じことがいえる。「じっと見る」という日本語の語順に従って steadily look とすると、意味は理解されるが、英語らしい語順でないことになる。

Example 23 「心から笑う」

We **laughed heartily** at his joke.（私たちは彼の冗談に心から笑った。）

(解説) 副詞 heartily と動詞 laugh が共起する場合は、heartily は laugh のあとに来る。「心から笑う」という日本語の影響で heartily laugh と heartily を laugh の前に置いてしまいがちだが、注意を要する。BNC には heartily が laugh の前に来る例は一例もない。Google で調べると heartily laugh の語順の例が多く見られるが、ほとんどがノンネイティブ・スピーカーのウェブ・ページである。イギリスやアメリカの新聞などでもいくつか見られるが、通常の使い方を逸脱して何らかの効果を狙ったことばづかいである。一般的には、ネイティブ・スピーカーは laugh heartily の語順で用いる。

ところが、heartily が動詞の前に来ることを好む動詞もある。

Example 24 「心から推薦する」

This is a book I **heartily recommend** to all hill walkers.（この本は、山歩きが趣味の人みんなに心から推薦する本です。）

(解説) recommend のほかに、wish, agree などの動詞も heartily は前から修飾することを好む。

Example 25　infinitely＋比較級

Her English seemed **infinitely better** than her halting German.
(彼女の英語はたどたどしいドイツ語に比べたら、はるかに上手だ。)

(解説)　「大いに」「果てしなく」「はるかに」などを表す副詞 infinitely は、比較級と共起する頻度が圧倒的に高い。infinitely good は間違いではないが、ネイティブ・スピーカーは good ではなく better を好む。infinitely のすぐあとに共起する単語を BNC で調べると、more, preferable, better, variable, worse, varied の順で多い。

20.3.3　文法的なコロケーションの変化

Example 26　busy＋〜ing

Mr Gilbert was **busy working** at his desk when Mick entered his classroom. (ギルバート氏は、ミックが教室に入ってきたとき机に座って忙しく仕事をしていた。)

(解説)　文法的なコロケーションは時代とともに変わることがある。上記のような英文の場合、多くの英和辞典が busy in working や busy (in) working としている。busy in としても間違いではないが、in を使わない傾向が強くなってきている。100 年前は反対に、in を使わない例はほとんど見られなかったのだが、現在では使わないほうが一般的である。このようにコロケーションは音声、語彙、文法と同じように、時間の経過とともに変化していく。もちろん、busy のあとに ing 形でなく名詞が来れば、in, with, on などの前置詞を使わなければならない。

20.4　意味的なコロケーション

コロケーションは、習慣的にある語と共起関係にあるだけでなく、ある特定の意味領域と共起関係にある場合がある。例えば、主に好ましくない事柄と共起する語句がある一方、主に好ましい事柄と共起する語句がある。語彙の多くは中立的 (neutral) で両方の場合に使われ

る。

例えば、「鳥肌が立つ」という日本語の表現は、「寒さや恐怖などの強い刺激によって皮膚に鳥肌が立つ」ことを意味し、不快ないやな出来事に対して使われる。しかし、最近では若者のあいだでは、「松井がホームランを打ったシーンを見て鳥肌が立ったよ」のように、良い意味の内容を表す場合にも使われるようになり、良い意味で使われることを明記する国語辞典も出てきた。また、若者のあいだで使われる一種の俗語である「やばい」も、肯定的に使われるようになった。これは時間の経過とともに、意味的なコロケーションが変化していった例といえる。まだそれほど多くはないが、感動を表す内容として「松井がホームランを打ったシーンを見てぞっとした」のように、「ぞっとする」という表現も良い意味で使う若者も出てきた。

20.4.1 動詞句

Example 27　break out と好ましくない意味

The Korean War broke out in June 1950.（朝鮮戦争は1950年6月に勃発した。）

(解説)　BNC で調べてみると、break out の主語となるものは、war のほかに、fire, fight, fighting, quarrel, violence, riot, trouble など好ましくない事柄を表す語がほとんどである。下記のような好ましい事柄の場合もあるが、一般的に好ましくない事柄と共起する。

　　○ **A great roar of applause** broke out.（怒濤のような拍手が急に起こった。）

Example 28　動詞 cause と好ましくない原因と結果

AIDS（acquired immune deficiency syndrome）is a condition **caused by a virus** called HIV（human immunodeficiency virus）.（エイズ［後天性免疫不全症候群］は HIV［ヒト免疫不全ウイルス］と呼ばれるウイルスによって引き起こされる症状である。）

[解説] 動詞 cause もまた、好ましくない原因や結果と共起する傾向が強い動詞である。動詞 cause と共起する名詞は、damage, problems, injuries, pollution, difficulties, disruption, distress などである。

Example 29　contribute to と好ましくない原因と結果

Heavy smoking may **contribute to cancer**.（過度の喫煙は癌の一因となりうる。）

[解説] contribute to は「～に寄与する、貢献する」の意味で、一般的には良い意味と共起することが多いが、例文のように悪い意味と共起する場合もあることを知っておく必要がある。

Example 30　occur と好ましくない意味

An accident occurred whereby damage was caused to another vehicle.（別の車に損害を引き起こすような事故が起こった。）

[解説] occur は「予期せぬ出来事が起こる」場合に使われる。その予期せぬ出来事は、好ましくない出来事である場合が多い。accident のほかに、incident, event, damage, change などと共起する。thought や idea とも共起するが、下記の例文のように、突然浮かぶ考えは好ましくないものがほとんどである。

　　○ **A dreadful thought occurred** to him.（ある恐ろしい考えが彼に浮かんだ。）

　好ましい考えが突然浮かんだ場合は、下記の例文のように、hit on や have を使う。

　　○ He **hit on an idea** for solving his problem.（問題解決のアイデアが彼に浮かんだ。）
　　○ Then I **had a bright idea**.（そのとき良い考えが浮かんだ。）

Example 31　provide と好ましい意味

Through drama, students are **provided with the opportunity** to perceive the world from another point of view.（演劇を通して、学

生は別の視点から世界を見る機会を与えられる。)

(解説) provide は「人に役に立つものを与える」というのが基本的な意味なので、好ましくない事柄と共起しない。共起するものは、情報、食べ物、サービスなどに関する名詞が多い。

20.4.2 形容詞

Example 32　naive の意味的なコロケーション

It would be **naive and dangerous** to imagine that our children could solve this sort of problem by themselves. (子供たちがこのような問題を自分たちで解決できると思うのは、浅はかで危険な考えだと思う。)

(解説) 「ナイーブ」という日本語は「繊細な」「感受性が鋭い」「純真な」の意味で肯定的に使われるが、英語の naive は「経験不足の」「考えが浅い」という意味で、好ましくない語や文脈のなかで使われることが多い。You're naive といわれて喜んではいけない。日本語の「ナイーブ」に近い英語は innocent や sensitive であろう。

Example 33　so-called の意味的なコロケーション

I tried one **so-called** cure after another. (いわゆる何々療法というやつをいろいろと試してみた。)

(解説) so-called は、文法的なコロケーションとしては名詞の前だけで用いられ、限定用法でしか使われないが、意味的なコロケーションとしては、好ましく思っていない事柄に対して一般的には用いられる。上記の例文においては、書き手は cure に対して今では懐疑的な思いを抱いている。

Example 34　expected は好ましい意味としか共起しないか

As expected, the whole family was devastated at the news. (予想通り、家族はみなその知らせに打ちひしがれた。)

(解説) 動詞 expect の意味を「期待する」と覚えてしまうと、「期待」とは「良いことを待ちわびること」なので、好ましい事柄を予想し悪い出来事には使わないと思い込んでしまう。したがって、as expected を「期待通り」と覚えてしまうと、例文は「期待通り、家族はみなその知らせに打ちひしがれた」と、日本語としておかしな文になってしまう。as expected が使われる文脈では、予想した出来事は良いこともあれば悪いこともある。これは動詞 expect にもいえる。次の例文を参照。

○ **We expected** the Kohl party to lose again.（コールが率いる党は再度敗北すると、われわれは予想した。）

Example 35　childish と childlike の意味的なコロケーション

I liked his **childlike innocence** but I couldn't stand his **childish voice**.（彼の子供のような無邪気さは好きだったが、子供っぽい声には我慢がならなかった。）

(解説) childish は、大人でありながら「子供っぽい」という意味で、好ましくないニュアンスで用いられる。一方、childlike は、innocence, delight, pleasure, simplicity などの語と一緒に使われ、好ましい意味で使われることが多い。

20.4.3　副　詞

Example 36　utterly の意味的なコロケーション

She was **utterly confused** by her husband's careless words.（彼女は夫の思いやりのないことばにまったくうろたえた。）

(解説) utterly は miserable, destroyed, depressed などの否定的な語や好ましくない語と共起することが多い。しばしば、utterly beautiful や utterly marvelous のように肯定的な語と一緒に用いられることがあるが、very beautiful や very marvelous の場合に比べ、単なる強調ではなく「はっとするような美しさ」「これまで経験しなかったようなすばらしさ」を表す。また、嫌みや皮肉で使われることもある。

Example 37　undoubtedly の意味的なコロケーション
That is **undoubtedly true**. (それは間違いなく真実だよ。)

(解説)　undoubtedly が修飾する形容詞や動詞は、良い意味も悪い意味も可能である。しかし、実際には、圧倒的に良い意味の形容詞や動詞が undoubtedly のあとに来る。形容詞では、頻度の面では true, right, correct, important, necessary の順で共起し、動詞では、helped, made, contributed, influenced の順である。

　形容詞 undoubted も、次のような良い意味の名詞と共起する傾向が強い。success, fact, talent, presence, skills, ability, benefits, value の順で共起する頻度が高い。

20.5　コロケーションと諸問題

20.5.1　コロケーションとレジスター

　「英作文とコロケーション」について、これまで (1) 語彙的コロケーション、(2) 文法的コロケーション、そして (3) 意味的コロケーションの3つの点から、具体的な例文を検討しながら論を進めてきた。最後に、これまで扱わなかったコロケーションに関わる問題点について2, 3 触れてみたい。

　まず、最初はコロケーションとレジスターの問題である。レジスターとは「ある特定の状況、例えば話しことばや書きことば(口語的、文語的)において、習慣的に用いられる語彙、文法、文体」のことで、これはコロケーションともかかわりがある。例えば、very を意味する terribly は、主にイギリス英語では terribly sorry のようにくだけた会話表現で使われる。これはまた、否定的な表現だけでなく次の例に見るように、important, well, good, nice などの肯定的な形容詞や副詞と一緒に使われる。

Example 38　terribly important
I think that's **terribly important**. (それはとても大切だと思います。)

第20章 作文とコロケーション

(解説) このような〈terribly＋肯定的な意味の語〉のコロケーションは典型的な口語表現である。

Example 39　have a think

Let me **have a think** about it.（そのことについてはちょっと考えさせてください。）

(解説) 上記の例文のように、thinkを名詞としてhave a thinkも話しことば特有のコロケーションである。haveの代わりにgetの例も見られるが、takeは使えない。

一方、書きことば特有のコロケーションもある。

Example 40　alleged＋名詞

Public opinion became increasingly incensed over the **alleged** involvement of Jane in her daughter's death.（世論はジェーンが彼女の娘の死に関与しているらしいということを知って、次第に激怒してきた。）

(解説) 形容詞としてのallegedは限定用法、つまり名詞の前でしか使われないが、改まったレジスター、つまり新聞などの書きことばで使われる。

新聞や雑誌などにおいて文法的なコロケーションの特徴の1つは、単語を重ねる前置修飾である。

Example 41　肩書き＋名前

Former Chief Cabinet Secretary Yasuo Fukuda and LDP Secretary General Taro Aso were the only LDP members to file as canditates in the party's presidential election.（福田康夫前官房長官と麻生太郎自民党幹事長の2人だけが、自民党総裁選に立候補届けを行った。）

(解説) Former Chief Cabinet Secretaryのように名詞が形容詞的に使われ、語が列挙されるのは英字新聞の特徴である。他の例として、International Atomic Energy Agency（国際原子力機関）、Nuclear Nonproliferation Treaty（核拡散防止条約）。この特徴は、肩書き、公的な機関、条約だけでなく、新聞の記述のいたるところに見られる。例えば、unofficial employment promise（採用内定）や a job information magazine（就職情報誌）。

また、英字新聞では重要人物に言及する場合は、肩書きが最初に述べられ、その次に固有名詞が来るのが一般的である。日本語ではその反対で、固有名詞が先で肩書きがその次に来る。このような日本語と英語の語順の違いによるためか日本の英字新聞はしばしば、固有名詞が肩書きの前に来ることがある。

Example 42 〈I＋動詞〉は好まれない

The data of the 432 first-citations from Dickens' non-fiction in the *OED* **will be analysed** in this section.（*OED* に引用されているディケンズのノンフィクションからの 432 の初例が、このセクションで分析される。）

(解説) 学術論文では、太字の部分を I will analyse と能動態にすることは一般的には好まれない。論文では客観性が重要なので、著者の存在を際立たせる主観的な書き方は避けられ、受動態で書かれる傾向が強い。断定的なものの言い方を好まない日本人の卒業論文には、I think や I feel や I mean や I suggest がしばしば見られるが、学術論文というレジスターでは使わないという態度で書いていくことが必要である。

典型的な例を通して、コロケーションとレジスターの問題を見てきたように、ある特定のレジスターで許されるコロケーションが、別のレジスターでは好ましくない場合がある。英文を書く際には、どのようなレジスターで言語活動を行っているかを考慮して英文を書く必要がある。そうでないと、文法的には間違いがなくても、英語らしい英文が書けていないことになる。

20.5.2 節や文を越えたコロケーション

次に、節や文を越えたコロケーションによる英作文の練習を提案し

たい。ある特定の表現が使われると、近接した場所ではなく、節や文、あるいはいくつかの文章のあとでさえも、われわれはある表現を予測することがある。例えば、スピーチや論文で、first や firstly とあると、secondly や thirdly がその後出てくるのを予測し、in the first place という表現があれば、in the second place や in the third place がやがて使われることを暗黙のうちに知っている。このように、ある表現があると、そのあとに出現予測される表現あるいは論理や語りのパターンがある。この予測される表現パターンはレジスターによって異なるが、このパターンを知っておくと、英文に自然な流れが出てくる。ここでは、E メールの書き出しの "Dear＋名前" のあとの表現のパターンと論理的な記述文や議論において、自分の考えを述べる際に使われる表現や語りのパターンを簡単に見ていく。

Example 43 "Thank you for.... It's nice to do...."

Dear Richard,

Thank you for your mail. **It's nice to hear** from you.

(メールありがとう。お便りうれしく思います。)

(解説) 例文のようなパターンを覚えておくと、E メールの書き出しに躊躇することが少ないであろう。It's nice to hear の部分は、I'm glad to know や How nice it is to hear from you! などがよく見られる。

Example 44 "Dear.... I'm writing to do...."

Dear Richard,

I'm writing to ask you if it might be possible for us to make use of your data.

(お聞きしたいことがあります。あなたの資料を使わせていただいてよろしいでしょうか。)

(解説) メールの用件を相手に知らせる際、英語ではこのように Dear の書き出しのあと、直接的に I'm writing to do と続けることがよくある。ask 以外の動詞では confirm, thank, express などの動詞が使われる。これは少し改まった文体で使われる。

20.5 コロケーションと諸問題

Example 45 "Dear .... I hope ...."

Dear Richard,
I hope you enjoy your visit to New York.
(ニューヨーク訪問を楽しんでおられることでしょう。)

(解説) I hope のあとに相手の状態を予測した内容や希望的な好ましい状態を述べて書き出し、自分の近況を述べることがある。この I hope は次の例文のように、メールの最後にも使うことがある。

○ **I hope** you have a bit more free time to relax.
　Best wishes,
　Richard.
　(もう少しゆっくりする時間が取れればいいですね。
　お元気で。)

次に、論理的な記述文や議論において見られるコロケーションのパターンを見ていく。

Example 46 "most people ... but ..."

Most people only have shingles once in a lifetime **but** it is possible to have it several times. (たいていの人は帯状疱疹は一生に一度だけですみますが、何度も起こることがあります。)

(解説) 大多数の人たちのものの考え方や傾向に言及する場合、そのあとに述べられる内容は、少数の人たちや個人的な考え方や傾向、あるいは特殊な事例が示されることが多い。また、but のあとには in fact や personally などの副詞句を伴うことがある。most people のほかに、in most cases, in general [generally], usually などがある。

Example 47 "it is said that ... but ..."

It is said that he is dead **but** I'm sure he will remain hidden in Mount Annapurna. (彼は死んでしまっているといわれているが、アンナプルナ山に今もきっと隠れている思う。)

(解説) it is said that ... but 〜も同様の例である。まず一般的に考えられている内容を説明したあと、but のあとに自分の考えを述べる場合である。実際の状況や自分自身の主張をするときに役に立つコロケーションのパターンである。

Example 48 "Although A has been . . . , little attention has been paid to B"

Although a large number of studies on Dickens' style **have been** made on his fiction, **little attention has been paid to** his non-fiction.（ディケンズの小説の文体に関しては多くの研究が行われてきたが、彼のノンフィクションの文体に関してはほとんど関心は向けられてこなかった。）

(解説) 論述文ではこれまでの研究や経緯を述べ、これから論を進める内容に関する研究がこれまで充分になされていないことを示すことがよくある。そのような内容を述べる場合、過去の研究と自分の研究を対比する表現として、although と little attention の共起はしばしば見られる。little の代わりに few や no も使われる。例文は、however を使って、次のように書き換えることもできる。

○ A large number of studies on Dickens' style have been made on his fiction. **However**, little attention has been paid to his non-fiction.

このような節や文を越えたコロケーションの練習を日ごろから意識的にしておくと、英文にスムーズな流れが生まれてくる。

第 21 章

ことばと文化

― 文法を超えて ―

21.1　はじめに ― 異なる価値観を知る

Example 1　「遅くなってごめんなさい」は **I'm sorry to have kept you waiting.** か

　約束の時間に遅れたとき私たちは、「遅れてごめんなさい」といってわびるのが普通だ。これを英語の世界で同様に、I'm sorry to have kept you waiting といってよいのだろうか。親しい友人が相手で、利害関係がない場合にはこれでいいだろう。だが、仕事上の約束に遅れたときには、軽々しく I'm sorry を口にしないのはビジネス上では常識といえる。自分の非を認めたことになり、交渉前からハンディを背負うことになるからだ。こんなときは、Thank you for waiting という。

　日本人が英語を書く際に意識しておかなければならないことは多々ある。そのなかでまず、適切な語彙、フレーズ、文体、スピーチレベルなどを選択することに精力を注ぐことは非常に重要な作業である。

　しかし、それだけで充分なのだろうか。どうもそういった、ある意味、目に見える世界のほかに大切な要素があるような気がしてならない。この章では、そういった目に見えにくい、あるいは見落としがちな点に話題を絞りたいと思う。例えば、上述の例のように同じ状況でも英語と日本語では表現に違いがあることがあり、これはそれぞれの言語の使用者あるいは使用者が属する集団の価値観や物事のとらえ方の相違を反映している。物事のあり様のどの面を見るかが違うともい

第21章　ことばと文化

えるのであり、この差異を知ることが相手を正しく理解し、また相手に誤解されないためには不可欠である。

Example 2　拾ったお金は交番に届ける？

道でお金を、しかも1万円という大金を拾ったらどうするか。正解は最寄りの交番なり警察に届ける、だろうか。日本人なら一応届けようと考えるのではないだろうか。そんな人は次の対話例を見て欲しい。

A: I found a 10,000 yen bill on my way to school.（学校に行く途中で1万円札拾っちゃった。）
B: "Lucky you!"（ついてるじゃん！）

（『スーパーアンカー英和辞典（3版）』lucky）

イギリスでは、"Finders, keepers. Losers, weepers." といって、子供たちが拾った消しゴムや鉛筆などを自分のものにすると聞く。自己責任という考え方が徹底しているということだろう。だから、「拾ったものは警察に届けないといけないよ」を文字通り、You must take what you found to the police というのは、文法上は問題がなくても、意味をなさない発言になってしまうのである。

Example 3　「うちに遊びに来てください」

A: うちに遊びに来てください。
B: ええ、ぜひ寄せていただきます。
A: Please come and see me at my home.
B: My pleasure. / Thank you. I will.

このやり取りは自然な日本語といえよう。しかし、英語にした途端まったく意味が異なってくると思われる。日本語だと、誘っているほうも誘われているほうも、単なる挨拶としか考えていない場合が多い。もしも、誘われた人がいきなり玄関に現れると、誘った側は驚くに違いない。そして、何て失礼な人だろうと考えるのがおちだ。だが、英語にしたら、この対話は俄然現実味を帯びてくる。だから、自宅に呼びたくない相手にこんな発言はできないのである。

文字通りに解釈してはならないという、ある意味、理不尽なことがまかり通るのが日本の言語使用実態なのである。

『英語小論文の書き方』（加藤恭子、ヴァネッサ・ハーディ）には、次のように書かれている。

> ことばではとても表現できないものがありますね」というと、日本人は満足そうにうなずく。極寒の海面に氷山が浮かんでいるとして、だが見えない海面下にはより巨大な氷の塊が隠れていることは知られている。ことばになるのは、海面に出たほんの少しの部分。言外に隠れた巨大な塊をにおわせ、そして聞くほうも読むほうもそれを感じつつコミュニケーションを果たすのが日本人の一般的なやり方である。
>
> 言語表現についての日本人の文化的伝統と西欧人のそれとはかなりちがう。これがちがえば、日本語ではよいとみなされるエッセイなり小論文なりをそのまま英訳しても、それがそのまま英語としてのよい作品にならないことは明瞭であろう。

つまり、英語を書くときは、「論理構成型」である英語のルールを守らないと、いいたいことが伝わらないと主張している。また、『論理思考を鍛える英文ライティング』（富岡龍明）も同様に、英文を書く以上は英語の論理に則った書き方をすべきだと主張している。いずれも、英語なりフランス語なりで数多くの論文を書いてきた経験を持つ著者たちの声である。

日本人が英語を使うということは、とりもなおさず異文化間コミュニケーションを根底から考え直すことが大前提になる。待ち合わせの時刻に遅れたとき、I'm sorry と Thank you for waiting のいずれが適切か、もしくはこれら以外にもっとふさわしい言い方があるのか、そうしたことを考えることが今後の日本の英語教育には必要だろう。さらに、日本の価値観が世界の価値観として通用するのかしないのかも常に確認することで、よりいっそう世界に通用する英語を体得できるのである。

21.2 日本語と英語の世界観の違い

21.2.1 俳句を通して考える

Example 4 「古池や　蛙飛び込む　水の音」の蛙は何匹？

V. オフチンニコフは『一枝の桜』のなかで、「おそらく世界の中でもっとも簡潔で、しかも内容の豊かな詩形式である俳句を別にすれば、日本人は自分の思想の表現がまったく簡潔ではない。. . . 明快かつ正確に、ましてやズバリ直線的に自分の意見を表す能力と、礼儀正しさについての日本的イメージとは、ほとんど両立しないのである」と述べている。

日本が世界に誇る俳句を通して、日本語の特徴のいくつかを見てみたい。松尾芭蕉の「古池や　蛙飛び込む　水の音」は、日本人ならほぼ同じ理解をするだろう。すなわち、森閑とした雰囲気のなか、静寂を破るようにカエルが1匹池に飛び込むのである。波紋は水面だけでなく空気中にも伝わる。そしてまた静けさが戻る。そのような絵が目に浮かぶ。

この俳句を英語にして外国の人にその味わいを伝えようと考えたとき、さまざまな問題が顔を出す。まず、数の問題。そして時制。カエルは a frog と単数形にして不定冠詞をつける、古池も an old pond で問題なし、ただし冠詞が重なるとうるさくなる。時制は難しい。あれこれ考えて、以下の英語版ができ上がる。

> Old pond . . .
> a frog jumps in
> water's sound

たいていの日本人ならこれで満足するだろう。しかし、これが国際的に通用するのだろうかという思いが頭をもたげる。この疑問がどうして起きるのか。日本語がわかる外国の人にこの俳句をどう解釈したのかを尋ねた結果、日本人とは相当に異なることがわかった。芭蕉の存在に驚いたカエルは、数十匹単位でジャバジャバとけたたましい音

を立てていっせいに池に飛び込む。しかも、詠まれた時間は夜中。なぜなら、「水の音」というように音に関心がいってるのは、暗闇でものが見えないからだと解釈するのである。この句は実は、100以上もの英訳があるという。カエルの数、時制、水の音の表し方など、文字通り10人、いや、100人100様の解釈があるということである。

次の句も芭蕉のものである。日本語だとスッキリ理解できる、というより味わうことができるだろう。しかし、英訳したものを見ると、どうしても論理上の矛盾を感じてしまう。風に色がついていること自体よくわからないし、全体を見たとき、先の「古池 ...」同様、「それで？何がいいたいのですか」という思いを持つ英語圏の人も多いと思われる。

> 石山の　石より白し　秋の風
> An autumn wind
> much whiter
> than the rocks in the rocky mountains.

芭蕉をもう一句。これは英文としては理解しやすいほうだろう。

> 旅に病んで　夢は枯れ野を　かけめぐる
> Getting ill on a journey
> my dreams keep running around
> the withered moor

21.2.2　日本語に引きずられ見落としてしまうこと

隠れた論理を読み取る

Example 5　接続詞 when と英語の論理

日本人同士では日本語の論理に従って会話をするので何ら不都合は起きない。例えば、「空を見上げると、丘の上にきれいな虹がかかっていた」という発言は、日本人にとって誤解の余地がない。では、これを英訳してみよう。

When I looked up at the sky, there was a beautiful rainbow

第21章　ことばと文化

above the hill.

さあ、どうだろう。この英語が書ければ、日本人としては合格。しかし、これには英語の論理から見ると不自然な点がある。おわかりだろうか。参考に次の例をご覧いただきたい。

1. **When** she relaxes, she slips back into her local accent.（彼女はくつろぐと、うっかりお国なまりが出てしまう。）
2. **When** I arrived, I asked for Katrina.（私は到着すると、カトリーナに面会を求めた。）
3. Will you ask your father to call me back **when** he comes back?（お父さんが帰宅したら、折り返し電話をかけてくれるように頼んでくれませんか。）

この3つの文は正しい。共通点を探してみよう。接続詞 when で結ばれている2つの文（主文と従文）は、いずれの例でも同時に発生しているのだ。1では、「彼女がくつろぐ」のと「うっかりお国なまりが出てしまう」のは同時発生。2でも、「私が（どこかカトリーナがいるところに）到着した」のと「面会を求めた」のは同時。3でも、やはり、「（いまからしばらく時間が経ってから）相手の父親が帰宅する」のと「私に折り返し電話をかけてくれるように相手（you）が頼む」のも同時。

さて、冒頭の英文をあらためて見てみよう。「私が空を見上げたとき」と「虹が丘の上にかかっていたとき」は同時だろうか。普通に考えると、「私」が空を見上げようが見上げまいが虹はかかっていたのであり、「私」は単にそれに気づいたに過ぎないのだ。だから、次のようにすると論理上の矛盾が解決される。

When I looked up at the sky, **I found** that there was a beautiful rainbow above the hill.（私が空を見上げたとき、丘の上にきれいな虹がかかっているのに気づいた。）

こうすると、「私が空を見上げたとき」と「虹の存在に気づいたとき」が同時発生であることを表す文になる。

文字通りの理解ではいけない場合 ― 完了時制と仮定法

Example 6 「〜した」は過去形か

　もう1つうっかりして間違いがちなのが時制、特に完了形である。「近年、当市の人口は急増した」という日本語を英訳するとき、つい、Recently the population of our city increased rapidly としてしまう。口語体だとこれも許容されるが、きちんとした書きことばとしてはもう少し何とかしたい。

　「人口が急増した」という日本語の「〜した」＝過去形、と考える誤りである。これだと、過去のある時点で一気に人口が増加したことになり不自然。普通に考えると、過去2,3年の人口の増加が急だったといっているのだから、時間を線分で表すことができる。したがって、次のようにしなければ英語の理屈に合わない。

　Recently the population of our city **has been increasing rapidly**.

　また、副詞 recently は、only recently といったように only を伴うケースが多いことも覚えておきたい。

　日本語には、完了形を意識したような表現がきわめて少ないので、いつも時制を意識しておくことが大切だろう。

　仮定法もうまく使えるようにしたい項目である。これも、日本語では単なる条件の場合と区別がつきにくいため、仮定法でいうべきところで条件文を使うことが多いようだ。「両親を説得できれば、旅行に一緒に行けるのですが」という日本文の場合、果たして両親を説得できる可能性がどれだけあるかは、文脈がなければまったくわからない。もちろん、実際にはどのような親なのか、あるいはこの話者の親との関係は聞き手にはある程度既知情報として頭に入っているだろうから、大きく誤解することはないだろう。しかし、この和文を英訳せよ、という試験問題に出たときは迷うことになる。条件文、仮定法、いずれも正解になるだろうから、これもさほど心配することはない。ただ、押さえておきたいのは、「もし〜なら」という日本語を見たときには、必ず可能性がどれくらいかを確認するようにしたいという点である。

第21章　ことばと文化

　完了形にせよ、仮定法にせよ、日本語で明確に表現しないことを英語では、比較的きっちりことばにする習慣があることが理解できたと思う。では、この違いがどうして起きているのか。その背景を知ることがこれからの英語学習に有益だと思われるので、詳しく見ていくことにしよう。

21.2.3　状況依存型の日本語、徹底して説明する英語

Example 7　「どうも」

「先日はどうも」「いえいえ、こちらこそ。どうも、どうも」
A: ?? Thank you for the other day.
B: ?? No, no. That's my word.

「どうも」を国語辞典では次のように定義している。

① はっきり断定できるわけではないが、なんとなくそのような状況だと感じられる気持ちを表す
② 感謝したり謝ったりする気持ちを強めて表す
③ 軽い、また、やや曖昧な挨拶のことば

　日本語話者なら、何の不自由も感じないで「どうも」を使いこなすことができる。しかし、これを外国語で表そうとした途端、この語の不思議な機能に気づくことになる。

　日本語はなぜ英米人にとって曖昧に見えるのか。日本語が非論理的であるのに対し、英語は論理をバックボーンにしているからである、といわれる。この背景には、日本語は高コンテクスト（High Context）言語、つまり状況依存型言語であり、「物言えば唇寒し秋の風」「目は口ほどにものをいう」、あるいは「以心伝心」というように、コミュニケーションの手段として言語に依存する割合が低いのである。一方、英語には、「沈黙は愚者の美徳」（Silence is the virtue of fools）という言い方があることからわかるように、英語の世界はコミュニケーションの手段として状況に依存する割合が低く、逆に言語に頼る率が高い低コンテクスト（Low Context）を特徴とする。

　E. T. ホールなどによると、日本人が最もコンテクスト度が高く、

次いで中国人、アラブ人、ギリシャ人、スペイン人、イタリア人が来る。イギリス人がようやく7番に、その後、フランス人、アメリカ人と続く。日本語と英語では表面に現れる発話に差異があって当然なのである。日本では、結婚生活が長くなると夫婦間の会話がめっきり減り、「風呂、飯、寝る」だけで用が足りるということがいわれた時代があった。夫が妻に、「愛しているよ」とわざわざ口にする慣習はなかった。

また、自販機が普及しているためか、コンビニやスーパーなどで、客は商品と代金をカウンターに置くだけでひとこともしゃべらない。対話形式にしてみよう。

Example 8　考えていることを声にするかしないか

店員: いらっしゃいませ。
客　: ...（無言で商品をカウンターに置く）
店員: （無言で商品をバーコードで読み取り計算する）○○円になります。
客　: ...（無言のまま代金を支払う）
店員: ○○円からお預かりします。（おつりと商品を渡しながら）ありがとうございました。
客　: ...（無言のまま店を出る）

客はひとことも発することなく買い物ができる。一方、店員はマニュアル通りの発話しかしていない。どうにも温かいコミュニケーションは感じられない。

これに対し、英米では日本人から見るとこれでもかというくらい、店員も客も簡単なことであってもことばにする。少なくとも、"Thank you." くらいはいう。電車内やスーパーなどで人のそばを通るときも、日本人は無言のまま人にぶつかりながらずんずん進む。一方、イギリスなどでは、必ず、"Excuse me, please." と声をかける。そして、次に "Thank you." と礼をいうのが習わしとなっている。考えていることをきちんと声にするかしないかは、文化差の問題といえよう。

第21章　ことばと文化

21.2.4　「曖昧さ」が命の日本語、「論理的に明快な」英語——

Example 9　「コーヒー飲まはりますか」で、コーヒーをごちそうしてもらえる？

　近年、日本の若者ことばが断定を避ける表現が多いといわれており、この現象を社会学的に分析した人もいる。しかし、そもそも日本語の最大の特徴は、その曖昧さにあるといえるのであり、この現象は何もいまに始まったわけではない。その最たるものが京ことばに見られる。入江敦彦著『イケズの構造』（新潮社）に次のようなくだりがある。

　「取材先でコーヒーを勧められて、お願いしたんですけどいつまで待っても出てこなかったんですが、これってイケズですか」とライターさんからたずねられた氏は、「ものを書く仕事をしていても近頃は情況を分析して的確に捉える作業なんてしないんですねえ」と痛烈なことをいい、実にさまざまな条件を考慮に入れないと発言者の意図はわからないと述べている。手がかりとなるのがあくまで発言内容だとすれば、次のどれが額面通りに受け止めて返事していいのだろうか。

（A）　コーヒー飲まはりますか。
（B）　そない急かんでもコーヒーなと一杯あがっておいきやす。
（C）　のど渇きましたなあ。コーヒーでもどないです。
（D）　コーヒーでよろしか。

　(A)、(B) は単なる挨拶でコーヒーは出ない。正解は (D)。(C) はさっさと帰ってくれという意味で一番怖い。日本中を探せば、これと同じ程度にコノテーション（connotation：言外の暗示的意味）に重きを置く表現形式をとる地域もあるかも知れない。いずれにせよ、その土地以外の人には到底理解不能な世界である。

　この例は極端すぎると考える人もいるだろう。しかし、日本語や日本人を外から観察したら、大なり小なりこのような不明瞭さはあると思われる。ご近所の人とのやり取りで、「どちらまで？」「ちょっとそこまで」は英訳しても無意味だと考えられている。英語の世界ではこのような挨拶をしないから、というのがその理由だ。「ただいま過分な紹介をしていただきました○○です」なども同様、文字通りの英訳を

試みてもあまり意味がない。

Example 10 「洋食をお願いします」で食べたいものが出てくるか
〈ホテル内のレストランで朝食を注文している場面〉
給仕係: 和定食になさいますか。洋食になさいますか。
　客　: 洋食をお願いします。
給仕係: かしこまりました。
Waiter: Which would you like to have, Japanese breakfast or Western breakfast?
Guest : Western breakfast, please.
Waiter: Certainly. Thank you.

日本語のやり取りは自然なものである。しかし、これも上のように文字通り英訳すると不自然なものになってしまう。なぜか。日本の場合、和食にせよ洋食にせよ、ある程度メニューが決まっており客に選択権はほとんど残されていない。それに対し、英語圏では卵料理1つとっても、やれ目玉焼きにするのか、スクランブルエッグか、スコッチエッグか、ゆで卵にしたいのか、もしゆで卵なら固ゆでか、半熟か、などなど細々としたことまで客が要求することになっている。

Waiter: Would you like some juice?（ジュースはいかがですか。）
Guest : Yes, please. Do you have mango juice?（お願いします。マンゴージュースありますか。）
Waiter: Yes, sir.（ございます。）
Guest : Then, I'll have that.（それではマンゴージュースお願いします。）
Waiter: How would you like your eggs?（卵はどうしますか。）
Guest : Sunny-side up with bacon, please.（目玉焼きにしてベーコンを付けてください。）
Waiter: How about bread?（パンはいかがなさいますか。）Toast or a croissant?（トーストですかクロワッサンですか。）
Guest : Toast. Ah, . . . crisp, please.（トーストで、カリカリに焼いてください。）

といった具合で延々と続く。

　日本では、「とりあえず、適当にみつくろってちょうだい」といって店の判断にまかせることも多い。メニューを見て、1つ1つ注文するのが面倒なのだ。対照的に、英語の世界では何事もきちんと決めるという特徴がある。

21.2.5 「ぼかす」日本語、「分ける」英語

Example 11 「結婚することになりました」

「このたび結婚することになりました」に対し、「そうですか。そうなったんですか」と答えたとしよう。これを直訳してみる。

A: It naturally [spontaneously] happened that we(?) will marry.
B: Oh, didn't it?

不自然極まりない英文ができあがる。まず、naturally または spontaneously と happen が共起することはない。また、日本文には表れていない「私たち」を英語では明らかにせざるをえない。もちろん、「そうですか。なったんですか」と答えるはずはなく、通常、「そうですか。おめでとうございます」と受けるだろう。この対話を英語的にすると次のようになる。

A: (Finally) we have decided to get married. / We're going to get married.
B: Oh, congratulations! I wish you happiness in the future. / Best of luck.

Example 12 「緑豊かだった丘は数年で住宅地になった」の「なった」はどんな意味？

　上の日本文を、The hill, once lush with green, **became** a residential area in a few years. というふうに「なった」を became で表してよいのだろうか。よさそうに見える。しかし、考えてみると、「丘が住宅地になる」といっても、放っておいて、ある朝突然住宅地が出現するわけではない。人間の手が加えられた結果、住宅地ができ上がるわけだから、「丘が住宅地に変えられた」という意味合いの受動文 The hill, once lush with green, **was transformed** into a residential area in a few years とするのが英語らしい表現である（このような「なる」の解釈については p. 128 参照）。また、「いつ自転車に乗れるようになったの？」も、幾度となく転んで、努力して自転車に乗れるようになったのだから、自然発生的にいつの間にか乗れるようになったということは考えられない。だから、When did you **learn** (how) to ride a bicycle? となる。

　日本では、物事をはっきりさせすぎるのは美徳とはみなされない。そのため、主語をひたすら隠す自動詞的な表現が発達してきたと考えられる。「私たち、今度結婚することになりました」や「お茶が入りました」「～することになっています」などはその典型であろう。このほか、「．．．であろう」「．．．ではないだろうか」「．．．を見て私は考えさせられた」という言い方も同類である。

　英語の場合、基本は「分ける」言語であり、「ぼかす」言語である日本語とは、そこに大きな差異がある。創世記（旧約聖書）のはじめのほうに、神が天と地を分け、明と暗を分けたという箇所がある。アダムとイブが楽園を追放される原因となったのは禁断の実を食べたことにあるのだが、この実を食べると目が見えるようになる、つまり善悪の区別ができるようになるものだった。神にとって、善悪の判断を人間ができるようになってはいけなかったのだ。神は絶対的な存在であり、人間とは一線を画す必要があったため、楽園から彼らを追放したのである。このように、天地創造の原点はとにかく徹底的に「分ける」ことにあった。「分ける」は、「分かる」ことと同義である。したがって、「分かる」ためにさまざまなものを「分けた」のだ。英文が二項対立法で書かれることが多いのもうなずける。

21.2.6　母性原理と父性原理

Example 13　「かわいそう」は **What a pity [shame]！** か

　私たちは無意識のうちに、よく「かわいそう」という。例えば、神社の境内で母親と一緒に小さな女の子がハトにえさを与えている場面。少女が、片足を失った一羽のハトを見つける。このハトは他のハトたちに押しのけられ、思うようにえさをとることができないでいる。女

第21章 ことばと文化

の子は母親に言った。「ママ、見て。あのハト、かわいそうね。足がないよ」すると母親が、「ほんと。かわいそうね」と答える。

このやり取りは日本ではごく一般的だろう。多くの日本人はこの親子と同じような気持ちになるのではなかろうか。しかし、同じ場面で、これがアメリカだったらどうだろう。次のような会話が想像される。

"Mom, look! That pigeon has only one leg. But he's doing well!"
"Yes, he is. / He sure is.（And he looks strong and healthy.）
（『英語になりにくい日本語をこう訳す』より、一部改変）

この違いの背景には、日本では母性原理（哀れみや同情）が、アメリカでは父性原理（ハトの自立に対する賞賛）が深層心理において支配的であることを示していると考えられる。

Example 14　若葉マークの意味は？

〈自動車に乗っていて〉
女：前の若葉ちゃん、とろいわね。追い越してよ！
男：まかしとき！

日本のどこかで毎日のように繰り返されている会話だろう。このやり取りを英訳してみよう。

Woman： Hey, he [she] is a real Sunday driver. Let's get going! Come on! Pass him [her]!
Man　： You bet!

この「若葉マーク」は、とても象徴的なもので、日本的である。イギリスでも、L-driver（仮免許の運転者）というものがあるにはある。しかし、日本の場合は免許取得後1年間はこのマークを車の前後につける義務があり、一般のドライバーにはこのマークをつけた車に優しくすることを求めている。同様に、「もみじマーク」も高齢者が運転していることを示すものであり、周囲が気をつけて運転することを要求する。さらに、「BABY IN CAR（赤ちゃんが乗ってます）」というステッカーを貼った車を見ることも多い。これは意味がわからない。若葉マークをアメリカなどで義務化することは到底考えられない。もし事故を

起こしたりすると、運転歴が短いため事故を起こしたと判断され責任を負わされることになるだろうから、というのがその理由である。

Example 15 「ちょっと難しいですね」は It's difficult. か

日本語の「それはちょっと難しいですね」は、It's a little difficult でいいのだろうか。ここでの日本語の意味は「難しい＝無理」ということになる。一方、It's a little difficult は必ずしも「無理だ」「できない」の意味にはならない。むしろ、このあとに、but I'll try が続くのが自然な流れだという。日本語の曖昧さを英訳するときには、It's impossible とすれば、より正確に原文の意図が伝わる。

このように、日本語は「ぼかす」言語で、英語は「可能・不可能」などを明らかにする言語である。これを別の視点でいうと、日本語は母性原理、英語は父性原理に基づく言語だと考えると理解しやすい。いくつかの事例を見ただけで、表層上の言語表現の背後に、この母性原理、父性原理の存在が認知できる。

河合隼雄氏は、この考えの基盤には東西間における宗教観の相違があるという。仏教や道教が母性の宗教で、キリスト教、特にプロテスタントは父性の宗教であり、母性の宗教の根本が母子の一体性で、父性の宗教では父なる神の規範に従うか否かが最も重要である。父との契約を守る者のみが救済の対象となる。言い換えれば、母性原理は「包み込む」ことを、父性原理は「切る」ことを特徴とするのである。

誤解を恐れず一般化していえば、母親はわが子が理屈抜きにかわいいのであって、その愛情は子供の容貌や学業成績などとは無関係なのである。その点、父親と子供の関係はいわば契約によって成立している。父親の価値観に合う子供が彼にとっては良い子であり、そうではない子供は受け入れがたい存在となりうるのである。

日本と英語圏では、人間のものを見る目や価値観に相当に違いが出ている。現象としては実にさまざまな現れ方をしていても、実は、この母性原理・父性原理という尺度でかなりな部分が理解できる。

Example 16 「お外に出すわよ！」の英語版は "Get out!" か

日本では、親が小さな子供を叱るとき、「おうちに入れてあげないわ

よ」といって、わが子を家の外に出すことがある。英語圏ではどうだろうか。やはり、"Get out!" と語気荒く命令するのだろうか。実は、ground という語が正解である。これは、他動詞で「《主に米・豪》(人)に (〜のことで) 外出を禁じる」という意味で使用される。つまり、日本とは正反対で、子供を叱る際、家に閉じ込め外出の自由を制限する。日本では、家が安らぎの場であり、そこへ入ることを禁じるのは子供にとっては耐え難いほどつらいもので、家は母の懐にも似た場なのである。ところが、英語圏では、子供は家の外にこそ自由があり、自分の責任でその自由を行使することができるという意識を持っている。家に閉じ込められるのは、とても厳しい罰を受けることに等しいのである。「お外に出すわよ!」を、Do you want to be grounded? (遊びに行けなくなってもいいの?) とするのが英語的だろう。

　このように日本と英語圏、特にアメリカでは、子供に罰を与えるときでも、まったく逆の行為になることがある。この違いの背後には、母親の加護のなかで安心感を得られる日本と、冒険心を満足させることにスリルや楽しみを見出すアメリカとの文化上の差異があると考えられる。その本質は母性原理社会である日本と、契約社会の基盤である父性原理を国の根幹としているアメリカなどとの違いであろう。

Example 17　「恥ずかしい」の語源は?

　「こんな子供を持ってお恥ずかしい次第です」とか「恥ずかしくて世間に顔向けができない」と日本人はいう。英訳すれば、I am ashamed of my son [daughter] または I cannot show my face in public となるだろう。

　日本では、「出るくいは打たれる」の格言にもあるように、共同社会を生きていくために最も重要な鍵は、他の人々と和することにあった。これは、「世間」という、「場」の論理を象徴的に表すことばの使用実態を見ると明らかである。また、「家」制度、「外人」という呼び方などにも現れている。政治家が悪事を働いても「禊(みそぎ)」を済ませば、その罪は許され元の「場」に受け入れてもらえるという風土が日本的なのも、この母性原理で説明可能であろう。

　一時期、日本論が盛んだった頃、「恥と罪」という視点で日米文化を

比較したものが注目された。これも、母性原理対父性原理で説明可能である。日本文化の基盤ともいえる「恥」とは、「外れる」が語源であり、仲間から「外れる」ことが「恥ずかしい」と変化したものである。かつての村社会の村八分も、仲間外しという、外された者にとっては耐え難い情況を作り出すのがその目的だった。

Example 18 歌詞翻訳は直訳か

My Way

And now, the end is here
And so I face the final curtain
My friend, I'll say it clear
I'll state my case, of which I'm certain
I've lived a life that's full
I traveled each and ev'ry highway
And more, much more than this, I did it my way . . . .

Words by Gilles Thibaut, Lucien Thibaut (English Lyrics by Paul Anka)
Music by Jacques Revaux, Claude Francois
© 1967 WARNER/CHAPPELL MUSIC FRANCE S.A.
All rights reserved. Used by permission.
Print rights for Japan administered by YAMAHA MUSIC PUBLISHING, INC.
© Copyright by Jeune Musique Editions Sarl
The right for Japan licensed to Sony Music Publishing (Japan) Inc.

日本の「場」の論理に対し、英語圏では「個」の論理が支配する。歌詞を例に見てみよう。ポール・アンカが友人であるフランク・シナトラに贈ったとされる『マイ・ウエイ』は、元歌はフランス語（Comme d'habitude［いつものように］）で、マンネリ化した男女の関係が題材でわびしさが漂う。この歌の英語版を創作したポール・アンカは、ひとりの男が自分の人生を振り返り、友人たち（実際は神）に自信を持って語りかける内容にしている。とても戦闘的な姿勢が歌詞全体に貫かれており、元歌からも日本語版からもかけ離れている。宮原浩二郎氏の分析によれば、この英語詩は、アメリカ的個人主義の背後にあるプロテスタンティズムの人生観の影響を強く受けている。プロテスタンティズムは、カトリックと違い、人が個人として絶対の超越神と

直接向かい合うのであり、アメリカ的な「個人」への賛歌である。このような個人の才覚だけを頼りに生きるアメリカ的な生き方をそのまま日本語にしても、受け入れられないだろうという。

21.3 日本語と英語のズレ

21.1で見てきたように、日英語のあいだには大きな相違がある。その相違を認めたうえで英文を書く必要があることに異論はないだろう。単語1つといえども軽視してはいけないことを忘れてはならないのだ。極端なことをいえば、「犬」と dog は別物である。日本に生息する動物は「犬」だが、英語圏のそれはもはや「犬」ではない。dog なのだ。なぜか。人間とこの動物との関係のありようが、文化によって異なるからである。洋の東西を問わず、この動物をペットとして、あるいは家族の一員と位置づけて共に暮らしている人がいる。しかし、根本的な距離感が違うようである。動物愛護協会の発言力の強さで有名なイギリスでも、dog をたいそう大切にする。だが、転勤などの理由で飼えなくなると、飼い主の責任を執行すると聞く。すなわち、毒殺したりするとのことである。日本ではとうてい考えにくいことだろう。

また、「家族＝family」だろうか。当然、この人間関係の形態は、その「家族」なり family なりの数だけ存在するだろうから、一概に「家族」と family が別物と断言はできない。ついでに、「家」と house, home も完全に一致するとは思えない。このように単語1つをとってみても、日本語と英語にはズレがあって当然と考えておくのが無難だろう。その違いがあるという認識を前提に、少し詳しく英文を書く際のポイントを考えたい。

21.3.1 英訳以前に日本語の心を知る

Example 19 「けなげ」を説明できますか

より具体的に英訳上の単語の問題をきっかけに見ていこう。荒木博之氏は、「オノマトペをはじめとする日本語は本質的にファジーな言語である。ファジーということは多義的ということであるから、ファジーな日本語の意味を一義的な英語で表現しようとするならば2語あるい

はそれ以上の英語で表現しなければならない」と述べている。具体例として「けなげ」には、弱小性、逆境性、忍耐性、勤勉性の4つの要素があるので、admirably diligent and hardworking とすればわかりやすくなると説明している。しかし、これでも充分ではなく、情況を鑑み、as a little boy admirably diligent and hardworking under adversity としてようやく「病床に伏せる母親のために凍てつく川で朝早くからシジミ取りをして売り歩く子供のけなげさ」を表すことができるという。これは少々極端な例かも知れない。また、ここまでして表現してみても、果たして英語圏の人々が共感するかどうかもわからない。しかし、少なくともこの姿勢は見習うべきものがあるだろう。

　価値観を含む文化そのものに根ざすものになると、英訳しても果たして理解してもらえるかどうか疑わしい。だからといって、最初から投げ出すわけにはいかない。日本語と日本文化をあらためて見つめ、自らの拠って立つアイデンティティの基盤を深く理解するよう努力するべきだろう。そして、その意味を伝える工夫をすることに力を注ぐことが理想である。

21.3.2　言外の意味を知る

Example 20　「天気」= "weather"？

　日本語の「今日はお天気だ」は普通晴天を意味する。では、「天気＝weather」としてよいか、といったような疑問もある。これは地理上の特徴が影響している。その土地に生まれ育った者には、自然とイメージする概念に違いが生じる。かつて、日本の大手漁業会社がトレードマークである太陽をあしらったラベルの缶詰をアラブ諸国で発売したところ、まったく売れなかったそうだ。いつも灼熱の気候に苦しんでいる地域にとって太陽が憎むべきものであることを、この会社は知らなかったのだ。その後、この事実に気づきラベルを変えたところ、急激に売れ始めたということだ。「今日もよく晴れていいお天気ですね」という日本人になじみのある挨拶も、世界には通用しないところもあることを知っておくべきだろう。

1. She is crazy to swim in this **weather**.（こんな天気に泳ぐなん

て彼女はどうかしている。）
2. The **weather** doomed our hopes of getting a suntan.（悪天候のため肌を焼けなくなった。）
3. A sailor, and afraid of the **weather**.（船乗りのくせに天気をこわがるなんて！）
4. Pat stuck it out, despite the capriciousness and inhospitality of the English **weather**.（イギリスは天気が気まぐれで優しくなかったが、パットは諦めずに頑張った。）

このように、特にプラスイメージの形容詞を伴わない weather は、「悪天候」の意味で使用されることが多いようだ。コーパスで調査をしても、この語は abominable, adverse, beastly, dismal, extraordinary, foul など、マイナスイメージの形容詞との相性がいい印象を受ける。

4の例にある English も曲者だ。イギリスといえば、猫の目のようにころころ変わる天気で知られている。一日のなかに四季があるとさえいう人もいるくらいだ。では、次の対話はどうだろう。

Example 21
A: Is Mary a good cook?（メアリーは料理上手ですか。）
B: She's English.（彼女はイギリス人ですよ。）

これは、「イギリスにうまいものなし」という世界の常識（？）を知らないと、そのおかしさが理解できない。このように、ある語が持つコノテーションを知らないままでは真意が伝わらないのである。これは言語とその使用者、言語が使われる意図や状況にかかわる問題であり、異文化間コミュニケーションの際、常に意識しておかなければならない。

21.3.3 カタカナ語と英語本来の意味のズレ

ビジネスライク

COBUILD では、"If you describe someone as *businesslike*, you mean that they deal with things in an efficient way without wasting time."（誰かを businesslike だというとき、時間を無駄にせず効率的に

物事を処理しているという意味である）と定義している。つまり、プラスイメージの語なのだ。日本語の「ビジネスライク」は、『広辞苑（5版）』では「事務的にことを運ぶさま」としている。では、「事務的」とはどんな意味だろう。同辞書によると、「物事を処理するに当たって、感情その他の要素をまじえず、事務を片づけていくように取り運ぶさま。ビジネスライク」という説明がある。これは平均的日本人の解釈と一致するものである。

　和英辞典のなかには、この「ビジネスライク」には、「私情をはさまない、冷たい」というニュアンスが含まれていることがあるが、英語ではこの語に否定的ニュアンスはないので、日本語の意味合いを出すには hardheaded（実際的な）を用いるのがよい、と解説しているものがある。*COBUILD* によると、"You use *hard-headed* to describe someone who is practical and determined to get what they want or need, and who does not allow emotions to affect their actions."（hard-headed という語を使うと、ある人が実際的で自分が望むことや必要なことをする気持ちが強く、感情に行動を左右されないことを表す）と説明されている。他の英英辞典でも同じように、「私情をはさまない」ことが強調されている。

　やはりここでも、母性原理社会と父性原理社会の違いが遠因となってこのような差ができたと考えられる。

ロマンチック

　COBUILD では、"[1] Someone who is *romantic* or does *romantic* things says and does things that make their wife, husband, girlfriend, or boyfriend feel special and loved.（人について romantic であるとか、romantic なことをするというのは、妻、夫、ガールフレンド、あるいはボーイフレンドに、自分が特別で愛されているという気持ちにさせる人のことをいう）[2] *Romantic* means connected with sexual love.（romantic は性愛に関係があるという意味である）[3] A *romantic* play, film, or story discribes or represents a love affair.（romantic な芝居、映画、物語は、情事［不倫、浮気、恋愛関係］を扱ったもののことをいう）" とある。一方、『広辞苑』は、「① 伝奇的、空想的、浪漫的。②

雰囲気などの甘美なさま。」と定義している。②の意味を直結させる日本人は多くはないだろう。また、「ロマンチスト」は和製語であり、この意味に当たるのは、dreamy person, romantic だが、軽蔑的に使うことが多い。英語には romanticist という語があるが、意味は「ロマン派の芸術家」である。次の例はこの語のニュアンスを見事に伝えている。

- We are not **romantically** involved.（私たちは恋愛［男と女の］関係にはありません。）
- They were very good friends but there was no **romantic** involvement...（彼らはとても仲が良かったが、恋愛関係［性的関係］はまったくなかった...）

プライバシー

プライバシー（privacy）は日本語化している語であるが、英語本来の意味及び使用例を見てみよう。最近でこそ個人情報保護法などが実生活のなかで適用されているが、そもそもこの考え方や感覚は日本にはなかったものだ。イギリスなどでは家に表札がなく、単に住居表示だけの場合が多い。日本では、いまでも表札に家族全員の名前が明記されていることも少なくない。これもプライバシーに対する感覚の違いを示すものといえよう。いくつか例をあげよう。

1. She draws a veil of **privacy** over her life with him and discusses their relationship only in the abstract.（彼女は彼との生活をベールに包んで、ふたりの関係については曖昧な発言しかしない。）
2. If you are lucky enough to have a bird nesting with you, do treat it with respect and allow it some **privacy** or it will leave.（運よく自分の家に小鳥が巣を作ったら大事にして巣立ちするまでそっとしておきなさい。）
3. How much **privacy** do you want?（どれくらいのプライバシーを望みますか。）
4. Lovely, simple, and soft ways to control light and **privacy**!

(外光とプライバシーをコントロールするのにステキで、簡単、楽な方法。)
5. It seems to me there could be several possible levels of **privacy**. (どうやらプライバシーにはさまざまな段階があるようだ。)

エキゾチック

英英辞典の定義では、something that is exotic seems unusual and interesting because it is related to a foreign country (*LDCE*) (exoticとは、外国と関係があるため、珍しく、興味を引くもののこと)とある。また、foreign の部分が distant (*COBUILD*) となっているものもある。つまり、「遠く離れた異国の［異国情緒豊かな］」の意味なのだ。英文中にこの語を見たときに、読んでいる自分の視点を著者の住んでいる国に据えることをしないと読み違えることもある。逆にいえば、日本人が「異国情緒豊かな」というときには、日本から遠く離れた国について述べていることになる。例えば、イギリスと日本、アフリカと日本、アルゼンチンと日本、といったような2国間相互について話すときに、お互いの文化についてこのことばを使えることになる。英英辞典のなかには、「とくにアフリカ、アジアについていう」としているものもあるが、これはあくまでイギリス人の感覚だろう。

昔、郷ひろみが「エキゾチック・ジャパン」と歌っていたが、歌っている本人はどこにいたのだろうか。

21.3.4 身体にかかわる慣用表現をどう英訳するか

日本語には、英語同様、身体にかかわる表現が数多くある。実際に1つ1つをつき合わせたことがないので断定はできない。しかし、英語と比較すると、おそらく数倍にはなるのではなかろうかと思えるほどである。試みに手元にある和英辞典で「肌」を見ると、「1. 皮膚」のほかに、「2. 気質」があり、「学者肌」「肌が合わない」「肌で感じる」「肌を許す (have sex の婉曲表現)」などを用例つきで説明している。

また、身体表現の延長として、「手ごたえ」が考えられる。「今年の学生は手ごたえがある」＝ The students this year are *responsive*. /「きょ

第21章　ことばと文化

うの私の演説は手ごたえがあった」= I feel my speech today *had an effect on* the audience.（以上『ルミナス和英辞典』）

「もう少し手ごたえのある仕事をやりたい」= I'd like work [a job] that's a little more challenging. /「テストの手ごたえはどうだった」= How was the test? /「〔選挙運動で〕有権者の手ごたえは大変いい」= The response of the voters has been great. / I've got the voters in my corner.（以上『新和英大辞典』）などが載っている。

人間の身体にかかわる表現が多いことは、「目」「口」「耳」のような五感に関する慣用句の多さが証明している。では、なぜこのように日本語には身体にまつわる言い回しが多いのか。ここでもやはり母性原理の存在を意識させられる。つまり、誤解を恐れずにいえば、父子関係よりはるかに母子関係において、肌と肌の接触が頻繁に行われることに起因しているのではなかろうかと考える。

心

私たち日本語話者でもため息をつくほど、「心」という語は広く深い意味を持っている。任意に引いた2冊の辞典のあいだにすらすでに定義上のズレがある。『広辞苑』の「1.　① 知識・感情・意志の総体」に対し、『スーパー大辞林』は「1.　① 人間の精神活動を知・情・意に分けた時、知を除いた情・意をつかさどる能力」としている。「心」は国語辞典間にこのような不一致が現れるようなことばなのだ。このように日本語の専門家同士でさえ語義が揺れるような語を英単語1つで言い表すのは到底無理であろう。

腰

「腰」で英訳困難なものに「餅〔うどんなどの麺類〕の腰」がある。和英辞典を見ると、「腰のない〔強い〕そうめん *somen*, which is too soft [has plenty of body, is good and chewy]」（『新和英大辞典』）が載っている。このほか、「腰のある」を firm, al dente としている辞典が多い。body, good and chewy, firm, al dente のなかでは body が最も的確な語ではないだろうか。英英辞典で調べると、a full or substantial quality of flavour in wine:（in pottery）a clay used for making the main part of ceramic ware, as distinct from a glaze (*Oxford Dictionary of English*)（ワインの味がしっかりこくがある：（陶器で）うわ薬と違い、陶器本体を製作するのに使う粘土）や、If you say that an alcoholic drink has *body*, you mean that it has a full and strong flavour.（*COBUILD*）（アルコール飲料にbodyがあるといえば、しっかりとこくがあり強いという意味である）などと書いてある。しかし、麺類についてbodyを使った定義・用例は見当たらない。見当たらないが、実際に複数のネイティブに対して使ったところ違和感なく理解してくれた。実は、彼らに以前ある間隔をおいて、「麺類の腰」をどういうかを尋ねたことがあり、その都度chewyといったりfirmといったりしてなかなかピタリとくる語なり表現なりを提示してくれなかったのだ。そこでbodyを試しに使ってみたわけである。彼らは麺類が好物で、しかも「腰のある」麺が好きだったので、パスタの「アルデンテ」（al dente）との違いを承知していたのである。

目

「目は口ほどにものをいう」「目には目」など「目」を含む日本語慣用表現は多い。また、人と話をするときは相手の目を見なさいともいう。しかし、時としては相手の目を見るといけないこともある。叱られるときなどがそうだ。へたに相手の目を見ると反抗的な態度とみなされることになる。

さて、相手の目を見る行為を英語で、eye contactというが、これは日本語化しているので特に問題はなかろう。では、「目を細める」はどうだろう。頻度は低いが英語でも、narrow one's eyesという言い方がある。行為は同じである。しかし、意味はかなり異なっているので注意が必要である。「目を細くして孫の顔を見る」に相当する表現として、『研究社新和英大辞典（5版）』に、look lovingly [fondly] at *one's* grandchild を載せている。電子辞書の例文検索で見ると数十件ヒットするが、以下のように怒り・疑惑などのしぐさと理解されるのが普通であることがわかる。

1. In New York, as far as I know, Dennison's **eyes narrowed**

fractionally **in anger**, and then he smiled fleetingly before getting to his feet and crossing to the door.（私が知っているのは、ニューヨークでデニソンはときおり怒りのためほんのわずか目を細め、それからちょっとだけ微笑んでから立ち上がり、私たちの前を横切ってドアのほうへ行ったことくらいです。）
2. **His eyes narrowed angrily** when he noticed the fear on Michelle's face, and he grabbed Chavez's arm before she had a chance to speak, propelling her out into the hall.（彼はマイケルの表情に恐怖心を見て取り怒りで目を細め、チャベスの腕をつかみ、彼女がことばを発する隙を与えずホールへ押し出した。）
3. Coggings' **eyes narrowed angrily**.（コギングスの目は怒りで細くなった。）

　日本語で「目を細める」表情は愛情表現で、「うれしさやかわいさで、笑っている様子」を表す。しかし、英語の narrow one's eyes は、目を危害から守ろうとする自衛行為であり、好ましくない人物に対して意図的に目を細める、という意味。敵対的な表情の1つである。
　このように、しぐさは同じでも意味が異なる場合があるというのは、外国語学習者にとっての盲点である。1つ1つのしぐさがそれぞれの文化圏でどのような意味を持つのかを確認する必要がある。

21.4　日本語をどう英語にするか

21.4.1　基本語に習熟する

Example 22　break＝「壊す」？

　言語はその使用者が属する社会の価値規範を象徴的に表している、という考え方もある程度は認めざるをえない。単語1つ1つにもそれぞれの意味領域があり、単純に一語一義とはいかないのはいうまでもない。多義語が普通なので英語学習者としては、特に基本語に熟知することが肝要になる。例えば、break の場合、"When an object *breaks* or when you *break* it, it suddenly separates into two or more pieces, often because it has been hit or dropped." (*COBUILD*)（物が break したり、人が物を break するというのは、その物が打たれたり落とされたりしたため、突然 2 つあるいはこなごなに四散することをいう）、つまり、「突然強い力を加え 2 つ以上にバラしてしまう」が原義で、ここから、「骨を折る」「窓ガラスを粉々に割る」「約束を破る」などを対応語として与えている。最後の「約束を破る」は、信頼関係で固い絆で結ばれていた友情などが一瞬にして砕け散るという意味だとわかる。このように英単語を学習するとき、特に、give, get, have, make といった英語本来の単語（一般につづりが短い）、つまり基本語ほど使用領域が広いので、しっかり理解するようにしたいものである。

Example 23 「トランク」= a trunk？

これは、英単語に対する学習のみならず、母語あるいは母国語である日本語を再確認する作業が不可欠になるということである。京都大学の 97 年前期入試問題（英訳）に「心」が登場した。ひとりの男がパリの空港で「トランク」に腰掛けてぼーっとしている。それを見た筆者が「どうかしましたか」と話しかける。すると、男は「遠いところから来たので、体は到着したのですが、心がまだ到着していないので待っているのです」と答える。さて、この「心」をどうするか、受験生は悩んだことだろう。ついでながら、この問題で、「トランク」を a trunk とするのは論外。『スーパーアンカー英和辞典 (3 版)』では、「旅行用大かばん、大型トランク（日本語の「トランク」よりずっと大型のもので、通例 1 人では簡単に持ち運びができない程度の重くがんじょうなもの；→ suitcase)」と説明している。

Example 24 「いす」は英語で何という？

また、腰掛けるといえば「いす」だが、日本語の「いす」に対応する英単語はない。chair, sofa, bench, stool などをまとめ上げる、いわゆる上位概念語がないのだ。「虫」も同様。insect と worm をまとめて日本語では「虫」というが、英語ではこのような分類をしない。逆に英語には rice 1 語で、日本語の「米」「稲」「ご飯」などを表す。

このように、日本語を構成していることば（言葉＝ことのは）一枚一枚を丁寧に知ることによってはじめて、より正確に英語で表現できる

第21章　ことばと文化

ようになる。でも、それはあくまで準備段階に過ぎない。同時に、この日本語そのものを検証する姿勢は常に必要なのである。そして、日本語に正確に対応する英単語なり慣用表現がない場合（ピタリと収まることのほうが少ないだろう）、どういえば伝わるかについて考えなければならない。

21.4.2　やさしい日本語に言い換える

Example 25　「右」「左」をどう定義する？

英語を書くとき、頭に浮かんだ日本語をどう英語にするか考え込むことがしばしばある。そんなときはまず自分が何をいいたいのかを自問し、やさしく噛み砕いて簡単な日本語で表現するようにするとよいだろう。最初に念頭に浮かんだ日本語に対し、この段階を中間日本語と呼ぶ人もいる。日本語を母語とする身には、外国語である英語とのあいだの言語運用能力の落差を痛感しているわけなので、ある程度自由に操れる日本語を何の苦労もなく英語で表現するのが困難なのは当然である。したがって、日本語のレベルをいったん自分の英語力で表現可能なところまで下げる作業をすることが有効なのである。

この作業に慣れるのに有効な方法として、英英辞典の活用をあげることができる。練習の具体的方法は、熟知している英単語を語義説明ふうに表現してみること。例えば、「右」を英語でどう説明するかを考えてみるのである。the side with the hand that most people write with / . . . If you are facing north and you turn to the right, you will be facing east.（たいていの人が筆記具を持つ手のある側 / . . . 北を向いていて、「右」に体を向けると東が正面になる）といったような説明があり、なるほどと感心させられる。

実は、この「右」は、日本語でもわかりやすく定義するのは苦労するのではないだろうか。だとすれば、英英辞典を利用して説明が上手になるというのは、ひいては日本語の表現力養成にもなっているのだから、正に一石二鳥である。

また、日本語の慣用表現を英訳するときにもこの訓練が功を奏する。例えば、「俺の目の黒いうちはお前にそんなことはさせないぞ」は、As long as my eyes are black, . . . では意味をなさないのは明白。これだ

と、誰かに殴られて目のまわりが黒ずんでいることになる。「目の黒いうちは」=「俺が生きているあいだは」という意味だと解釈し、As long as I live, I won't let you have your own way とすればよい。

21.5　おわりに ― 英語以前の問題とは？

そもそも日本人が英語を学ぶ目的は何なのだろうか。あらためて原点に立ち返ってみるときが来ているのではないだろうか。原点自体が、時代によりその位置を変えることは当然考えられる。明治期における英語学習の目標と 21 世紀初めの現在では同じはずがない。日本人のなかには、無邪気に「日本語は美しい言語である」という発言をしてしまい、そのコノテーション（含みとしての意味）が「美しくない言語も世界には存在する」ということだと気づかないほど、言語に対して感覚が鈍い人たちがいる。

日常何気なく口にしていることばも、実体がつかみにくいものが多い。「いっそ」「どうせ」「一応」などは英訳困難だろう。これらは論理思考をあきらめたときに発することばだと言われる。先述した「適当にみつくろって」も、仮に英訳しても、果たして語感は伝わるのだろうか。こうした、いわば曖昧さを特徴とする日本語話者にとって、英語は論理思考の典型的な言語のように感じられ、その結果、日本人は英語に対してある種の劣等感を抱きやすく、そのことが英語や西欧諸語に対する憧れや畏怖の念にもつながりやすい。日本語と英語のいずれがコミュニケーション言語として優れているかを論じても無意味である。結局のところは、相違にすぎないのだ。

しかし、母性原理を基盤とする日本人が、父性原理を基盤とする英語世界で人間関係を築こうとすれば、すぐにこのズレが大きな障害になることに気づくことになる。日本人が母性原理、つまり、理屈ではなく「場」を大切にすることをその行動の基盤に置いていることを示す事例がある。英語世界との摩擦ではないが、それに類するものである。

2007 年、野球の北京オリンピック出場権をかけて日本と韓国が試合をした折のエピソードである。日本チームの星野監督によれば、試合

第21章　ことばと文化

開始1時間前に韓国の監督と、先発投手を誰にするかを教え合ったが、いざ試合になると、韓国チームの先発が別の投手に代わっていたとのこと。打順も9名中6名を変えてきており、星野監督は衝撃を受けたとインタビュー番組で心情を吐露していた。それを見て、日本的だなと感じた。日本人の感覚からすれば、試合直前の話し合いを尊重するのが礼儀であり、それを守らなければ信用を失い、ひいては安定している「場」からはじき出されるのだ。しかし、国際試合のルールでは、口約束に拘束力がないとのことで、星野監督は強い態度をとれず、結局日本チームが動揺したまま試合が始まった。結果は4–3で日本が勝ったのだが、もし負けていたなら多くの日本人は韓国チームを批判することになっただろう。

　韓国チームは決して批判されるようなことはしていないのである。規則違反はなかったのだ。父性原理、つまり、「契約」重視の社会での通念に、この場合は国際ルールを守るという規約に反してはいないのである。

　このように、国を越えて人間同士が接するとき、摩擦なり断絶が発生し、最悪の場合、交渉が決裂してしまうことがある。これは互いの使用言語が異なることが原因ではない。何かにつけて、とらえ方、感じ方、それに価値観が違うために起きるのだ。したがって、英語を話したり書いたりする能力さえあれば、こうしたコミュニケーションギャップを乗り越えられるという発想は危険である。異文化に接する際、相手は自分とは違うはずだ、という視点を忘れないことが最も大切なことである。

　鍋倉健悦氏は著書のなかで、J. コンドンが日本文化になじみのない人々にお花見の写真を見せた話を引用している。何が写っているかを聞くと、最初に返ってくる答えは、「靴だ！」だったという。ござの外に並んでいる靴に対する驚きである。桜の花に注目した人はほとんどいなかったそうだ。コンドンは、同じものを見ても、見ている人の文化背景が異なれば、見ているものも違うと書いている。

　これまで見てきたように、日本語と英語の世界観の違いは大きい。とはいえ、その差の大きさ、溝の深さを強調し過ぎるのは危険である。違いがあるからこそ、相互理解にお互いが努める必要があるのである。

21.5 おわりに

日本人の美意識なり、価値観なりを前面に押し出すばかりではいけない。かといって、英語圏で受け入れられることのみに専念するのも感心しない。言語化する内容は、日本的なるものを過不足なく盛り込むというのが1つのあり方だろう。そして、それを英語の論理に沿ったものにする。そうしないと英語圏の人々には理解できないからである。その作業はやさしくはない。だからこそ、異文化を越えるライティングは、つきせぬ魅力に満ちているのだ。

参 考 文 献

Austin, J.L. (1962) *How to Do Things with Words*. Oxford: Oxford University Press.

Biber, D., S. Johansson, G. Leech, S. Conrad, and E. Finegan (1999) *Longman Grammar of Spoken and Written English*. New York: Longman.

Carter, R. (1998) *Vocabulary*. London: Routledge, 50-78.

Carter, R. and M. McCarthy (2006) *Cambridge Grammar of English*. Cambridge: Cambridge University Press.

Halliday, M.A.K. (1994) *An Introduction to Functional Grammar*. London: Arnold.

Halliday, M.A.K. and R. Hasan (1976) *Cohesion in English*. London: Longman.

Hoey, M. (2005) *Lexical Priming: A New Theory of Words and Language*. London: Routledge.

Hori, M. (2004) *Investigating Dickens' Style: A Collocational Analysis*. Basingstoke: Palgrave Macmillan.

Huddleston, R. (1988) *English Grammar: An Outline*. Cambridge: Cambridge University Press.

Huddleston, R. (1984) *Introduction to the Grammar of English*. Cambridge: Cambridge University Press.

Huddleston, R. and G. Pullum (2002) *The Cambridge Grammar of the English Language*. Cambridge: Cambridge University Press.

Hunston, S. (2002) *Corpora in Applied Linguistics. Cambridge*: Cambridge University Press.

Köster, J. and P. Limper (2004) *Exercises in Collocational English, Second edition*. Münster: Aschendorff.

Leech, G. N. (1987^2) *Meaning and the English Verb*. London: Longman.

Leech, G. N. and J. Svartvik (1979²) *A Communicative Grammar of English*. London: Longman.

Lewis, M. (2000) *Teaching Collocation*. Hove: Language Teaching Publications.

Louw, B. (1993) "Irony in the Text or Insincerity in the Writer? The Diagnostic Potential of Semantic Prosodies," in M. Baker et al. (eds.) *Text and Technology: In Honour of John Sinclair*. Amsterdam: John Benjamin.

McCarthy, M. and F. O'Dell (2005) *English Collocations in Use*. Cambridge: Cambridge University Press.

Nesselhauf, N. (2005) *Collocations in a Learner Corpus*. Amsterdam: John Benjamins.

Partington, A. (1998) *Patterns and Meanings: Using Corpora for English Language Research and Teaching*. Amsterdam: John Benjamins.

Quirk, R., S. Greenbaum, G. Leech and J. Svartvick (1985) *A Comprehensive Grammar of the English Language*. London: Longman.

Sinclair, J. (1991) *Corpus, Concordance, Collocation*. Oxford: Oxford University Press.

Stubbs, M. (2001) *Words and Phrases: Corpus Studies of Lexical Semantics*. Oxford: Blackwell.

荒木博之 (1994)『日本語が見えると英語も見える』中央公論社
安藤貞雄 (1986)『英語の論理・日本語の論理』大修館書店
安藤貞雄 (2005)『現代英文法講義』開拓社
池上嘉彦 (1981)『「する」と「なる」の言語学』大修館書店
板坂元 (1978)『日本人の論理構造』講談社
入江敦彦 (2005)『イケズの構造』新潮社
江川泰一朗 (1986)『英文法解説』金子書房
大石五雄 (監修) (1995)『ニュー・アンカー英作文辞典』学習研究社
織田稔 (2002)『英語冠詞の世界』研究社

V. オフチンニコフ（1971）『一枝の桜　日本人とは何か』（早川徹訳）読売新聞社
加藤恭子、ヴァネッサ・ハーディ（1997）『英語小論文の書き方』講談社
河合隼雄（1997）『母性社会日本の病理』講談社
河合隼雄（1999）『「日本人」という病』潮出版社
金田一春彦（2000）『日本語　新版（上・下）』岩波書店
小島義郎（1992）「和英辞典」（竹林滋、千野栄一、東信行（編著）『世界の辞書』）研究社
小島義郎（1999）『英語辞書の変遷』研究社
小林祐子（編著）（1991）『しぐさの英語表現辞典』研究社
滝沢直宏（2006）『コーパスで一目瞭然』小学館
田久保千之（1999）『学習和英辞典の一理想像について』日本英語表現学会第28回大会
田久保千之（2001）『日本人学習者のための学習英語辞典の研究』東アジア英語教育研究会第25回
田久保千之（2004）"A Japanese-English Dictionary: A Means of Offering an Insight into Japanese Culture" PKETA (Pan-Korea English Teachers Association) International Conference.
投野由起夫（編）（2005）『コーパス英語類語使い分け200』小学館
富岡龍明（2000）『英作文実践講義　改訂版』研究社
富岡龍明（2003）『論理思考を鍛える英文ライティング』研究社
富岡龍明（2006）『英語らしい英文を書くためのスタイルブック』研究社
外山滋比古（1976）『日本語の個性』中央公論社
鍋倉健悦（1997）『異文化間コミュニケーション入門』丸善
樋口昌幸（2003）『現代英語冠詞事典』大修館書店
堀正広（2005）「禅公案は英訳できるのか：英語学的分析を通してみる禅の世界」『海外事情研究』第33巻第1号（熊本学園大学付属海外事情研究所）
本名信行（1999）『アジアをつなぐ英語』アルク
宮原浩二郎（1998）『ことばの臨床社会学』ナカニシヤ出版

参考文献

山岸勝榮（1997）『英語教育と辞書』三省堂
山岸勝榮（1998）『英語になりにくい日本語をこう訳す』研究社
山岸勝榮（2001）『学習和英辞典編纂論とその実践』こびあん書房
エドウィン・ライシャワー、加藤一郎他（監修）（1933）『JAPAN An Illustrated Encyclopedia』講談社

〈辞典〉
Collins COBUILD Advanced Learner's English Dictionary, New digital edition（2004）Harper Collins. [*COBUILD*]
Longman Dictionary of Contemporary English, Fourth edition（2003）Pearson Educational. [*LDCE*]
Oxford Collocations: Dictionary for Students of English（2002）Oxford University Press.
Oxford Dictionary of English, Second edition（2003）Oxford University Press.

『アンカーコズミカ英和辞典』（2007）学習研究社
『ウィズダム英和辞典（第 2 版）』（2007）三省堂
『広辞苑（第 5 版）』（2005）岩波書店
『ジーニアス英和大辞典』（2001, 2002）大修館書店
『新編英和活用大辞典』（1995）研究社
『新和英大辞典（第 5 版）』（2004）研究社
『スーパー・アンカー英和辞典（第 3 版）』（2003）学習研究社
『スーパー・アンカー和英辞典（第 2 版）』（2004）学習研究社
『スーパー大辞林』（2006）三省堂
『大辞泉』（2006）小学館
『明鏡国語辞典』（2004）大修館書店
『リーダーズ英和辞典（第 2 版）』（2002）研究社
『ルミナス和英辞典』（2001）研究社

索　引

*日本語で始まるものは五十音順で前半に、英語で始まるものはアルファベット順で後半にまとめてある。

ア行

アメリカ的個人主義　289
意思未来　93
意思未来の will　94
一般口語体　127
一般動詞　38
一般動詞の ing 形　3
一般人称主語構文　6
一般人称の one　9
一般人称の we　8
一般人称の you　6
一般文語体　127
異文化間コミュニケーション　275
意味の曖昧な受動態　126
因果関係　128
英語構文のバラエティ　38
英文の主語　1
婉曲の would　96

カ行

確信の度合いの違い　102
隠れ現在完了　136
隠れ最上級　237
過去完了　132
過去形　130
過去進行形　142
過去分詞　106
可算名詞　199
数　197
堅苦しい受動態　127
価値観　273
仮定法　146
仮定法過去　147
仮定法と直説法の混合文　151
仮定法の would　96
可能性の can　91
仮主語の it　4, 16

関係詞　216
関係詞（目的格）の省略　219
関係詞（目的格）の省略が難しい場合　220
関係詞を省略するかしないか　219
関係代名詞　216
関係副詞　221
義務の must　98
疑問詞で始まる疑問文　34
疑問詞で始まる修辞疑問文　36
疑問詞のあとに to 不定詞　5
疑問詞を使わない疑問文　34
疑問代名詞　3
旧情報　25, 120, 121
共起関係　257
許可の can　91
近未来　142
継起性　110
形容詞＋名詞　253
形容詞構文　168
形容詞と名詞　258
言語文化的要素　120
現在完了　136
現在形　130
現在進行形　142
現在分詞　106
限定用法　154, 258
限定用法の ill　164
後位分詞　107, 108
高コンテクスト　280
構文のバラエティ　1, 11, 16
コノテーション　282
「個」の論理　289
固有名詞　2
コロケーション　29, 249

サ行

最上級　237

索 引

最上級＋現在完了　237
時間　130
時間副詞の位置　174
時間副詞の語順　175
指示代名詞　2
時制　130
時制の一致　131
時制の一致の would　95
時制の不一致　132
従位接続詞　186
集合名詞　1
修辞疑問　33, 247
従属接続詞 because　190
主語　1
受動態　118, 119
受動態での be 動詞と get　123
受動態の冗長さと能動態の簡潔さ　127
純粋疑問文　34
状況依存型言語　280
情報構造　24, 119, 120
情報構造と態の選択　120
情報の自然な流れ　121
省略構文　239
叙述用法　154, 167, 258
助動詞　90
助動詞＋seem　54
助動詞のあとの動詞省略　239
進行形　139
進行形の 3 つの意味　140
新情報　25, 120, 121
心理・関心の近さ　226
心理・関心の遠さ　226
推量の '隠れ must'　99
推量の '隠れ would'　96
推量を表す must　98
制限用法　216
性差別と一般人称　10
世界観　276
先行詞が意味の完結性を持たない場合　221
先行詞が意味の完結性を持つ場合　221
選択疑問　34
前置詞　208
前置詞＋ing 形　209
前置詞＋wh 節　209

前置詞＋名詞　208
前置詞＋名詞句　208
総称　203

タ行

対人関係的配慮　54
代不定詞　240
代名詞　1, 223
単純形　139
単純未来　93
単純未来の will　93
抽象名詞　2
直説法現在　149, 150
直接目的語　59
定冠詞　197, 202
定型動詞　113
低コンテクスト　280
丁寧な依頼を表す could　92, 93
丁寧表現　144
出来事を表す There 構文　27
天候・時間・距離の it　4
等位接続詞　186
同一動詞（句）の省略　240
同格節　192
動詞　38
動詞＋名詞　250
同時性　110
動詞の目的語としての同格の that 節　191
動詞の目的語としての動名詞　115
動詞の目的語としての不定詞　115
動詞を修飾する副詞の位置　172, 173
動名詞　114
時を表す分詞構文　111
独立分詞構文　112
トランク　299

ナ行

二項対立法　285
日本語と英語のずれ　128
人称主語構文　11
人称代名詞　2
能動態　118, 119
能力の can　90
能力を表す could　91

ハ行

倍数詞を伴う比較級　230
「場」の論理　289
控えめな推量の could　92
比較級　230
非可算名詞　199
非制限用法　217
非制限用法の関係代名詞節　17
否定　242
否定辞　13
否定辞＋最上級　237
否定辞主語構文　13
付加疑問文　34
副詞（句）　172
副詞と動詞　257, 261
副詞＋形容詞　256
副詞節における主語・動詞省略　241
副詞と動詞　257
父性原理　285
付帯状況の分詞構文　110
普通名詞　1
物質名詞　1
不定冠詞　197
不定詞　114
不定詞＋seem　54
不定詞の意味上の主語　19
「〜ぶり」を表す最上級　238
プロテスタンティズム　289
分詞形容詞　40, 165, 166, 167
分詞構文　110
文修飾副詞　176
文修飾副詞的な働きの poor　178
文の構成　1
文の主語としての動名詞　114
文の主語としての不定詞　114
母性原理　285

マ行

未来　137
未来完了　137
未来の意味の現在時制　135
無冠詞　197
無生物主語構文　10
無用な仮主語 It 〜 to do の構文　18

名詞　1
名詞＋動詞　250
名詞句　2
名詞相当語句　3
命令文での look　63

ラ行

理由を表す分詞構文　111
レジスター　267
論理　277

A

a human　10
absolutely　181
absolutely no　181
absolutely nothing　181
accept　47
accept that ...　70
accept the ...　70
admit　47
alleged＋名詞　268
almost　184
almost certainly　179
always　185
amazing　159
and　186
appear　4
as 〜 as　230
as if＋仮定法過去　149
as if＋仮定法過去完了　149
as if＋直説法現在　150
as if の中身　148
as soon as　195
asleep　258
astonishing　159
astounding　160
awful　171

B

be forced to admit that ...　69
be going to　94
be said to be ...　81
be said to have＋過去分詞　82
be said to＋一般動詞　82

索 引

be sick of　165
be taken ill　164
because　190
become　39
become available　42
become aware　42
become ill　164
become known　42
become necessary　42
become + increasingly　40
become + involved [used]　41
become + less　40
become + more　39
begin　116
believe　47
believe in . . .　51
believe it . . .　51
believe that . . .　50
believe の直前に来る要素　51
be 動詞　38
be 動詞の ing 形　3
both A and B　187
brave　23
break　298
break out　263
brilliant　171
busy + 〜ing　262
but　187
but と however　188
by　212
by + 無冠詞の名詞　206
by 以下のない受動態　121

C

can　90
can realize　66
careful　23
careless　23
cause　263
certain　157
certain that . . .　157
certain X . . .　158
certainly　179, 180
certainly not　179
childish　266

childlike　266
clear　20
clearly show　76
clever　23, 155
colligation　250
collocate　250
come to know　60
contribute to　264
could　90
could hardly　183
could not be + 比較級　233
cruel　23
culture　199

D

deep か profound か　254
definitely　182
definitely not　182
difficult と to 不定詞　18
disappointed　167
disappointing　167
do + 名詞（句）　251
do か play か　251
doubtful と whether, if　20

E

enable　12
enough　260
exactly　180
exactly と the　180
exactly と what　180
excellent　171
excited　166, 167
exciting　166
expected　265
extreme　171

F

fall ill　164
feel　46
feel about　50
feel like . . .　50
feel sick　165
feel that . . .　49
feel the . . .　49

索 引

Few 14
Few + 可算名詞で始まる構文 15
Fewer 14
Fewer + 可算名詞で始まる構文 15
find 47
find it ... 57
find oneself ... 58
find out 47
find out the + 名詞句 55
find out + wh 節 56
find out で終わる場合 56
find that ... と find + 目的語 + 補語 57
find + a + 名詞（句） 56
foolish 23
for《前置詞》 210
For ～ to do ... を主語とする場合 6
for と so 189
forget 116
fortunate 160
fortunate to do ... 163
frequently 185
from 211
from time to time 185

G

get 41
get drunk 43
get married 43
get paid 43
get ready 43
get someone to do ... 87
get started 43
get to know 60
get + involved [used] 41
get + the 仕事 + done 89
get + 過去分詞 122
get を使った受動態 125
give up ～ing 117
give up the idea of ～ing 117
go 45
go blind 45
go crazy 45
go wrong 45
good 23
grammatical collocation 250

grow 45
grow larger 46
grow older 46

H

had better 104
happen 4
happy 160
happy to do ... 160
happy with ... 161
hardly 182
hardly ever 182, 185
have a think 268
have only to 100
have someone do ... 87
have to 97
have to accept ... 70
have [had] to admit that ... 69
have を使った受動態 125
hear 20, 47
hear about 72
hear from ... 72
hear it 72
hear of 72
hear that ... 72
hear the ... 71
hear の時制 130
help 12
help ～ do 12
help ～ to do 12
how 222
however 188
human beings 8
humanity 10

I

if 20
ill 163
ill health 164
I'm sure ... 158
important と to 不定詞 19
in 210
in case 194
in + 冠詞 + 名詞 207
in と within 212

索 引

indicate 47
indicate that... 77
indicate to... 77
infinitely + 比較級 262
ing 形 18
intellectual 155
intelligent 155
interesting と to 不定詞 19
interestingly 178
It could [must, etc.] be said that... 82
It is [was] lucky that... 162
It is no use ～ing 22
It is often [rightly, etc.] said that... 83
it is said that... but... 271
It is time... 148
It is time to do 23
It is wise to do... 156
It is ～ of... to do 22
it, this, that の互換性 227
It ～ to 不定詞 18
it が指すもの 223, 224
It 構文 16

K

kind 22, 23
kind など of をとる形容詞 22
know 20, 47
know better 236
know it... 59
know that... 59
know wh 節... 59

L

learn 20
Less 14
Less and less 16
Less + 非可算名詞で始まる構文 15
lexical collocation 250
like 116
listen 47
listen and... 74
listen carefully... 74
listen for... 74

listen to... 74
Little 14
Little + 非可算名詞で始まる構文 15
Little で始まる構文 15
look 4, 47
look after... 64
look at... 62
look for... 64
look forward... 64
look like... 63
lucky 160
lucky enough... 162
lucky to do... 162

M

make 11
make a [any, little, etc.] difference... 88
make it clear [easier]... 88
make someone do... 87
make someone sick 165
make sure... 88
make + 名詞（句）251
man 10
mankind 10
many of X 206
matter と that 節、if 節、wh 節 21
may 102
may [might] as well 103
may seem 53
may well 103
most people... but... 271
must 97
must admit that... 69

N

naive 265
naughty 23
necessary と to 不定詞 19
never 185, 245
Never before で始まる比較級の強調構文 235
never + 比較級 246
nice 23
No 13

no better 236
No one 13
No one で始まる構文 14
No, Nothing, No one で始まる比較級構文 234
no + 形容詞 + 名詞 244
no + 名詞 243
No + 名詞で始まる構文 13
no と結びつきやすい doubt that... 193
not exactly 181
not only ~ but also... 189
not surprising 20, 159
not surprisingly 177
not + a + 名詞による強調 244
not + 比較級 233
note 20
Nothing 13
nothing more than 236
Nothing で始まる構文 14
notice 47
notice that... 67
notice the... 67
...n't believe 52
...n't think 49, 242

O

obvious 20
occasionally 185
occur 264
often 185
on 211
once in a while 185
one《代名詞》 228
ought to 101
out of 211

P, Q

people 7
perfect 171
pity と that 節 21
precisely 181
precisely because 182
provide 264
questionable と whether, if 20

R

rarely 185
realize 42, 47
realize how [what]... 65
realize that... 64
realize the... 65
recognize 47
recognize that... 68
recognize the... 68
remember 116
reveal 47
reveal the... 78
rude 23

S

say 47
say,... 79
say that... 79
say to... 79
scarcely 184
see 20, 47
see p. 00 61
see that... 61
see the... 61
see what... 62
seem 4, 47
seem like... 53
seem not 54
seem that... 53
seem to... 52
seem と appear 55
seem の直前に来る要素 53
seldom 185
semantic collocation 250
semantic prosody 250
shame と that 節または to 不定詞 21
should 101
show 13, 47
show clearly 76
show someone something 76
show that... 75
show the... 76
show you... 76
show と indicate 77

315

sick 163
smart 155
so《接続詞》 189
so-called 265
something + 形容詞 260
sometimes 185
speak 47
speak of . . . 85
speak to . . . 85
start 116
start か begin か 252
startling 160
strangely 178
stupid 23
sure 157
surprising 159
surprising と that 節 20
surprisingly 177

T

talk 47
talk about . . . 84
talk of 84
talk sense [nonsense] 85
talk to . . . 84
talk と speak 86
tell 47
tell someone about . . . 81
tell someone to do . . . 81
tell someone . . . 80
tell you what . . . 80
terrible 171
terribly important 267
that《代名詞》 226
That is why 227
that 節 4, 18, 191
that と which《関係詞》 216
the human race 10
the moment 195
the way + 主語 + 述語 193
The + 比較級 232
There is no doubt . . . 32
There is no 〜ing 32
There is no need . . . 32
There is no point . . . 33

There is no reason . . . 33
There is no way . . . 33
There + be 動詞 29
There + came 31
There + remains 31
There + seems 31
There + 一般動詞 30
There + 助動詞 30
There 構文 24
There 構文を使う利点 28
There's 29, 30
think 46
think it . . . 47
think of [about] 47, 50
think that . . . 47
think + 目的語 + 補語 48
think の直前に来る要素 48
This is why 227
this が指すもの 224
thoughtful 23
. . . to believe 52
to 不定詞句 3
top-heavy（頭でっかち） 4, 17
turn 45
turn pale 45
turn sour 45

U

underpunctuation 175
undoubtedly 267
unfortunate 20
unique 171
unkind 23
until 212
usually 185
utter 258
utterly 266

V

very excellent 171
very unique 171

W

weather 291
wh 節 18

what《関係代名詞》 5
what + 主語 + 動詞 59
whatever《関係代名詞》 5
whether 5
whether 節 20
which《関係代名詞》 217
why 5
will 94
wise 156
with 213, 214
would 53, 54, 95

would seem 53

X

X is certain to do ... 157, 158
X is sure to do 158

Y

Yes or No で答える疑問文の形式の修辞疑問 35
You would be wise to do ... 156
you と think の組み合わせ 49

《著者紹介》

富岡龍明（とみおか・たつあき）
　1952年福岡生まれ。エディンバラ大学応用言語学科大学院博士課程修了。現在、鹿児島大学教授。専攻は英語文体論。著書に、『英作文実践講義』『論理思考を鍛える英文ライティング』『英語らしい英文を書くためのスタイルブック』（いずれも研究社）、*Read Better to Write Better*（金星堂）などがある。

堀　正広（ほり・まさひろ）
　1954年福岡生まれ。熊本大学大学院修士課程修了。文学博士（広島大学）。現在、熊本学園大学教授。専攻は英語文体論。著書に、*Investigating Dickens' Style: A Collocational Analysis*（Palgrave Macmillan, UK, 2005年度日本英語コーパス学会学会賞）などがある。

田久保千之（たくぼ・ちゆき）
　1952年佐賀県生まれ。北九州大学米英学科卒業。現在、久留米大学附設高校教諭。久留米大学非常勤講師。JACET 東アジア英語教育研究会事務局担当。執筆に『アンカーコズミカ英和辞典』（学習研究社）などがある。

ライティングのための英文法（えいぶんぽう）ハンドブック

2008年4月30日　初版発行

著　者　　富岡龍明（とみおか　たつあき）
　　　　　堀　正広（ほり　まさひろ）
　　　　　田久保千之（たくぼ　ちゆき）
発行者　　関戸雅男
印刷所　　研究社印刷株式会社

KENKYUSHA
〈検印省略〉

発行所　株式会社　研究社
http://www.kenkyusha.co.jp/

〒102-8152
東京都千代田区富士見2-11-3
電話　（編集）03(3238)7711（代）
　　　（営業）03(3238)7777（代）
振替　00150-9-26710

装丁：小島良雄　　JASRAC 出 0803278-801
© 2008 T. Tomioka, M. Hori, and C. Takubo
ISBN978-4-327-45213-1　C1082　Printed in Japan